赵艳春　陈宥攸　编著

透视

从司法实践看私募股权
投资股东特殊权利

知识产权出版社
全国百佳图书出版单位

图书在版编目（CIP）数据

透视：从司法实践看私募股权投资股东特殊权利/赵艳春，陈宥攸编著. —北京：知识产权出版社，2019.8

ISBN 978-7-5130-6308-1

Ⅰ.①透… Ⅱ.①赵… ②陈… Ⅲ.①股权—投资基金—股东—权利—研究—中国 Ⅳ.①D922.291.914

中国版本图书馆 CIP 数据核字（2019）第 164538 号

内容提要

这本书主要总结分析了股权投资协议中常见的 12 种投资方特殊权利，包括优先认购权、优先购买权、优先跟投权、反稀释条款、一票否决权、信息权、业绩对赌条款、优先分红权、共售权、优先清算权、拖售权和回购权。这 12 种投资方的特殊权利涵盖了投资方投资目标公司、参与目标公司管理和退出目标公司三个阶段。针对每种特殊权利的分析，我们首先从该投资方特殊权利的定义、法律规定切入，分析这些条款中应注意的关键法律知识点，以及在实务中经常出现的问题，其次，通过引用司法判例分析特殊权利条款的实践效果，最后，从法律规定及司法裁决的倾向性对该投资方特殊权利的条款提出完善建议。

责任编辑：张水华　　　　　　责任校对：谷　洋
封面设计：臧　磊　　　　　　责任印制：刘译文

透视

——从司法实践看私募股权投资股东特殊权利

赵艳春　陈宥攸　编著

出版发行：**知识产权出版社** 有限责任公司	网　　址：http://www.ipph.cn
社　　址：北京市海淀区气象路 50 号院	邮　　编：100081
责编电话：010-82000860 转 8389	责编邮箱：46816202@qq.com
发行电话：010-82000860 转 8101/8102	发行传真：010-82000893/82005070/82000270
印　　刷：三河市国英印务有限公司	经　　销：各大网上书店、新华书店及相关专业书店
开　　本：720mm×1000mm　1/16	印　　张：13.5
版　　次：2019 年 8 月第 1 版	印　　次：2019 年 8 月第 1 次印刷
字　　数：234 千字	定　　价：59.00 元

ISBN 978-7-5130-6308-1

序 一

从解构到重构，律师的进阶之路

今年六月，赵艳春律师将本书的初稿发给我，并邀请我为本书作序。细读后，我发现本书不仅形式新颖，内容也十分扎实。本书所讨论的私募股权投资股东特殊权利条款及其相关问题完整地还原了真实的股权投资交易场景，能够很好地指导实践并解决问题。作者将其多年的学习、研究、工作成果整理、沉淀，并在本书中倾囊相授，也体现了其强烈的超前意识和社会责任感。于是，我欣然应邀为本书写序。

20 世纪 40 年代，股权投资基金就开始在美国萌芽。而我国的金融体系发展相对滞后，股权投资市场最初也是在 KKR、黑石、凯雷等境外股权投资机构的影响下发展。进入 2000 年后，随着中小板、创业板和新三板市场的推出，以及海外上市各环节的全面打通，二级市场对一级市场的传导效应显现，股权投资市场开始呈现指数型增长。近五年来，随着私募投资基金监管规则的明朗化，股权投资基金的发展更是高歌猛进，越来越多的机构加入到私募股权投资的大军中。2018 年的政府工作报告更是将增加股权融资作为改革和发展的方向之一。虽然 2018 年到 2019 年上半年，私募股权投资基金的整体投资节奏放慢，头部聚集效应明显，但随着 2019 年 6 月科创板开板，私募股权投资基金着墨最多的科技新兴企业将成为未来科创板的主力军，私募股权投资基金仍将是一级市场最重要的投资工具之一。

股权投资协议的特殊权利条款基本上沿用了美国风险投资协会的文本，虽已发展数年，但市场上经典的投资人特殊权利条款仍保留着外国血统。然而，判断条款的效力却主要依据国内的《公司法》。《公司法》的规定与市场上较为常见的股权投资协议特殊权利条款并非一一对应，这也导致了不同司法机构对于投资方特殊权利条款的效力存在分歧。我们常常说起的"甘肃世恒案""九鼎投资案"就是其中的典型。本书总结分析了股权投资协议中常见的 12 种投资方特殊权利，包括优先认购权、优先购买权、优先跟投权、反稀释条款、一票否决权、信息权、业绩对赌条款、优先分红权、共售权、优先清算权、拖售权以及回购权，每一个特殊权利为一章节。在每个章节中，作者从司法判例出发讨论各个特殊权利目前常用的条款表述是否存在效力瑕疵，以及如何通过调整表述使条款对投资者的保护达到最大化，对投资人和被投资企业都有非常重要的指导作用。

本书由锦天城律所的赵艳春律师、陈宥攸律师编著。赵艳春律师是我们所年轻的高级合伙人，陈宥攸律师是年轻的资深律师。他们毕业后就选择了锦天城作为事业发展的平台，锦天城见证了他们的成长，他们也见证了锦天城近几年的勃发。我很欣慰他们这样的年轻律师在繁忙的工作之余还能不断学习、总结，也很荣幸有像他们这样的一批年轻律师支撑着锦天城的未来。今年，是锦天城成立二十周年，我很欣喜他们以本书作为他们阶段性工作的成果，也作为锦天城二十周年的献礼。

希望锦天城的未来越来越好，也希望年轻律师的发展能够越来越好！

顾功耘

上海市锦天城律师事务所主任

中国法学会商法学研究会副会长

中国法学会经济法学研究会副会长

2019 年 7 月 5 日

序 二

小荷尖尖，公能大津

2008—2009 年，我本人开展过一项小研究，题目是《私募股权投资协议法律条文初探》。研究的背景是我当时刚从事私募股权投资行当，在跟被投资企业签署投资协议的时候，苦于要找一份条文充实又能接地气的协议模板供参考。模板也不是没有，但是能拿到手的主要是美元基金应用的条款，协议中对投资人的保护确实很赞，但是细致研读下来，很多具体约定跟中国的《公司法》精神有抵触，未来真的触发相关条款预计执行中还会面对很多瑕疵。

到底这些条款如何在《公司法》《合同法》框架下能制定得更完善一些，并在实践中被采用，我当时称之为需要"汉化"。围绕着些问题，我还是下了点功夫，并在后来公司的投资实践中做了一些应用。

随着时间的推移，其实围绕这方面又出现了很多新的问题，有些市场关注度很高，有些至今也没有得到大家有效的重视。试举几例——

比如关注度较高的：关于投资人与被投企业、被投企业大股东的对赌和回购约定到底能不能得到司法实践的支持？现在看来，跟大股东的约定得到支持的判例更多，跟公司的相关约定就比较复杂，所以这方面一有判例就会在媒体产生较高关注度。

还有不少大家忽略或者没有深究的，比如：在企业只有一轮融资的情况下，对于优先认购权、利润对赌和补偿、到期回购等方面都可以比较容易进行约定，在企业或者股东有能力时执行起来也比较清晰。但是假设企业有多轮融资，每一轮股东不同，却都签署了一系列的类似的特殊条款，当出现约定事项之时，各个轮次的股东应该如何处理呢？是先到先得，还是有法定优先顺序，还是大家按一定比例规则实施？这些方面大多数协议处理得都比较粗糙，很多前轮投资人因为后轮新增融资可能在账面上有增值，所以审得就相对尺度比较松，新老股东间也不会就这些事项做更细的约定。

但是协议约定的事项被触发的概率其实是比较大的，届时到底该如何处理呢？各方股东到底因为界定不清是否会引致比较大的风险呢？与此相关的问题，到底有什么样的判例支持呢？这方面我觉得大家的重视度比较有限。

与法律条文相对应，其实国外的投资实践中还有很多合法工具，比如可转债、第三方的自动执行机制等，这些在中国的实践中都是很难实施的，所以即便法理大家都懂，实施起来让人捉襟见肘。

按道理，2007 年以后，国内 A 股大量上市公司股东中都有股权投资机构，我相信绝大多数股权投资机构在投资时肯定也都签署了相关条款，但是众所周知，在核准制条件下，证监会向来对拟上市的待审企业中股东间一些特殊权力约定是从严审核和监管的，大家在材料申报期间类似的约定都会阶段性或者永久性取消，所以类似的案例披露有限，参考价值很一般，尤其是成功上市往往可以一俊遮百丑，大量的特殊约定就不会被触发，之前法律约定有没有瑕疵、司法处理中可能有什么后果就更不好推测。

今天，我的南开师弟赵艳春律师花费了大量心血写就的《透视——从司法实践看私募股权投资股东特殊权利》对上述情形做了大量的研究分析和案例展示，相信会给大家提供很多新的答案。

刚拿到书稿，我就觉得一股清新且接地气之风扑面而来，书稿通篇十二个章节，完全针对私募股权中所涉及的常用特殊条款，不仅把原理讲得清楚，做出大量的理论论证和分析，还就每个特殊权力列举了大量鲜活的司法案例、判例，使整篇内容有骨有肉，干货满满，令人大快朵颐！

艳春是非常令我尊重的一位学弟，作为成功律师，他平常的工作安排得是非常饱满的，但是他在繁忙之余，非常支持南开校友间的活动，他不仅曾经作为南开大学上海校友会的副秘书长，为在沪的南开人做过很多贡献，还发起设立了沪上南开人的"法律专业委员会"，每年举办大量专业活动，让相关的校友互动、受益，并深深影响着后来的很多新校友。

在本书中，艳春又非常充分地展示了南开人的专业务实，书稿通篇没有废话，直入主题，遇到具体问题观点清晰、绝不绕路，也没有我经常见到的很多律师在文件中的"似乎""也许"、谨就某某方面"提示风险"等不痛不痒的字眼。各章从体例顺序上都基本遵从基本定义、实施背景及现状、深入展开分析及阐述、实际可实施的条文范本表述、司法实践中的问题或判例等展开，从容不迫，娓娓道来，认真研读，会让人不仅仅觉得受教，还经常会收获"当时真没有注意到这一点，多亏……"的一身冷汗。

南开大学的校训是"允公允能，日新月异"，我的同学佟鑫给小校友讲他自己翻译成英文是 ennoble，enable，keep changing！从艳春师弟的身上，我真的看到了南开"公能"校训的影子，非常值得我学习。2019 年恰逢南开大学建校百年，相信艳春师弟的这本书，可以作为他对母校百年庆典最好的贺礼之一！

高凤勇

力鼎资本 CEO

2019 年 6 月

序 三

十年磋磨，寄心于书

书稿已经在出版社的流程中了，但自序还没写。一是由于最近太忙，二是写些什么也一直捉摸不定，故迟迟没有动笔。这次来北京出差，日程排得不是很紧凑，就开始动笔。思来想去，想写三个问题：一是为什么要写书？二是为什么要写这样一本书？最后是想对我和这本书有所帮助的亲朋表达谢意。

2008年7月研究生毕业后，我就一头扎入了律师行业。算起来，我已经在这个行业耕耘了10余个春秋，从一个满脸稚嫩的"小律师"，慢慢熬成了白发参差的"老律师"。10余年间，我充分体会了做一名律师之难。做律师之难不在于业务开拓，亦不在于专业有多高深，而在于律师业务需要多方面的专业知识支撑。特别是做投融资业务的律师，除了掌握公司法、合同法及证券法等法规外，还要攻破对律师而言相对晦涩难懂的财务知识，以及生物医药、大数据、Fintech等行业知识。律师之难，也在于知识的更新太快，应接不暇。最近一两年内，因为金融市场出现了很多新情况、新问题，监管部门经常在周五晚上、假期前夜出台新规，谁在朋友圈最先发布解读新规的文章似乎已成了律师间的较量。此外，律师之难，还在于要在忙碌的工作之余挤出时间对过去的学习、工作进行及时总结、归纳。这既可以让自己对经常用到的专业知识进一步熟悉、了解、沉淀，也可以在总结归纳中发现自己之前未注意到的新问题。写书虽然并不容易，但无疑是归纳、总结的最好方式。

回到写这本书的初衷。股权投资中，投资方与被投企业的创始团队信息不对称。为了规避信息不对称带来的风险，投资方在投资实践中逐步归纳总结了这些特殊权利条款。股权投资特殊权利条款是个舶来品，我国股权投资中使用的特殊权利条款基本上照搬了美国风险投资协会的文本。这些特殊权利条款涉及多方法律主体，既涉及公司投资人、公司创始人、其他股东，也涉及公司管理团队及公司债权人。特殊权利条款对相关法律主体的权利义务进行规范时，不能违背法律、行政法规效力强制性规定，亦不能打破《公司法》在公司股东、高级管理人员和债权人间设定的价值平衡，否则，可能会被争议解决机构裁决为无效。目前我国投资协议中常用的特殊权利条款并没有进行非常及时和规范的"本土化"改造，导致有些特殊权利条款水土不服。这几年，私募股权投资基金陆续进入退出期，但很多保护投资方权益的条款却因违背《公司法》等法律法规而面临被裁决无效的尴尬局面。投资界和法律界开始重新审视之前签署的投资协议中的一些条款。如何进一步理解《公司法》等法律法规的规定，遵循法院等裁决机构在裁决时所遵循的价值导向，对于重新"改造"特殊权利条款就显得尤为重要。

这本书主要总结分析了股权投资协议中常见的 12 种投资方特殊权利，包括优先认购权、优先购买权、优先跟投权、反稀释条款、一票否决权、信息权、业绩对赌条款、优先分红权、共售权、优先清算权、拖售权以及回购权。上述 12 种投资方的特殊权利涵盖了投资方投资目标公司、参与目标公司管理和退出目标公司三个阶段。针对每种特殊权利的分析，我们首先从该投资方特殊权利的定义、法律规定切入，分析这些条款中应注意的关键法律知识点，以及在实务中经常出现的问题，继而，通过引用司法判例分析特殊权利条款的实践效果，最后，从法律规定及司法裁决的倾向性对该投资方特殊权利的条款提出完善建议。需要指出，公司法的复杂性在众法律中可谓难出其右，分析难度极高，这也可以从司法机构对于部分投资者特殊权利约定有效性的分歧看出来。我也深知自己能力所限，所做的分析论述有一定的局限性，如有疏漏，还请大家批评指正。

2019 年是一个特殊的年份，是教育、培养我的母校南开大学成立 100 周年的年份。100 年来，南开大学培养出了各领域无以数计的杰出校友，是中国高等教育发展史上的一个奇迹，我一直以作为一名南开人为荣。2019 年，也是锦天城律师事务所成立 20 周年之时。我毕业不久就来锦天城工作、学习，至今已近 10 年，锦天城给我提供了 10 年事业发展的舞台，陪我一路成长，我也见证了锦天城过去 10 年逐步成长为全国知名的综合性律师事务所的光辉历程。我为自己能成为一名锦天城人而自豪。2019 年，我们家大宝、小贝出生，我初为人父，又多了一重责任。这本书可以算作自己毕业、工作后的一个阶段性总结，也是我送给南开大学百年校庆、锦天城 20 周年所庆和大宝、小贝的一份礼物。

最后，感谢我太太对家庭的无私付出，感谢宥攸、徐梁、许飞、珂佳、夏菁和恒驰等为这本书出版付出诸多努力的团队小伙伴们。和大家在一起很幸福！

赵艳春

2019 年 6 月 26 日

于北京

目录

第一章

有新欢也不忘旧爱

——优先认购权

一、优先认购权的定义

股权投资协议中的优先认购权，系指公司发行股份或增加注册资本时，公司现有股东有权以同等条件优先认购新增股份或注册资本的权利，与《公司法》❶ 第三十四条约定的优先认缴新增资本的权利对应。

二、优先认购权的市占率分析

在股权投资中，无论是投资方还是被投方，对于投资方的优先认购权条款都不陌生。根据经纬创投 2017 年 9 月发布的融资条款统计报告（数据来源：汉坤律师事务所），在作为统计样本的 217 个项目中，有近 94% 的项目约定了在后续轮次融资时，投资方享有优先认购权。

同时，即便在股权投资协议中并未明确投资方享有优先认购权，投资方仍可依据《公司法》第三十四条"公司新增资本时，股东有权优先按照实缴的出资比例认缴出资"的规定享有法定的优先认购权。

因而，在实践操作中，投资方的优先认购权几乎达到了 100% 的市场占有率。

---

❶ 除另有说明外，本书中的《公司法》均指根据 2018 年 10 月 26 日第十三届全国人民代表大会常务委员会第六次会议《关于修改〈中华人民共和国公司法〉的决定》第四次修正后的《中华人民共和国公司法（2018 年修正）》。

三、优先认购权的制度创设背景

投资方的优先认购权使投资方在公司进行新一轮融资时，享有在同等条件下进行优先投资的主动权。优先认购权的意义，一方面体现于对在先投资方权益的保护，使其持有的公司股权免于结构性稀释的后果；另一方面，"同等条件"＋"优先"的双重设计，也反映了投融资市场中的秩序价值、效率价值和公平价值。

四、优先认购权的分类

如上述优先认购权的市场占有率分析，近94%的项目约定了投资方的优先认购权，而在剩余约6%的项目中，虽然投资协议中未约定优先认购权，投资方仍享有法定的优先认购权。因而，在本小节中，笔者将优先认购权分为法定优先认购权和约定优先认购权两大类。

（一）法定优先认购权

不同于回售权、领售权、优先清算权、反稀释权等投资协议中通过约定为投资方创设的特殊权利，优先认购权本身就有法律依据，并不必然依托于合同约定产生。即使投资协议中未约定投资方享有优先认购权，投资方根据法律规定仍可享有法定的优先认购权。

《公司法》第三十四条规定，公司新增资本时，股东有权优先按照实缴的出资比例认缴出资。但是，全体股东约定不按照出资比例分取红利或者不按照出资比例优先认缴出资的除外。因而，在投资协议未约定投资方优先认购权时，除非投资方在投资协议中明确放弃其优先认购权或全体股东进行特殊约定的，在公司新增资本时，投资方按照其实缴出资比例享有优先认缴出资的权利。

因而，在公司进行新一轮增资时，投资方法定的优先认购权限于该投资方实缴出资额占公司总实收资本的比例。试举例，公司注册资本为人民币1 000万元，投资方的认缴出资额为50万元，若截至公司新一轮增资之日，公司实收资本为50万元，投资方的实缴出资为50万元（即其他股东均尚未实缴出资），则此时投资方的实缴出资比例为100%，投资方对于公司的全部新增资本享有优先认购权。但是，在上述案例中，若公司在进行新一轮增资时，投资方对公司的实缴出资额为0，则此时投资方的实缴出资比例为0，投资方对于公司的新增资本均不享有优先认购权。

(二)约定优先认购权

根据投资协议中所约定的投资方优先认购权项下的权限的不同,笔者将约定优先认购权进一步分为 pro rata 优先认购权、super pro rata 优先认购权和 advanced pro rata 优先认购权。

1. pro rata 优先认购权

pro rata 优先认购权指投资协议所约定的投资方按照持股比例享有的优先认购权。

持股比例包括认缴出资比例与实缴出资比例。如投资协议中明确投资方按照实缴出资比例享有优先认购权,则投资方的 pro rata 优先认购权与《公司法》第三十四条"股东有权优先按照实缴出资比例认缴"的规定相同。如投资协议约定投资方按照认缴出资比例享有优先认购权,则投资方按照其认缴出资额占公司注册资本的比例享有优先认购权。

选择实缴出资比例还是认缴出资比例作为优先认购权的行权基础并不会绝对倾向于投资方或被投资方中的任何一方,而是需要根据各股东的实缴出资安排做出判断。沿用以上法定优先认购权实缴出资比例计算时所引用的例子,公司注册资本为人民币1 000万元,投资方的认缴出资额为50万元,在公司新增资本时,公司实收资本为50万元,投资方的实缴出资额为50万元(即其他股东均尚未实缴出资),则此时投资方的实缴出资比例为100%。如投资方的优先认购权是以实缴出资比例为限,投资方对于公司的全部新增资本享有优先认购权;如投资方的优先认购权是以认缴出资比例为限,投资方仅对于公司的新增资本的5%享有优先认购权。但是,在上述举例中,若在公司进行新一轮增资时,投资方的实缴出资额为0,则此时投资方的实缴出资比例为0。如投资方的优先认购权是以实缴出资比例为限,投资方对于公司的新增资本均不享有优先认购权;但如投资方的优先认购权是以认缴出资比例为限,投资方仍对公司的新增资本的5%享有优先认购权。

虽然在股权投资实践中,投资方通常会将公司注册资本实缴到位作为公司方的交割前义务,公司方对于投资方的资金投入/实缴出资到位也有较为迫切的需求,因而在下一轮融资时,公司的注册资本往往均已实缴到位,约定按照实缴出资比例或认缴出资比例行使优先认购权的并无差异。但是,也不排除在一些特殊情况下,公司的注册资本在新一轮融资时尚未实缴到位的情形。因而,投资方和被投资方都不能对 pro rata 优先认购权掉以轻心,而是要仔细研究投资协议中关于优先认购权权限的条款,确认条款约定与自身的理解及预期相一致。

2. super pro rata 优先认购权

在投资方较为强势的案例中,投资方也会要求获取 super pro rata 优先认购权。持有 super pro rata 优先认购权的投资方在后续轮次融资时就所有新增股权均享有优先认购权。

鉴于单个投资方单轮投资后持有公司的股权比例往往较低,pro rata 优先认购权对于投资方来说仅起到投资方的股权不会被进一步稀释的作用。而 super pro rata 优先认购权却可能给投资方的权益带来质的改变。如果投资方在后续融资中均行使 super pro rata 优先认购权,在几个轮次后,该融资方的持股数量极可能会超过公司创始股东,成为公司的实际控制人。但这个后果,对于被投资方来说,往往是难以接受的。因而,根据经纬创投的统计数据,在 217 个统计样本中,投资方享有 super pro rata 优先认购权的项目占比为 22%,占比相对较低。

3. advanced pro rata 优先认购权

如前所述,在实践中,投资方获得 super pro rata 优先认购权的可能性较低。但是,作为投资方而言,还是可以通过约定,在原有的 pro rata 优先认购权上进一步扩大投资方的优先认购权权限。笔者将该优先认购权定义为"advanced pro rata 优先认购权"。

advanced pro rata 优先认购权是指投资方可以就其他股东未行使优先认购权的新增资本享有优先认购权。但是,advanced pro rata 优先认购权也不必然能更好地平衡投资方与被投资方的关系。特别是在新一轮融资时,公司原有股东为引入新的财务投资方,往往会放弃行使优先认购权,而这也使得投资方的 advanced pro rata 优先认购权可以无限接近于 super pro rata 优先认购权。

根据上述关于各约定条款的分析以及实践总结,笔者认为,投资方的 pro rata 优先认购权更能平衡投融资各方的权益,在市场中接受度也更高。而在 pre-IPO 轮等靠后轮次的融资中,因后续优先认购权的触发可能性较低,被投资方可以考虑赋予投资方 super pro rata 或 advanced pro rata 优先认购权。

五、优先认购权的条款表述及分析

(一) 条款总结

经整理多个股权融资项目的优先认购权条款,笔者总结了较为常见的条款,表述如下:

公司增加注册资本或发行其他权益证券要约时,投资方有权(但无义务)以同等条件、按其在公司持有的实缴出资比例(注:鉴于实践中,投资方的出资额在新一轮融资前都会实缴到位,因而以实缴出资比例行使优先认购权对投资方更有利)优先认购新增注册资本或其他权益证券,但公司实施经投资方/投资方董事认可的员工股权激励计划、首次公开上市发行股份或因被并购重组等发行新增注册资本或其他权益证券除外。在公司拟发行股权、新增注册资本或其他权益证券("拟议发行")前至少三十日内,公司应确保向投资方送达关于拟议发行的书面通知("发行通知"),发行通知应列明:(a)新增权益证券的金额、数量和比例、类型及条款;(b)拟议发行实施后公司能够收到的对价;以及(c)就拟议发行的相关认购人的详细信息。在公司向投资方送达发行通知之后,投资方应在其收到发行通知后的二十日("认购答复期限")内以书面形式答复公司,表明其:(i)针对拟议发行放弃优先认购权,或(ii)针对拟议发行行使优先认购权认购的数量(该答复此时称"优先认购通知")。如投资方在收到发行通知后未在认购答复期限内以书面形式做出任何答复,则应视为其已针对该次发行放弃优先认购权,但不得据此认定投资方已同意该次发行。

在认购答复期限届满或投资方对发行通知做出书面回复(以先发生者为准)后六十日内,如公司未能和相关认购人根据不优于提供给投资方的发行条款和条件针对投资方在该次发行中未行使优先认购权认购的股权达成有法律拘束力的认购安排,或其他股东就投资方在该次发行中未行使优先认购权认购的股权选择不行使其优先认购权(如有),除非公司放弃拟议发行,公司应重新履行本条规定的优先认购权程序,再次给予投资方书面通知,投资方应在收到该等书面通知后二十日内做出书面回复。投资方有权就该等认购人或其他股东放弃的部分按其持有的相对股权比例行使优先认购权。

(二) 条款分析

1. 优先认购权的除外情形

对于被投资方而言，需特别注意投资方的优先认购权条款应明确排除公司实施员工激励计划发行新增注册资本或其他权益证券的情形。

员工激励计划通常赋予被授予对象以较低价格甚至 0 元认购公司限制性股权或行使期权的权利，授予/行权价格会大幅低于股权的市场价值。如在公司实施员工激励计划时，投资方以同等条件享有优先认购权，将会严重扰乱公司的融资秩序，与公司在市场上的融资初衷大相径庭。

在实践中，将公司实施员工激励计划时新增资本排除在投资方的优先认购权条款之外也是投资方和被投资方能快速达成一致的内容，但需要投资方予以特别关注，并建议将员工激励计划的审批及修订作为投资方享有一票否决权的股东会或董事会事项。

2. 各轮投资方的优先认购权

一般各个轮次的投资方都会在股权投资协议中约定优先认购权。如各投资方享有的为 pro rata 优先认购权，则各个轮次的投资方按其各自的持股比例行使优先认购权，互不影响。

但如各投资方享有的为 super pro rata 优先认购权（即便只有其中一个投资方享有 super pro rata 优先认购权，其他投资方也会因触发最优惠条款，从而应然地享有 super pro rata 优先认购权），为平衡各投资方的权益，一般会约定各投资方按其各自的相对持股比例（某投资方的实缴出资额/所有投资方的实缴出资额总和）享有优先认购权。

六、从司法判例看优先认购权的实践效果及涉及的法律问题

(一) 实缴出资额以及实缴出资比例的认定

在实践中，投资方对公司超过注册资本的出资额是定性为资本公积还是实缴出资存在争议。对于实缴出资比例的计算方式也需要进一步确认。实缴出资额以及实缴出资比例的认定将影响投资方的优先认购权权限。

在国电南宁发电有限责任公司、中国国电集团公司等与广西中稷电力投资有限公司的公司决议撤销纠纷案［（2016）桂民再46号］中，中稷公司主张国电南宁公司《章程》规定的"实缴出资"指工商登记的注册资本，在各

方股东对出资的性质未达成共识的情况下，国电集团在认缴注册资本之外投入的36 187万元属于资本公积，不能参与分配；而国电南宁公司、国电集团、深能源公司则主张公司章程中"实缴出资"指股东为履行出资义务实际投入到公司的出资，并非仅指工商登记的注册资本，国电集团2009年后向国电南宁公司增加投入的36 187万元属于实缴出资，不属于资本公积。

广西壮族自治区高级人民法院再审认为，从资本公积方面理解上看，《企业会计准则》规定，投资方以现金投入的资本，应当以实际收到或者存入企业开户银行的金额作为实收资本入账。实际收到或者存入企业开户银行的金额超过其在该企业注册资本中所占份额的部分，计入资本公积。对"投资方出资超过其在注册资本"的部分是否资本公积，要根据投资方投入资金时的真实意愿和目的做出判断，如果其是作为超出注册资本的股本溢价投入，可以认定作为资本公积的目的投入，而如果其是以登记为注册资本为投入目的，在尚未完成登记时，不应作为资本公积。本案中，国电集团增加投入的36 187万元是以增资成注册资本为目的而投入，并不是赠予或作为股本溢价投入公司，不属于资本公积。虽然本案的增资程序尚未最终完成，相应增资未登记为注册资本，但不影响这部分资金属于出资的性质认定，中稷公司主张国电集团增加投入的36 187万元属于资本公积与事实不符，对其主张不予支持。

因而，笔者建议被投资方应特别关注，在投资协议中投资方投资额/增资额的构成是否表述明确。如投资方向公司支付的投资额/增资额超过新增的注册资本的部分明确约定计入公司的资本公积的，则该部分金额不应被纳入投资方的实缴出资额。

在该案中，广西壮族自治区高级人民法院同时提出出资是股权的对价，要取得实际的股东资格和身份，必定以对公司的出资承诺为前提，而要获得实际的股东权益，则应以出资义务的实际履行为前提。因而，该院以"单个股东的实缴出资÷公司总实收资本"作为各股东实缴出资比例的计算方式。

（二）投资方对其他股东放弃的份额有无优先认购的权利

公司引入新投资方时，公司创始股东往往会放弃优先认购权。因而，在实践中，公司以及投资方都会特别关注：在其他股东（如创始股东）未行使优先认购权时，拟行使优先认购权的股东能否突破其实缴出资比例对其他股东放弃行使优先认购权的部分也行使优先认购权？

在贵州捷安投资有限公司与贵阳黔峰生物制品有限责任公司、重庆大林生物技术有限公司、贵州益康制药有限公司、深圳市亿工盛达科技有限公司股权确认纠纷案 [（2009）民二终字第3号]中，2007年5月28日，黔峰公司召开临时股东会，对拟引入战略投资方，按每股2.8元溢价私募资金2 000万股，各股东按各自的股权比例减持股权，以确保公司顺利完成改制及上市的方案再次进行讨论。会议表决：①股东大林公司、益康公司从有利于公司发展的大局出发，同意按股比减持股权，引进战略投资方。同时承诺采取私募增资扩股方案完全是从有利于公司改制和上市的目的出发，绝不从中谋取私利。赞成91%（即大林公司、益康公司、亿工盛达公司赞成），反对9%（捷安公司反对）。②亿工盛达公司同意引进战略投资方、按股比减持股权的方案，但希望投资方能从上市时间及发行价格方面给予一定的承诺。赞成91%，反对9%。③同意捷安公司按9%股比及本次私募方案的溢价股价增持180万股。赞成100%。④该次私募资金必须在2007年5月31日前汇入公司账户，否则视作放弃。100%赞成。5月29日，大林公司、益康公司、亿工盛达公司、捷安公司股东代表均在决议上签字，其中，捷安公司代表在签字时特别注明"同意增资扩股，但不同意引入战略投资方"。同日，捷安公司向黔峰公司提交了《关于我公司在近期三次股东会议上的意见备忘录》，表明其除应按出资比例优先认缴出资外，还要求对其他股东放弃的认缴份额行使优先认购权。

　　贵州省高级人民法院认为，关于捷安公司是否对其他股东承诺放弃的认缴新增出资份额享有优先认购权的问题，捷安公司对其他股东放弃的份额没有优先认购权。理由是：首先，优先权对其相对人权利影响甚巨，必须基于法律明确规定才能享有。根据我国《公司法（2005年修订）》第三十五条的规定，有限责任公司新增资本时，股东有权优先按照其实缴的出资比例认缴出资。但是，对当部分股东欲将其认缴出资份额让与外来投资方时，其他股东是否享有同等条件下的优先认购权的问题，《公司法（2005年修订）》未作规定。《公司法（2004年修正）》第三十三条规定："公司新增资本时，股东可以优先认缴出资"，而《公司法（2005年修订）》第三十五条将该条修改为"公司新增资本时，股东有权优先按照其实缴的出资比例认缴出资"，对股东优先认缴出资的范围作了限定，由此可以推知，《公司法（2005年修订）》对股东行使增资优先认购权范围进行了压缩，并未明确规定股东对其他股东放弃的认缴出资比例有优先认缴的权利。其次，公司股权转让与增资扩股不同，股权转让往往是被动的股东更替，与公司的战略性发展无实质联系，故要更加突出保护有限责任公司的人合性；而增资扩股，引入新的投资方，往往是为了公司的发展，当公司发展与公司人合性发生冲突时，则应当突出保护公司的发展机会，此时若基于保护公司的人合性而赋予某一股东的优先认购权，该优先权行使的结果可能会削弱其他股东特别是控股股东对公司的控制力，导致其他股东因担心控制力减弱而不再谋求增资扩股，从而阻碍公司的发展壮大。因此，不能援引《公司法（2005 年修订）》第七十二条关于股权转让的规定精神来解释《公司法（2005 年修订）》第三十五条规定。最后，黔峰公司股东会在决议增资扩股时，已经按照《公司法（2005 年修订）》第三十五条关于"公司新增资本时，股东有权优先按照实缴的出资比例认缴出资"的规定，根据捷安公司的意见，在股东会决议中明确其可以按其实缴出资比例认购 180 万股出资，且捷安公司已按比例缴交了认股出资，故该股东会决议没有侵害捷安公司依法应享有的优先认购权。因此，黔峰公司股东会以多数决通过的增资扩股及引入战略投资方的决议有效，捷安公司对其他股东放弃的新增出资份额没有优先认购权，捷安公司所提确认其对黔峰公司其他股东放弃的1 820万股出资份额享有优先认购权的诉讼请求不能成立，予以驳回。

最高人民法院在二审中认为，关于股份对外转让与增资扩股的不同，原审判决对此已经论述得十分清楚，最高人民法院予以认可。我国《公司法（2005 年修订）》第三十五条规定"公司新增资本时，股东有权优先按照其实缴的出资比例认缴出资"，直接规定股东认缴权范围和方式，并没有直接规定股东对其他股东放弃的认缴出资比例增资份额有无优先认购权，也并非完全等同于该条但书或者除外条款即全体股东可以约定不按照出资比例优先认缴出资的除外所列情形，此款所列情形完全针对股东对新增资本的认缴权而言，这与股东在行使认缴权之外对其他股东放弃认缴的增资份额有无优先认购权并非完全一致。对此，有限责任公司的股东会完全可以有权决定将此类事情及可能引起争议的决断方式交由公司章程规定，从而依据公司章程规定方式做出决议，当然也可以包括股东对其他股东放弃的认缴出资有无优先认购权问题，该决议不存在违反法律强行规范问题，决议是有效力的，股东必须遵循。只有股东会对此问题没有形成决议或者有歧义理解时，才有依据《公司法》规范适用的问题。

因而，根据现有法规及判例，法定优先认购权仅以股东的实缴出资比例为限，对于其他股东放弃的份额没有优先认购权。但是，《公司法（2005 年修订）》第三十四条中的除外规定以及最高人民法院在上述案件中的二审意见也赋予了全体股东突破实缴出资比例的桎梏，全体股东可以通过约定不按照出资比例优先认缴出资，并通过约定对其他股东放弃优先认购权的新增资本享有优先认缴的权利。

（三）损害投资方优先认购权的法律后果

股东的优先认购权受到损害时，可能会同时触发股东法定优先认购权受到侵害、公司的增资决议内容或程序存在瑕疵等情形。因法律法规的变迁，权利受损股东以何案由提起诉讼/仲裁以及法院按何逻辑进行审理处于动态调整之中。

1. 增资决议无效或被撤销

《公司法》第二十二条规定，公司股东会或者股东大会、董事会的决议内容违反法律、行政法规的无效。股东会或者股东大会、董事会的会议召集程序、表决方式违反法律、行政法规或者公司章程，或者决议内容违反公司章程的，股东可以自决议做出之日起六十日内，请求人民法院撤销。

《公司法》第四十三条规定，股东会会议做出增加或者减少注册资本的决议必须经代表三分之二以上表决权的股东通过。在投资协议或投资方加入后的公司新章程中，投资方通常会在上述法定要求之外强化其参与决策的权限，甚至将公司增资作为必须经过全体投资方同意的事项。

因而，如投资方享有法定优先认购权或与法定优先权保持一致的 pro rata 约定优先认购权，公司其他股东在未召集投资方召开股东会或在投资方明确反对的情形下直接做出由第三方向公司增资的股东会决议，投资方既有权以决议内容违反法律法规而主张决议无效，也有权以决议程序违反法律、行政法规或公司章程而主张决议被撤销。

在绵阳高新区科创实业有限公司、福建省固生投资有限公司、陈某与绵阳市红日实业有限公司、蒋某股东会决议效力及公司增资纠纷案［（2010）民提字第48号］中，我国最高人民法院审理认为，2003年12月16日科创公司做出的股东会决议，在其股东红日公司、蒋某明确表示反对的情况下，未给予红日公司和蒋某优先认缴出资的选择权，径行以股权多数决的方式通过了由股东以外的第三人陈某出资800万元认购科创公司全部新增股份615.38万股的决议内容，侵犯了红日公司和蒋某按照各自的出资比例优先认缴新增资本的权利，违反了上述法律规定。《公司法（2005年修订）》第二十二条第一款规定："公司股东会或者股东大会、董事会的决议内容违反法律、行政法规的无效。"根据上述规定，科创公司 2003 年 12 月 16 日股东会议通过的由陈某出资 800 万元认购科创公司新增 615.38 万股股份的决议内容中，涉及新增股份中 14.22% 和 5.81% 的部分因分别侵犯了蒋某和红日公司的优先认缴权而归于无效，涉及新增股份中 79.97% 的部分因其他股东以同意或弃权的方式放弃行使优先认缴权而发生法律效力。

在夏某与贵州省黔西交通运输联合有限公司、何某等公司决议效力确认纠纷申请再审民事裁定书 [（2016）最高法民申 334 号] 中，夏某持有贵州省黔西交通运输联合有限公司 93.33% 的股权。2010 年 3 月 30 日、6 月 20 日、6 月 29 日召开的关于何某向公司的借款转为增加注册资本以及变更公司各股东持股比例的股东会决议没有夏某或代理人参加，参会股东表决权不到 50%。最高人民法院认为，案涉股东会决议于 2010 年做出，本案应适用 2005 年修订版《公司法》。根据一审、二审查明的案件事实，2010 年 3 月 30 日、6 月 20 日、6 月 24 日、6 月 29 日黔西交通公司召开的股东会所做出的关于增加注册资本以及修改公司章程的股东会决议内容，没有经过当时仍持有公司 93.33% 股权的夏某的同意，也没有证据证明夏某就公司的该次增资已知悉并明确放弃了优先认缴权，故上述决议内容违反了《公司法（2005 年修订）》第三十五条关于"股东有权优先按照实缴的出资比例认缴出资"的规定，侵犯了夏某认缴增资的合法权益，依据《公司法（2005 年修订）》第二十二条第一款规定，应认定无效。二审判决关于是否侵害夏某优先认购权的认定缺乏证据证明。

鉴于撤销权存在六十日的时限，在实践中，权利受损股东往往以决议内容侵犯了股东按照实缴出资比例认缴出资而主张决议无效，并得到法院的支持。但也在约定优先认购权超出了法定优先认购权的权限时，投资方主张决议无效缺乏法律基础，投资方转而以决议程序违法或违反章程而行使撤销权。

2. 增资决议不成立

于 2017 年 9 月 1 日开始实施的《最高人民法院关于适用〈中华人民共和国公司法〉若干问题的规定（四）》（下称《公司法解释四》）第四条对股东在《公司法》第二十二条第二款项下的撤销权作了除外规定，明确会议召集程序或者表决方式仅有轻微瑕疵，且对决议未产生实质影响的，人民法院不支持撤销请求，以免股东过度使用撤销权，影响公司的决议及运作效率。

另外，《公司法解释四》增设了决议不成立之诉。《公司法解释四》第五条规定："股东会或者股东大会、董事会决议存在下列情形之一，当事人主张决议不成立的，人民法院应当予以支持：（一）公司未召开会议的，但依据公司法第三十七条第二款或者公司章程规定可以不召开股东会或者股东大会而直接做出决定，并由全体股东在决定文件上签名、盖章的除外；（二）会议未对决议事项进行表决的；（三）出席会议的人数或者股东所持表决权不符合公司法或者公司章程规定的；（四）会议的表决结果未达到公司法或者公司章程规定的通过比例的；（五）导致决议不成立的其他情形。"简言之，《公司法解释四》第五条对于决议不成立的情形可以分为"不开会（法定或章程规定可以不召开的除外）"以及"未表决或表决未达标"两类。

在《公司法解释四》出台前，该第五条所罗列的当事人可主张决议不成立的情形极可能被纳入《公司法》第二十二条所称的"会议召集程序、表决方式违反法律、行政法规或者公司章程，或者决议内容违反公司章程的"情形，而面临可撤销的法律风险。但可撤销与不成立在法律性质上存在本质差异。可撤销是以决议成立、生效为前提，而不成立是指相关权利人自始未做出决议相关的意思表示。

在天津市滨海新区和顺建筑有限公司、天津市瑞康房地产开发有限公司公司决议效力确认纠纷二审民事判决书［（2018）津02民终4594号］中，一审法院认为做出涉案决议的增资、选举董事、修改公司章程等的股东会及选举董事长、聘任经理的董事会并未召开，且上述决议中的签字均非陈甲、李甲、李乙、陈乙、李丙本人签署，陈甲、李甲、李乙、陈乙、李丙也未委托他人代为签署或者事后追认，故不存在《公司法（2013年修正）》第三十七条第二款规定的未召开会议而导致决议不成立的除外情形。同时，陈甲、李甲、李乙、陈乙、李丙在"吸纳瑞康公司为公司新股东"公司决议做出前，持股比例为46.5%，故即使和顺公司召开了股东会，出席会议的人数或者股东所持表决权也不符合公司法或者章程的规定，也符合认定公司决议不成立的条件，故涉案的股东会决议、董事会决议不成立。二审驳回上诉，维持原判。

因而，如公司股东就增资事项未召开股东会和/或表决股东未达到《公司法》或公司章程规定的通过比例的，投资方也有权提起诉讼要求确认增资决议不成立。特别是在投资方的约定优先认购权受到损害时，不成立之诉可以作为撤销之诉的有利补充，且不受六十日的时限限制。

3. 决议不成立、被撤销或无效的后果

如在公司根据增资决议办理工商变更登记前，增资决议被认定不成立、被撤销或无效的，公司不得根据增资决议再办理增资手续。

《公司法》第二十二条第四款规定，公司根据股东会或者股东大会、董事会决议已办理变更登记的，人民法院宣告该决议无效或者撤销该决议后，公司应当向公司登记机关申请撤销变更登记。虽然《公司法》第二十二条未考虑股东会决议"不成立"的情形，但笔者认为如在人民法院宣告决议"不成立"前公司已根据决议办理变更登记的，公司也应向工商登记机关申请撤销变更登记。

但是，《公司法解释四》第六条规定，股东会或者股东大会、董事会决议被人民法院判决确认无效或者撤销的，公司依据该决议与善意相对人形成的民事法律关系不受影响。在不能确定与公司依据上述决议形成相关法律关系的相对人是否为善意的情况下，权利受损股东关于撤销变更登记的申请可能难以得到法院支持。

4. 起诉方是否仍有权行使优先认购权

在绵阳高新区科创实业有限公司、福建省固生投资有限公司、陈某与绵阳市红日实业有限公司、蒋某股东会决议效力及公司增资纠纷案［（2010）民提字第48号］一案中，最高人民法院认为虽然科创公司2003年12月16日股东会决议因侵犯了红日公司和蒋某按照各自的出资比例优先认缴新增资本的权利而部分无效，但红日公司和蒋某是否能够行使上述新增资本的优先认缴权还需要考虑其是否恰当地主张了权利。股东优先认缴公司新增资本的权利属形成权，虽然现行法律没有明确规定该项权利的行使期限，但为维护交易安全和稳定经济秩序，该权利应当在一定合理期间内行使，并且由于这一权利的行使属于典型的商事行为，对于合理期间的认定应当比通常的民事行为更加严格。本案红日公司和蒋某在科创公司2003年12月16日召开股东会时已经知道其优先认缴权受到侵害，且做出了要求行使优先认缴权的意思表示，但并未及时采取诉讼等方式积极主张权利。在此后科创公司召开股东会、决议通过陈某将部分股权赠予固生公司提案时，红日公司和蒋某参加了会议，且未表示反对。红日公司和蒋某在股权变动近两年后又提起诉讼，争议的股权价值已经发生了较大变化，此时允许其行使优先认缴出资的权利将导致已趋稳定的法律关系遭到破坏，并极易产生显失公平的后果，故四川省绵阳市中级人民法院（2006）绵民初字第2号民事判决认定红日公司和蒋某主张优先认缴权的合理期间已过并无不妥。故最高人民法院对红日公司和蒋某行使对科创公司新增资本优先认缴权的请求不予支持。

因而，根据上述案例，投资方如在优先认购权受到侵害后在主张增资决议无效/不成立/被撤销的同时，主张要求行使优先认购权的，需在其权利被侵害后的合理期间内提起。

5. 损失金额的确认

在高某诉上海天歌控股（集团）有限公司与公司有关的纠纷一案二审民事判决书［（2016）沪01民终7933号］中，天歌置业公司设立于2002年7月25日，设立时的注册资本为800万元，股东由东厦公司和银河公司组成。东厦公司出资416万元，占总股本的52%；银河公司出资384万元，占总股本的48%。

2003年11月，高某与天歌置业公司签订《增资扩股投资协议书》一份，内容为：基于天歌置业公司希望增资扩股，高某希望投资；基于双方对前述的了解及对如下的共识：即所谓天歌置业公司之增资扩股，是指天歌置业公司自依法成立时至今（未变）的注册资本800万元增加到850万元，股东在原有的（二名法人股东）基础上增加高某为第三名，此为第一；第二，在本协议生效后，工商登记变更前，高某作为天歌置业公司股东之权利除分红、盈利收益权外，均可能受限制；第三，自本协议生效后，高某在天歌置业公司的股份相当于天歌置业公司总股份的1/17；第四，天歌置业公司如在本协议生效后，工商登记变更前另有增资扩股安排并影响到高某前款的股份比例时，需经高某书面同意；第五，天歌置业公司同意：在本协议生效后高某按本协议之股份比例，分享以前财务年度未分配及今后之盈利。

2003年11月，天歌置业公司形成议题为"增资扩股"的股东会决议一份、同意公司于2003年11月与高某之间的《增资扩股投资协议书》的股份比例安排，即占本公司总股份的1/17。2003年11月21日，天歌置业公司召开全体股东大会并形成股东大会决议，决定在原注册资本800万元的基础上，增资到1.20亿元。

2010年7月，高某得知东厦公司、银河公司、天歌置业公司违反《增资扩股投资协议书》的约定，在未告知高某、未取得高某同意的情况下，于2003年11月将天歌置业公司的注册资金从800万元直接增资至1.20亿元，且未将高某变更登记为天歌置业公司的股东。

一审法院认为，高某与天歌置业公司签订的《增资扩股投资协议书》、天歌置业公司为此形成的股东会决议系签约方的真实意思表示。高某与天歌置业公司签订《增资扩股投资协议书》在前，天歌置业公司将注册资本从800

万元增资到 1.20 亿元的行为在后，而在高某与天歌置业公司签订的《增资扩股投资协议书》中，双方明确约定：天歌置业公司如在本协议生效后，工商登记变更前另有增资扩股安排并影响到高某前款的股份比例时，需经高某书面同意。但实际情况是天歌置业公司在与高某签订《增资扩股投资协议书》后，非但没有协同高某及时向工商管理部门办理将注册资本从 800 万元增资至 850 万元的工商变更登记手续，而是故意瞒着高某，在协议签订后不久，将注册资本由 800 万元增资至 1.20 亿元，并即时向工商管理部门办理了工商变更登记手续，且并未将高某登记为公司股东。综上，一审法院认为，天歌置业公司的行为明显违反了《增资扩股投资协议书》的约定，已构成对高某的违约，且在主观上属于恶意违约。

天歌置业公司的行为明显违反了《增资扩股投资协议书》的约定，已经构成对高某的违约，天歌置业公司的行为导致高某丧失了维持其持有天歌置业公司 5.88% 股权的机会。股权对应的收益是指股权份额对应公司资本的份额，并非公司利润。无论房屋是否出售，其价值始终存在。综上，一审法院认定，天歌置业公司 5.88% 的股权可以获得的收益应为 72 421 万元×5.88% = 4 258.354 8 万元。前文已经论述，该案中高某的损失即为《增资扩股投资协议书》履行后高某可以获得的利益，即高某按约维持其在天歌置业公司 5.88% 的股权所应分配的净利润，与其因天歌置业公司的违约导致股权被稀释后所获得的股权收益的差额。由于高某在（2012）浦民二（商）初字第 2755 号案件中已主张了 0.822 4% 的股权及利润，故高某有权就剩余的 5.057 6% 股权所应分配的净利润作为损失要求天歌置业公司等赔偿。如上所述，5.057 6% 股权所应分配的净利润应为 72 421 万元 × 5.057 6% = 36 627 644.96 元，故高某的损失应为 36 627 644.96 元。但一审法院注意到，虽然高某在天歌置业公司增资至 1.20 亿元时未能维持其 5.88% 的股权比例的过错在天歌置业公司等，但毕竟高某实际出资额仅为 50 万元，如高某要在天歌置业公司 1.20 亿元注册资本中维持 5.88% 的出资比例，则高某实际应出资 7 056 000 元，减去高某已出资的 50 万元，差额为 6 556 000 元，因该款项高某未实际投入天歌置业公司，则对该款项的孳息收入不应再行使赔偿权利，故在高某主张的赔偿款中，还应扣除 6 556 000 元自 2003 年 11 月 28 日（天歌置业公司增资至 1.20 亿元的登记变更日）至 2012 年 7 月 24 日（天歌置业公司营业期限届满日）期间的利息，利息的计算标准如按中国人民银行规定的金融机构计收同期银行贷款年利率 6.55% 为准，大约为 371 余万元。

二审法院认为，高某与天歌置业公司签订的《增资扩股投资协议书》约定天歌置业公司另有增资扩股安排并影响到高某的股份比例时需经高某书面同意，同时约定了在协议生效后工商登记变更前，高某作为天歌置业公司股东之权利除分红、盈利收益权外，均可能受限制。同时，天歌置业公司于2003年11月形成的"增资扩股"股东会决议亦明确在工商变更登记前高某只享受自公司成立开始的分红和盈利收益权，工商变更登记后按公司章程办理。故尽管天歌置业公司及其股东东厦公司、银河公司在增资前未通知高某，但高某作为权利受限制的股东，其不一定能与东厦公司和银河公司共同享有增资的权利。东厦公司和银河公司作为持有天歌置业公司共计94.12%股权的股东，为了天歌置业公司的后续经营，即使高某不同意，也能形成股东会决议完成天歌置业公司的增资，故天歌置业公司增资时未通知高某，只是导致高某丧失了可能对天歌置业公司的增资机会，并不是剥夺高某一定能够参与增资始终持有天歌置业公司5.88%股权的权利。已有生效判决认定高某仅持有天歌置业公司0.4167%的股权，故一审法院以5.88%的股权比例计算高某的损失存在不当。根据我国《合同法》第一百一十三条的规定，违约方向守约方赔偿的可得利益损失不得超过违约方订立合同时预见到或者应当预见到的因违反合同可能造成的损失。《增资扩股投资协议书》签订于2003年11月，天歌置业公司、东厦公司和银河公司违约的事实也发生在2003年11月，天歌置业公司开发的天歌华庭地块项目于2007年4月才开工建设，天歌置业公司的发展趋势系由各种因素决定，再加上我国房地产市场发展的情况在2003年时无法预估，故法院认为难以认定天歌置业公司、东厦公司和银河公司在2003年11月违约时已经预见或应当预见到天歌置业公司的经营状况及给高某造成的损失会达到3000余万元。从天歌置业公司增资至1.2亿元开始，高某的股权比例开始发生变化，其持股比例变为0.4167%，且高某作为天歌置业公司的副总经理，参与天歌置业公司天歌华庭地块项目的开发，对天歌置业公司的注册资本为1.2亿元应当知道，但高某在2010年7月前从未提出过异议，故高某的损失只能以0.4167%的股权比例计算。因《增资扩股投资协议书》对违约责任未予约定，高某因违约造成的损失也是机会损失，基于本案情况及现有证据，法院酌定天歌置业公司、东厦公司和银河公司向高某赔偿的损失为0.4167%×72421万元=3017783.07元。

根据现有判例，法院从约定的违约责任、违约方订立合同时预见到或者应当预见到的因违反合同可能造成的损失，以及权利受损方在权利未受损情况下所持有的出资比例可获得的公司盈利收益等因素酌定损失金额。

综上，就损害投资方优先认购权的情形，投资方可以根据具体的决议流程以及决议内容主张增资决议不成立、应被撤销或无效，同时有权在合理期间内要求就公司新增资本行使优先认缴的权利，并要求公司以及公司其他股东向其赔偿损失。

七、总结及建议

优先认购权的条文看似简单，并且有法律条款作为基础，在投资方和被投资方之间往往是最快达成共识的条款。但通过行文层层分析，发现其中可能暗藏玄机。在起草或审阅优先认购权条款时，建议投资方和被投方特别关注：

1. 优先认购权类型

投融资双方应首先确定优先认购权的类型，如为 pro rata 优先认购权，建议根据审阅方的立场以及公司的实缴出资情况选择按照实缴出资比例或认缴出资比例享有优先认购权。

2. 增资的决议程序

公司新增资本需要通过股东会决议流程，并且公司是否按照法定或章程约定的流程召开股东会、进行表决会直接影响决议是否存在不成立、应被撤销的情形。因而，建议投资方在投资协议以及公司章程中均明确公司新增资本的决议需要取得投资方投赞成票，为投资方优先认购权的实现提供切实的操作基础。

第二章

买买买才是硬道理

——优先购买权

一、优先购买权的定义

股权投资协议中的投资方优先购买权，系指公司股东对外转让其所持有的公司股权时，其他股东在同等条件下享有的优先购买该等转让股权的权利，与《公司法》第七十一条约定的优先购买权相对应。

二、优先购买权的市占率分析

根据经纬创投 2017 年 9 月发布的融资条款统计报告（数据来源：汉坤律师事务所），在作为统计样本的 217 个项目中，有近 90% 的项目约定了如创始人转让股权，投资方享有优先购买权。其中，50.54% 的项目约定，如果创始人转股，投资方可优先购买全部待转股权，投资方之间按各自持股的相对比例分配份额。49.46% 的项目约定，投资方只能按其在行使优先购买权的股东中所占的相对持股比例优先购买待转股权。

虽然在统计样本中有超过 10% 的项目未在投资协议中特别约定投资方的优先购买权条款，但在该等项目中投资方仍可依据《公司法》以及《中外合资经营企业法》❶ 等法律规定享有优先购买权。因而，在实践操作中，投资方

---

❶ 2019 年 3 月 15 日，第十三届全国人民代表大会第二次会议通过了《中华人民共和国外商投资法》，《中华人民共和国外商投资法》将自 2020 年 1 月 1 日起实施，《中华人民共和国中外合资经营企业法》《中华人民共和国外资企业法》《中华人民共和国中外合作经营企业法》同时废止。外商投资企业的组织形式、组织机构及其活动准则，适用《中华人民共和国公司法》《中华人民共和国合伙企业法》等法律的规定。

的优先购买权实际已达到了100%的市场占有率。

三、优先购买权的制度创设背景

优先购买权的创设基础为对公司"人合性"的尊重。在公司初创以及前期发展阶段，公司股东人数较少，股权较为集中，任一股东股权的对外转让都会对公司内部相对封闭的人合关系造成影响，甚至可能会导致公司的控制权发生变化，使公司的业务发展偏离原有方向。

基于此，对于包括投资方在内的公司所有股东而言，优先购买权都应是其作为公司股东的基础权利之一。因而，《公司法》以及《中外合资经营企业法》均明确了股东向股东以外的人转让股权时，在同等条件下，其他股东享有优先购买权。而投资协议往往在法定优先购买权外赋予了投资方相对其他股东更为优越的优先购买权。

四、优先购买权的分类

本节主要探讨投资方在以创始股东为主的受限股东（下称"受限股东"，一般包括创始股东、关键岗位人士和通过员工股权激励计划或其他方式直接或间接取得公司股权的任何公司顾问或员工）转让股权时享有的优先购买权。考虑初创公司多由"草根"发起，本节暂不从国有资产转让的角度分析受限股东的股权转让规定，仅从初创企业较为常见的民营有限责任公司类型梳理优先购买权的相关法律规定。

（一）法定优先购买权

1.《公司法》项下的优先购买权

《公司法》第七十一条规定：有限责任公司的股东之间可以相互转让其全部或者部分股权。"股东向股东以外的人转让股权，应当经其他股东过半数同意。股东应就其股权转让事项书面通知其他股东征求同意，其他股东自接到书面通知之日起满三十日未答复的，视为同意转让。其他股东半数以上不同意转让的，不同意的股东应当购买该转让的股权；不购买的，视为同意转让。经股东同意转让的股权，在同等条件下，其他股东有优先购买权。两个以上股东主张行使优先购买权的，协商确定各自的购买比例；协商不成的，按照转让时各自的出资比例行使优先购买权。公司章程对股权转让另有规定的，从其规定。"

《公司法》第七十二条规定：人民法院依照法律规定的强制执行程序转让股东的股权时，应当通知公司及全体股东，其他股东在同等条件下有优先购买权。其他股东自人民法院通知之日起满二十日不行使优先购买权的，视为放弃优先购买权。

2. 外商投资企业中的法定优先购买权

《中外合资经营企业法实施条例》第二十条规定，合营一方向第三者转让其全部或者部分股权的，须经合营他方同意，并报审批机构批准，向登记管理机构办理变更登记手续。合营一方转让其全部或者部分股权时，合营他方有优先购买权。合营一方向第三者转让股权的条件，不得比向合营他方转让的条件优惠。违反上述规定的，其转让无效。

3. 总结

综合上述法律法规，无论是《公司法》还是外商投资企业的相关法律法规，均规定在股东对外转让股权时，其他股东在同等条件下享有优先购买权。除股东自发地对外转让股权外，其他股东的法定优先购买权也基于人民法院依照强制执行程序转让股东股权的情形。但根据《公司法》第七十五条的规定，除章程或全体股东另有约定外，其他股东的优先购买权不适用于有限责任公司的自然人股东因继承发生变化的情形。

根据公司法规定，如有两个以上股东同时行使优先购买权的，需协商确定各自的购买比例，协商不成的，按照转让时各自的出资比例行使优先购买权。但需要注意的是，法条并未明确拟行使优先购买权的股东按各自的实缴出资比例还是认缴出资比例行使优先购买权。

(二) 约定优先购买权

《公司法》第七十一条同时赋予了公司股东对法定优先购买权的调整权利。实践中，投资方也往往充分利用《公司法》赋予的调整空间，通过投资协议以及公司章程的约定冲破法定优先购买权的掣肘，在受限股东转让公司股权时，约定对投资方更为有利的优先购买权。根据投资方可行使的优先购买权的比例，我们将投资方的优先购买权分为 pro rata 优先购买权和 super pro rata 优先购买权。

1. pro rata 优先购买权

pro rata 优先购买权指投资方按照其在所有拟行使优先购买权的股东所持公司股权中占有的比例享有的优先购买权。

任一投资方可以行使优先购买权的股权数量＝拟转让股权数量×该投资方所持公司股权数量/所有拟行使优先购买权的股东所持的公司股权数量。

在 pro rate 优先购买权项下，投资方享有的优先购买权与公司其他股东无异，也未突破《公司法》第七十一条的规定。但需要在约定时特别注意，在投资协议中需明确 pro rata 的计算方式是以认缴出资还是实缴出资为准。

2. super pro rata 优先购买权

在投资方较为强势的案例中，投资方也会要求获取 super pro rata 优先购买权。即在受限股东对外转让股权时，持有 super pro rata 优先购买权的投资方优先于公司其他股东享有优先购买权。

任一投资方可以行使优先购买权的股权数量＝拟转让股权数量×该投资方所持公司股权数量/所有拟行使优先购买权的投资方所持的公司股权数量。

3. 总结

根据经纬创投的统计数据，在 217 个统计样本中，享有 pro rata 和 super pro rata 的投资方数量基本相当。super pro rata 条款强化了投资方的优先购买权，降低了受限股东对外转让股权的动力，使公司股权结构更为稳定，其设置存在一定的合理性。因而在实践中，创始股东对于投资方提出的 super pro rata 优先购买权条款接受度也相对较高。

对于受限股东以外的公司其他股东，投资方一般不会对其股权转让做出特别约定。因而，在其他股东对外转让公司股权时，投资方应享有法定的优先购买权。

五、优先购买权的条款表述及分析

（一）条款表述

经整理多个股权融资项目的优先购买权条款，笔者归纳了较为常见的条款表述：

除本协议及其他交易文件另有约定外，未经投资方全体事先书面同意，创始股东、关键岗位人士和通过员工股权激励计划或其他方式直接或间接取得公司股权的任何公司顾问或员工不得以任何方式直接或间接转让、处置其所持有的公司股权或以任何方式在其上设置或安排任何质押、担保或其他第三方权益（包括但不限于可转债、债转股、信托、代持）。但是，创始股东或关键岗位人士因执行经公司股东会、董事会审议通过的员工股权激励计划而向相应的激励对象或持股平台转让股权的除外。投资方在行使否决权时没有购买本条限制转股人股权的义务。

受限于前述限制，如果创始股东、关键岗位人士和通过员工股权激励计划或其他方式直接或间接取得公司股权的任何公司顾问或员工（包括继承人或受让人，下称"转让方"）提议直接或间接对外（"受让方"）转让其股权的（"拟出售股权"），投资方有权选择在同等条件下按照其对公司的实缴出资占所有拟行使优先购买权的投资方对公司的实缴出资的比例优先于受让方行使优先购买权，购买全部或部分拟出售股权。为避免歧义，就届时投资方选择行使优先购买权的公司股权，其他股东在此明确放弃其根据适用中国法律、公司章程或基于任何其他事由可享有的优先购买权及可能存在的其他任何权利。若转让方希望向受让方出售其在公司的全部或部分股权，则转让方应给予投资方一份书面通知（"转让通知"），其中列明转让的实质条款和条件，包括但不限于拟转让股权说明、转让人可能转让的股权数量及比例、受让方的身份信息、拟签署的股权转让协议、股权转让价款、转让日期。但是，创始股东或关键岗位人士因执行经公司股东会、董事会审议通过的员工股权激励计划而向相应的激励对象或持股平台转让股权的除外。

投资方有权在收到转让通知后三十日（"转让通知答复期限"）内书面回复转让方，表明（ⅰ）不同意该等出售；（ⅱ）同意该等出售并放弃优先购买权；或（ⅲ）同意该等出售并对转让方拟出售的全部或部分股权行使优先购买权。

在转让通知答复期限届满或投资方对转让通知做出书面回复（以先发生者为准）后六十日内，如转让方未能和受让方根据不优于提供给投资方的转让条款和条件针对投资方在该次转让中未行使优先购买权购买的股权达成有法律拘束力的转让安排，或其他股东就投资方在该次转让中未行使优先购买权购买的股权选择不行使其优先购买权（如有），除非转让方放弃对外转让股权，转让方应重新履行本条规定的优先购买权程序，再次给予投资方书面通知，各投资方应在收到该等书面通知后三十日内做出书面回复。投资方有权就受让方或其他股东放弃的部分再次行使优先购买权（"剩余优先购买权"），购买全部或部分其拟转让的公司股权。

（二）条款分析

1. 股权转让限制

在投资协议中，转让限制条款往往与投资方的优先购买权条款配套使用。《公司法》第七十一条第二款规定，股东向股东以外的人转让股权，应当经其他股东过半数同意。其他股东自接到书面通知之日起满三十日未答复的，视为同意转让。其他股东半数以上不同意转让的，不同意的股东应当购买该转让的股权；不购买的，视为同意转让。然而，转让限制条款对受限股东对外转让股权作了更为严苛的约定，要求受限股东对外转让股权需要取得全体投资方的事先同意，并以"投资方在行使否决权时没有购买本条限制转股人股权的义务"的表述对抗《公司法》中"不同意的股东应当购买该转让的股权"的规定。

2. 优先购买权的适用情形

上述条款仅约定投资方在受限股东对外转让股权时享有的优先购买权。在受限股东对内转让股权时，需要经过投资方同意，但并未约定投资方在受限股东对内转让股权时的优先购买权。投资方根据需要也可以补充约定受限股东对内转让股权时，投资方享有优先购买权。

3. 股权转让限制及优先购买权适用的例外

上述条款明确，创始股东或关键岗位人士因执行经公司股东会、董事会审议通过的员工股权激励计划而向相应的激励对象或持股平台转让股权时，投资方的股权转让限制以及优先购买的权利应排除在外。

4. 投资方约定优先购买权的行使程序

根据上述条款表述，我们总结在受限股东转让股权时，投资方的优先购买权行使流程如图2-1所示。

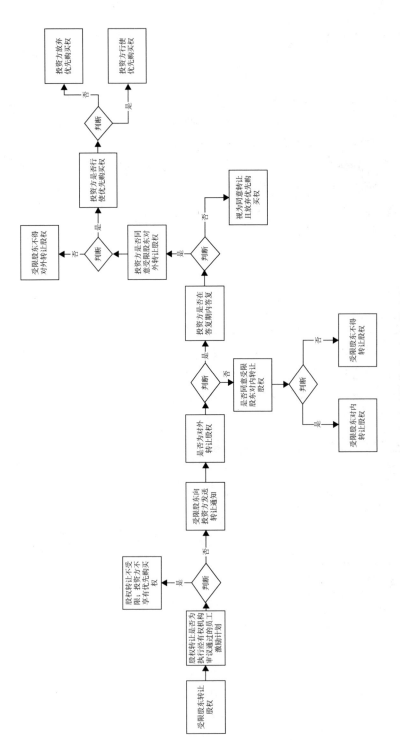

图2-1 投资方优先购买权行使流程

六、从司法判例看优先购买权的实践效果及涉及的法律问题

(一) 股权转让限制条款的效力

《公司法》第七十一条以及《中外合资经营企业法实施条例》第二十条既规定了公司股东对外转让股权的限制条件（其他股东过半数同意/经全体合营他方同意），亦规定了其他股东的优先购买权。同样地，如笔者在本章第五节中归纳的优先购买权常见条款、股权转让限制条款与优先购买权条款也通常会配套使用。

但是，投资协议中的股权转让限制条款约定比较严苛，通常表述为未经投资方全体事先书面同意，受限股东不得以任何方式直接或间接转让、处置其所持有的公司股权，并且，投资方在行使否决权时没有购买本条限制转股人股权的义务。但上述限制条款与《公司法》以及《公司法解释四》所体现的保障转让股东出资权利的原则存在冲突。《公司法》第七十一条规定，其他股东半数以上不同意转让的，不同意的股东应当购买该转让的股权；不购买的，视为同意转让。《公司法解释四》第二十一条规定，有限责任公司的股东向股东以外的人转让股权，未就其股权转让事项征求其他股东意见，或者以欺诈、恶意串通等手段，损害其他股东优先购买权，其他股东主张按照同等条件购买该转让股权的，人民法院应当予以支持，但其他股东自知道或者应当知道行使优先购买权的同等条件之日起三十日内没有主张，或者自股权变更登记之日起超过一年的除外。

同时，《公司法解释四（征求意见稿）》第二十九条中有"有限责任公司章程条款过度限制股东转让股权，导致股权实质上不能转让，股东请求确认该条款无效的，应予支持"的规定。

在蒋某诉乐至县交通运输有限责任公司股东资格确认纠纷一案[（2015）资民终字第36号]中，二审法院资阳市中级人民法院认为《公司章程（1997）》规定禁止股权转让的约定，违反股权自由转让的基本原则，剥夺股东的权利，应属无效，股权转让不因违反这些限制性约定而无效。

在吴某、王甲与黄某、王乙股权转让纠纷一案[（2017）苏05民终409号]中，《苏州工业园区禾润嘉科技有限公司章程》第七条写明，股东之间相互转让股权，股东向股东以外的人转让股权的，均应当经其他三分之二以上股东同意。在公司存续期内，其他三分之二以上股东不同意转让的，股东不

能转让股权。

一审法院认为,《公司法(2003年修正)》规定,公司章程对股权转让另有规定的,从其规定。故公司章程可以对股权转让做出限制性约定,这种约定是章程制定者为了维护自身及公司利益达成合意的体现。但同时,公司股东自身亦依法享有资产收益、参与重大决策和选择管理者等基本权利。另外,公司股东也应当遵守法律、行政法规和公司章程,依法行使股东权利,不得滥用股东权利损害公司或者其他股东的利益。故公司章程中的这种限制性约定是应当受到制约的,对于违法的或者违反《公司法(2003修正)》的限制性条款,则不应认定其效力。本案中,吴某、王甲提交的公司章程中约定了其他三分之二以上股东不同意转让的,股东不能转让股权。吴某、王甲称该条款的设定系因为公司股东本身就是公司员工,属于核心技术员工,有上市公司拟投资,所以要保持员工的稳定,但吴某、王甲未能就此提交相应证据予以证实。且该条款也未设定相应的补救措施。这种对股权转让的限制可造成股权转让被禁止的后果,违反了股权转让的基本原则,也剥夺了股东依法享有的基本权利,应属无效,故吴某、王甲据此条款认为黄某与王乙的股权转让无效的主张,于法无据,不予采纳。

二审法院苏州市中级人民法院认为,吴某、王甲提交的公司章程中约定了其他三分之二以上股东不同意转让的,股东不能转让股权。该约定属于限制性条款,造成股权转让被禁止的后果,违反了股权转让的基本原则,剥夺了股东的基本权利,也应属无效。

在奇虎三六零软件(北京)有限公司与蒋某、上海老友计网络科技有限公司、胡某请求变更公司登记纠纷上诉案〔(2014)沪二中民四(商)终字第330号并民终字第427号〕中,投资方奇虎三六零软件(北京)有限公司、目标公司上海老友计公司、目标公司股东胡某等在《投资协议书》中约定,奇虎三六零软件(北京)有限公司对公司股份结构或公司形式发生变更享有一票否决权。二审法院上海市第二中级人民法院认为,关于章程能否对股权转让设定限制条款问题,我国《公司法(2005修订)》对有限责任公司和股份有限公司做了不同规定。其中,涉及有限责任公司股权转让部分的《公司法(2005修订)》第七十二条第四款规定"公司章程对股权转让另有规定的,从其规定",即有限责任公司的章程可以约定对股份转让的限制。为维护股东之间的关系及公司自身的稳定性,章程可以对有限公司的股权转让作出相应的限制和要求,这是公司自治及人合性的重要体现,同时也是诚实信用原则和当事人意思自治原则的体现。故公司章程中对股权转让所做的特别规定，各方均应遵守。本案中，赋予奇虎三六零公司对一些事项，包括股权转让的一票否决权，这种限制是各方出于各自利益需求协商的结果，符合当时股东的真实意思表示，未违反《公司法（2005 修订）》的强制性规定，应认定符合公司股东意思自治的精神，其效力应得到认可。

在山西必高汽车集团有限公司与山西新亨运汽车服务有限公司股权转让纠纷一案 [（2014）并民终字第 427 号] 中，二审法院太原市中级人民法院认为，本案二审争议的焦点问题是公司《章程》约定的股权转让条件与《公司法（2005 年修订）》第七十二条第二款的规定不同的法律适用。本案上诉人新亨运公司的公司《章程》第 13 条的规定："股东已缴纳的出资允许转让。股东向股东以外的人转让出资，须经全体股东同意。"围绕股权转让这一法律行为，股东的股份转让权利保护、其他的股东优先购买权保护和善意第三人利益保护三者在此交汇，它们都是民商法律追寻的目标和价值。股权的对内和对外转让是股东本来就享有的重要权利，对股权流转的限制本身就会减损股权的财产价值。因此，除法律的明文规定外，股东的股权转让行为不应被轻易否定。股东对其他股东股权的优先购买权是基于有限公司人合性而由法律预先设定的权利，它既是维系公司人合性的保障，又是股权自身所包含的内容和股东享有的既得利益。因此，《公司法（2005 年修订）》第七十二条第二款规定其他股东半数以上不同意转让的，不同意的股东应当购买该转让的股权，不购买的，视为同意转让。本案的问题是《公司章程》的规定与《公司法（2005 年修订）》第七十二条第二款规定不同的法律适用的问题，首先，《公司法（2005 年修订）》肯定和鼓励股权资本的流动，对向股东以外的第三人转让股权，做出了过半数股东同意的限制性规定，公司章程在《公司法（2005 年修订）》规定之外设定的对股权转让的禁止性限制性条件不应和《公司法（2005 年修订）》第七十二条第二款的规定发生根本性冲突，否则，《公司法（2005 年修订）》第七十二条第二款的规定则没有必要存在；其次，本案《公司章程》设定的对股权转让的禁止性限制性条件为"股东向股东以外的人转让出资，须经全体股东同意"，该规定并没有排除适用《公司法（2005 年修订）》第七十二条第二款规定的"其他股东半数以上不同意转让的，不同意的股东应当购买该转让的股权，不购买的，视为同意转让。"因此，不同意转让股权又不购买的股东，依法应视为同意转让股权，说明《公司法（2005 年修订）》第七十二条第二款的规定和《公司法（2005

年修订）》第七十二条第四款的规定本身并不冲突，这与公司人和性并不矛盾。被上诉人必高公司和原审第三人的股权转让行为并非无效。

综上，根据上述案例，虽然现有法律法规未对"过度限制股东转让股权导致股权实质上不能转让"的限制性条款做出效力判断，在目前的司法实践中，不同法院对于转让限制条款的效力也存在不同倾向。因而，作者在本章第五节中归纳的优先购买权常见条款中的转让限制条款不排除因导致股权实质不能转让而被认定无效，该转让限制条款将很有可能成为"没有牙齿"的约定，无法对受限股东形成有效约束，也无法对投资方形成有效保护。

另外，如果投资协议或章程中关于股权转让限制的约定低于《公司法》的规定，该等条款的效力也将同样受到冲击。在人民法院出版社 2008 年出版的《公司诉讼的理论与实务问题研究》（奚晓明、金剑锋著）一书中，就公司股权转让的章程规定与《公司法》规定的竞合问题，有如下观点："章程限制低于公司法规定的效力。公司章程对股东转让股权的限制规定低于公司法规定的，应当认定无效。公司章程规定，股东向股东以外的人转让股权的，必须经股东的 1/3 （甚至更低比例）同意。上述规定应当是无效条款。因为《公司法（2005 年修订）》第 72 条第 2 款规定：'股东向股东以外的人转让股权，应当经其他股东过半数同意'属于强制性规范。'过半数'是最低要求，并非指导性标准。如果公司章程的规定低于公司法的最低要求，这一规定应当认定无效。"

因而，投资协议或章程中的股权转让限制条款不能随意设定，不能宽于公司法规定的最低要求，过度限制导致股权实质上无法转让也存在无效风险。

（二）投资方对受限股东对内转让股权时的限制条款以及优先购买权条款效力

《公司法》第七十一条第一款规定，有限责任公司的股东之间可以相互转让其全部或者部分股权。并且，该条后两款也仅在涉及股东向股东以外的人转让股权时赋予其他股东优先购买权。

《北京市高级人民法院民二庭关于 2007 年北京市法院商事审判二审发回重审、改裁和改判案件的调研报告》提到，由于股权的内部转让并不改变公司的信用基础，不导致新的股东加入，不改变原有股东的合作关系，对有限责任公司的人合和资合特性不产生实质性影响，为此，《公司法》规定，"有限责任公司的股东之间可以相互转让其全部或者部分股权"。可见，该条规定对有限责任公司股东之间的股权转让行为几乎没有任何限制性，只要不存在违法行为，股权在公司股东内部之间的转让是自由的，无须征求公司其他股东或公司的意见，完全由股东之间自行协商决定，其他股东无权干涉。

但是，不容忽视的是，股东内部间的股权转让，特别是受限股东对内转让股权也可能会导致公司的控制权发生变化，影响投资方的权益。因而，在股权投资协议中，投资方也会考虑根据《公司法》第七十一条第四款"公司章程对股权转让另有规定的，从其规定"的规定通过投资协议以及章程的规定，对受限股东的内部转让行为进行限制或主张优先购买权。

然而，由于股东间的对内转让行为并未损害有限责任公司的"人合性"，其他股东对于股东间转让行为的限制或主张优先购买权是否能得到法院支持，在司法实践中存在争议。

《上海市高级人民法院关于审理涉及有限责任公司股东优先购买权案件若干问题的意见》（沪高法民二〔2008〕1号）第一条规定，有限责任公司的股东之间相互转让其全部或者部分股权，其他股东要求行使优先购买权的，人民法院不予支持。

《公司法解释四（征求意见稿）》第二十三条规定，有限责任公司的股东之间相互转让其全部或者部分股权，其他股东主张优先购买的，不予支持，但公司章程另有规定的除外。然而，该条款在最高人民法院最终发布并施行的《公司法解释四》中未予保留。

在张某、柳某与公司有关的纠纷一案［（2018）最高法民申908号］中，正忠公司《公司章程》第十六条规定，股东转让股份，应当经其他过半数股权的股东同意，其他过半数股权的股东不同意转让的，不同意的股东应当购买该转让的股权，不购买的视为同意。即依据该规定，股东不论是对内还是对外转让股权，均应当经其他过半数股权的股东同意。但有限责任公司股东之间股权回购协议系对将来转让股权的约定和安排，股东之间转让股份未损害公司以及其他债权人的利益，也未破坏有限责任公司的人合性，即便未召开股东会或者违反公司章程的规定，侵害了其他股东的优先购买权，在不存在《合同法》第五十二条规定的情形时，并不必然导致股权回购协议无效。

在张某与吴某、魏某、周某股权转让纠纷一案［（2018）吉01民终360号］中，长春市臻万美容美体有限公司章程第十三条规定"任何一方转让其出资额，不论全部或部分，都须经其他方同意……"二审法院长春市中级人民法院认为，虽然该章程对股东之间股权转让的限制做出了不同于《公司法

（2013 年修正）》第七十一条第一款的规定，但符合《公司法（2013 年修正）》第七十一条第四款的规定。长春市臻万美容美体有限公司股东之间转让股权，理应遵循公司章程的规定。周某与张某股权转让未得到公司其他股东的同意，违反了公司章程的规定，一审法院依据《公司法（2013 年修正）》第七十一条第四款做出周某与张某签订的《股东股权转让协议书》无效的判决并无不当。关于上诉人提出的该章程第十三条不应适用于股东之间转让股权的主张，经询问，长春市臻万美容美体有限公司原始股东魏某、吴某、周某，该三人均认为章程第十三条对股权转让做出的限制，既包括对内转让也包括对外转让。且从该条文字面含义也无法推断出其不适用于股东之间转让股权，二审法院不予支持。关于上诉人提出的本案应适用《公司法解释四》第二十一条第二款规定的主张，因该条款的适用前提是有限责任公司的股东向股东以外的人转让股权，不符合本案股东之间转让股权的情形，本院亦不予支持。

在大连大显集团有限公司与东北金城建设股份有限公司公司决议效力确认纠纷一案［（2014）沈中民三终字第 00319 号］中，公司章程第二十六条和第二十七条分别规定了对内转让股权和向外转让股权的问题，股东对内转让股权的，其他股东没有优先购买权，但应当经过除转让股东以外的股东三分之二以上同意。本案被告于 2013 年 7 月 28 日召开股东会时，除原告持有21.9% 股权外，股东王某持有 21.9% 股权，表示反对，其余股东同意转让股权，超过三分之二。一审法院就本案中股东优先购买权的问题认定如下：《公司法（2005 年修订）》第七十二条第一款规定，有限责任公司的股东之间可以相互转让其全部或者部分股权。第四款规定，公司章程对股权转让另有规定的，从其规定。上述两款说明，股东之间转让股权的，其他股东没有优先购买权，且在处理股权转让的问题上，应当优先适用公司章程的规定。可见，无论法律规定还是章程规定，股东对内转让股份时，其他股东均不享有优先购买权，原告转让股权时，也经过其他股东三分之二以上同意，并无违反法律、行政法规的情况。且如主张优先购买权，应当由有优先购买权的股东提出，原告作为转让方，应无权提出。对原告主张王某侵犯其他股东优先购买权，原审法院不予支持。二审法院沈阳市中级人民法院认为，关于王某是否利用控股股东地位侵害其他股东优先购买权的问题，公司既具有资合性，也具有人合性，公司股东依法应按公司章程约定行使权利履行义务。本案被上诉人于 2013 年 7 月 28 日召开股东会时，除持有 21.9% 股份的上诉人外，持有

21.9%股份的王某表示反对，其他股东均同意本次股权转让，即其他股东的三分之二以上同意该股权转让事项，即该表决内容并不存在违反法律、行政法规规定的情形。

在穆某与苏州广达科技有限公司决议无效纠纷一案〔（2016）苏05民终2466号〕中，2014年8月9日，潘某、张某、徐某三名股东通过了《股东会决议》，该决议事项为：股东之间相互转让股权，应当经其他股东过半数同意。股东应就其股权转让事项书面通知其他股东征求同意，其他股东自接到书面通知之日起三十日未答复的，视为同意转让。其他股东半数以上不同意转让的，不同意的股东应当购买该转让的股权；不购买的，视为同意转让。穆某诉至法院，请求判令依法撤销广达公司股东会于2014年8月9日做出的《股东会决议》。一审法院认为，根据《公司法（2013年修正）》的相关规定，股东依法享有资产收益、参与重大决策和选择管理者等权利，股东有权通过股东会修改公司章程，股东通过股东会修改章程是股东行使参与重大决策等股权权利的具体体现。按照《公司法（2013年修正）》第七十一条的规定，有限责任公司股东之间可以相互转让其全部或者部分股权，公司章程对股权转让另有规定的，从其规定。从该条规定看，公司股东之间可以相互自由转让股权，但公司章程另有规定的，按照公司章程规定进行转让。本案中，首先，从案涉股东会决议内容来看，决议对股东之间以及股东向股东以外的人转让股权修改为应当经其他股东过半数同意，其他不同意的股东应当购买该转让的股权，不购买的视为同意转让。该修改公司章程的决议并未禁止股东之间以及股东向股东以外的人转让股权，亦未限制股东之间以及股东向股东以外的人转让股权。故穆某主张案涉决议限制其自由转让股权，缺乏事实和法律依据，不予采纳。二审法院苏州市中级人民法院认为，《公司法（2013年修正）》第七十一条在对有限责任公司的股东之间转让股权做出规定的基础上，在第四款明确规定公司章程对于股权转让另有规定的，从其规定。同时，根据该法第三十七条第一款第（十）项、第四十三条第二款规定，公司可以通过股东会决议的方式变更公司章程，该事项须经代表三分之二以上表决权的股东通过。上述法条表明，公司有权通过股东会决议的方式修改公司章程，从而对股东之间转让股权做出不同于公司法的规定。案涉股东会决议经过合法召集，广达公司全部四位股东均到场参加会议，上诉人穆某虽反对召开股东会，但其并无证据证明存在不适宜召开股东会的情形，故本次会议召集的程序合法。而根据前述分析，潘某、穆某的股东身份与股权份额尚未改变，不影响其行使表决权。修改公司章程第十一、十二条的相关决议经过潘某、张某、徐某三股东通过，上述三股东所占股权合计占广达公司总股份的 71.5%，公司章程规定各股东依据股权份额行使表决权，故三股东占有的表决权超过三分之二以上。修改后的章程对于股东对内转让股权虽然设定部分限制，但并未完全阻止，因此而受到限制的股东还存在其他救济途径，因此，广达公司于 2014 年 8 月 9 日做出的股东会决议不存在无效情形，穆某主张该决议无效的诉讼请求不能成立，二审法院不予支持。

上述司法判例普遍认为，股东间股权转让限制条款在《公司法》第七十一条第四款的约定调整范围内，但如该等限制导致股权实质无法转让的，将面临被认定无效的风险。但股东间的股权转让协议违反章程中内部转让限制条款时，该等股权转让协议是否将必然无效，目前在司法中存在不同意见。最高人民法院在 2018 年张某、柳某与公司有关的纠纷一案中认为，股东之间转让股份未损害公司以及其他债权人的利益，也未破坏有限责任公司的人合性，即便未召开股东会或者违反公司章程关于股东间转让股份的规定，侵害了其他股东的优先购买权，在不存在《合同法》第五十二条规定的情形时，并不必然导致股权回购协议无效。而在其他司法判例中，该等股权转让协议往往被认定为无效。

（三）同等条件的认定及突破

《公司法》第七十一条仅规定，经股东同意转让的股权，在同等条件下，其他股东有优先购买权。然而在"其他股东半数以上不同意转让的，不同意的股东应当购买该转让的股权"表述中没有明确是否也适用"同等条件"。从保护转让股东的出资处分权来看，我们认为在其他股东半数以上不同意转让的情形下，不同意的股东也应当是按照"同等条件"购买该转让的股权。

《公司法解释四》第十八条规定，人民法院在判断是否符合《公司法》第七十一条第三款及该规定所称的"同等条件"时，应当考虑转让股权的数量、价格、支付方式及期限等因素。在实践中，"同等条件"的认定可能需要考虑更多的因素。

在浙江环益资源利用有限公司与谢某股权转让纠纷一案［（2016）浙 01 民终 5128 号］中，该案争议焦点之一为在股权合并整体定价欲转让给股东以外的人的情况下，能否单独就某一股东的股权行使优先购买权。二审法院杭州市中级人民法院认为：谢某和其他股东就其股权转让和高能公司达成的转让意向包括谢某股权在内的合计51%的股权以9 588万元的价格一并转让给高能公司，故在该转让条件下，谢某个人的股权转让和其他股东的股权转让不可分割，其个人的股权转让系以和其他股东的股权一并转让为条件的，该定价也是针对合计51%股权的整体定价，无法确定每个股东的股东在该整体定价中对应的价格。鉴于谢某和其他股东也依法将该转让事宜通知给环益公司并征求意见，因此，环益公司的优先购买权是得到保障的，如果其愿意以9 588万元的价格受让谢某等股东的51%的股权，其就优先于高能公司受让上述股权，而环益公司现在仅要求就部分股东的股权行使优先购买权，与谢某等股东和高能公司商谈的51%的股权转让条件不属同等条件。

在浙江康桥汽车工贸集团股份有限公司与马某、浙江万银汽车集团有限公司等股权转让纠纷一案［（2015）浙杭商终第1247号］中，马某先以畸高的价格转让了少量万国公司的股权给万银公司，在万银公司成为万国公司的股东之后，短期之内又以远远低于前次交易的价格转让了其余大量万国公司的股权给万银公司，前后两次股权转让价格、数量存在显著差异。杭州市中级人民法院认为，本案前后两次股权转让存有密切关联，系一个完整的交易行为，不应因马某分割出售股权的方式而简单割裂。该两次交易均发生在相同主体之间，转让时间相近，且转让标的均系马某持有的万国公司的股权，股权转让人与受让人事先对于拟转让的股权总数量以及总价格应当知晓。马某在签订2013年4月26日第一次的股权转让协议前，虽向康桥公司告知了拟对外转让股权的事宜，但隐瞒了股权转让的真实数量及价格，存在不完全披露相关信息的情形，造成了以溢价达30倍（与万国公司注册资本相比）的价格购买万国公司0.09%的股权，显然有违合理投资价值的表象。故法院认为，该股权转让人实际是以阻碍其他股东行使优先购买权条件之"同等条件"的实现，以达到其排除其他股东行使优先购买权之目的，系恶意侵害其他股东优先购买权的行为。

在吴甲与吴乙确认合同无效一案［（2015）苏商再提字第00068号］中，江苏省高级人民法院认为，吴乙和吴丙在7个月的时间内以极其悬殊的价格前后两次转让股权，严重损害吴甲的利益。吴乙和吴丙第一次转让1%的股权价格为15万元，第二次转让59%的股权实际价格62万元（以此测算第二次股权转让价格约为每1%价格1.05万元），在公司资产没有发生显著变化的情形下，价格相差达14倍以上，其目的在于规避《公司法》关于其他股东优先购买权的规定，从而导致吴甲无法实际享有在同等条件下的优先购买权，即首次转让抬高价格，排除法律赋予其他股东同等条件下的优先购买权，受让人取得股东资格后，第二次完成剩余股权转让。吴乙在一审庭审中亦明确表示"第一次股权转让吴丙不是公司股东，吴乙必须考虑同等条件的优先权"，"（第一次）比后面的要价要高，目的是为了取得股东身份"。这表明吴乙对其与吴丙串通损害吴甲利益的意图是认可的。如果认可上述行为的合法性，《公司法》关于股东优先购买权的立法目的将会落空。综上，民事活动应当遵循诚实信用的原则，民事主体依法行使权利，不得恶意规避法律，侵犯第三人利益。吴乙与吴丙之间的两份股权转让协议，目的在于规避《公司法》关于股东优先购买权制度的规定，剥夺吴甲在同等条件下的优先购买权，当属无效。

上述判例中，除了将股权的数量、价格、支付方式及期限作为"同等条件"的认定标准外，在特殊情况下，将多个转让方合并转让其持有的公司股权也视为"同等条件"的考虑因素之一。另外，法院也明确了如"同等条件"系转受让双方为转让股权刻意制造的条件，其他股东的优先购买权可以对抗该等转让行为。

（四）违反股权转让限制、损害优先购买权的后果

《公司法解释四》第二十一条规定，"有限责任公司的股东向股东以外的人转让股权，未就其股权转让事项征求其他股东意见，或者以欺诈、恶意串通等手段，损害其他股东优先购买权，其他股东主张按照同等条件购买该转让股权的，人民法院应当予以支持，但其他股东自知道或者应当知道行使优先购买权的同等条件之日起三十日内没有主张，或者自股权变更登记之日起超过一年的除外。前款规定的其他股东仅提出确认股权转让合同及股权变动效力等请求，未同时主张按照同等条件购买转让股权的，人民法院不予支持，但其他股东非因自身原因导致无法行使优先购买权，请求损害赔偿的除外。股东以外的股权受让人，因股东行使优先购买权而不能实现合同目的的，可以依法请求转让股东承担相应民事责任。"

在刘某、金某与叶某确认合同无效纠纷二审民事判决书［（2017）浙民终610号］中，浙江省高级人民法院认为，关于案涉股权转让合同是否损害刘某的优先购买权，本案股东会决议中刘某的签名并非其本人所签，股权转让事先未征得刘某的同意。本案股权变更登记发生于2013年，刘某自认2013年年底就知道股权转让事宜，但其直至2016年才向人民法院起诉，其诉讼请

求也并非要求优先购买，而是要求确认股权转让合同无效，因此一审法院驳回其诉讼请求并无不当。

在丁甲诉上海锦泽夏本医疗器械有限公司请求变更公司登记纠纷一案[（2018）沪01民终5410号]中，一审法院认为，本案的争议焦点主要在于，丁甲依据系争股权转让合同要求锦泽公司办理相应股权变更登记手续是否合法合理。根据714号生效民事判决书认定，2009年3月17日股权转让合同系丁甲、丁乙、杨某、王某四方当事人的真实意思表示，合法有效，四方当事人均受该合同约束，且合同所涉2 000 000元款项已经付清，丁甲依约受让王某持有的锦泽公司5%股权。虽然锦泽公司和王某认为丁甲并非系争股权转让合同当事人、丁甲未支付相应股权转让对价等，但上述争议在714号案件民事判决书中已经进行了认定，故对上述意见，均不予采信。一审法院注意到，锦泽公司章程第十条的部分规定与《公司法》规定存在不一致之处，应以《公司法》规定为准。虽然本案所涉股权转让合同在丁甲和王某之间具有约束力，但依据锦泽公司章程和《公司法》的相关规定，丁甲与王某之间的股权转让还需要其他股东（本案中即孙某一人）过半数同意，且孙某享有优先购买权，即丁甲与王某之间的股权转让关系不必然对孙某具有约束力，鉴于丁甲与锦泽公司、王某均未通知孙某股权转让事宜，根据《公司法》的相关规定，孙某应在知道或应当知道股权转让事宜三十日内及时主张优先购买权，孙某在收到一审法院送达的诉讼材料之后，向锦泽公司和王某明确表示要求行使优先购买权，并在此后和王某签订了转让协议，支付了股权转让款400 000元，孙某行使优先购买权并未超过法律规定的有效期限，故对丁甲认为孙某未在规定期限主张优先购买权的意见，不予采信，且在孙某已行使优先购买权的情况下，丁甲要求锦泽公司办理股权变更登记手续的诉讼请求于法无据，不予支持。二审法院认为，孙某被追加为本案第三人的时间是2017年11月14日，没有证据表明其在此之前已知道或应当知道行使优先购买权的同等条件，故应当以孙某收到本案一审相关诉讼材料的时间为其知道或者应当知道行使优先购买权的同等条件的时间。孙某在2017年12月12日与王某签订了股权转让协议书，未超过三十日期限。孙某按同等条件购买系争股权，并已按约支付了股权转让款，其行使股东优先购买权的行为合法有效，应予保护。

综合上述法律法规以及司法判例，如其他股东的优先购买权受到侵害，其在一年的除斥期间内主张优先购买权的，法院予以支持。但如仅提出确认股权转让合同及股权变动效力等请求，未同时主张按照同等条件购买转让股权的，人民法院不予支持。此处关于优先购买权的权利救济规定与《公司法》第七十一条关于"推定同意"的规则保持一致，避免投资方滥用其优先购买权利导致公司股权实质上无法转让。

（五）股东协议与公司章程的关系及效力认定

基于《公司法》第七十一条第四款"公司章程对股权转让另有规定的，从其规定"之规定，在《公司法》规定之外约定的股权转让限制以及优先购买权应体现在公司章程之中。

因而，投资协议中约定的股权转让限制以及优先购买权条款应尽可能映射到公司章程中。但在实践中，往往工商行政管理部门由于要求按照其统一制定的样本格式起草公司章程的原因，造成许多投资协议法的内容无法被载入公司章程之中。在此情形下，投资协议中的约定是否仍能约束各缔约股东？

在上海宏胜物业有限公司与陈某公司决议纠纷上诉案［（2012）沪二中民四（商）终字第65号案件］中，上海市第二中级人民法院认为，股东投资协议通常是指公司设立前，由全体投资人所共同参与订立的协议，其主要作用在于表明发起人设立公司的目的、确定公司的基本性质和结构，以及分配和协调发起人之间的权利义务关系，其协议本质应属于合同，依法受我国合同法一般规则的规范和调整。至于在公司设立过程中，由认缴注册资本的股东签署的公司章程，则具有公司自治规范的性质，依法属于我国公司法所规制的范围，并对签署股东、公司以及公司董事、监事等人员具有规范和约束的效力。因此，股东投资协议与公司章程系由投资人形成的两种在本质存在不同的协议安排、两者之间应为相互平行而非前后承接的法律关系。基于此，股东投资协议的效力存续与否，同公司章程的制定不存在效力上的关联性，依法只受限于该协议本身的约定条款内容以及我国合同法的相关调整规范。事实上，在投资人订立的股东投资协议中，既有调整公司设立完成之前的事项，同时又有调整公司成立后股东之间、公司与股东之间的权利义务关系，以及公司治理结构的内容。且基于各种原因，其中的许多内容并未被纳入之后所订立的公司章程之中。况且，有时股东投资协议中确实存在某些不便载入公司章程的约定内容。此外，往往还由于工商行政管理部门要求按照其统一制定的样本格式起草公司章程的原因，造成许多股东间特别约定的协议内容无法被载入公司章程之中。在此情形下，股东投资协议实际承担了公司章程之外的规则性协议的功能。因此，在公司完成工商登记设立后，由全体投资人所共同参与订立的股东投资协议仍具有法律效力，其中涉及以公司成立后的股东之间、股东与公司之间的权利义务关系为调整对象的协议内容，只要未违反法律的强制性规定或与公司章程的规定相冲突，对各缔约投资股东依法具有规范和约束的效力。需要说明的是，在我国公司立法中体现了这种效力的认定精神，我国《公司法（2005年修订）》第八十四条第二款规定："发起人不依照前款规定缴纳出资的，应当按照发起人协议承担违约责任。"上述规定表明，在公司成立后发起人协议的法律效力仍被确认。上述分析意见表明，公司成立后，股东投资协议在没有被修改、变更、解除以及与公司章程的内容相悖的情况下，其效力并不自然终止或被公司章程的效力所取代，只是在具体个案的司法诉讼中，两者具有不同的证明和适用对象，不存在以两者中哪个为准的问题。

在上海联合汽车大道开发建设有限公司、中国五冶集团有限公司与上海联合汽车（集团）有限公司公司决议撤销纠纷上诉案［（2013）沪二中民四（商）终字第733号］中，上海市第二中级人民法院认为，公司章程作为对公司重要和基本问题做出明确规定的公众法律文件，对公司股东以外的债权人以及其他社会公众而言是其赖以了解公司的基本依据，但对股东之间来说，公司章程仅是股东之间的一种契约，股东可以通过其他合意且在不违反强制性规定的情况下进一步明确各自的权利义务，甚至否定公司章程的约定，故在股东之间应以股东的真实意思合意为准。

综合上述判例，法院往往认可股东之间应以股东的真实意思合意为准，只要投资协议未违反法律的强制性规定或与公司章程的规定相冲突，对各缔约投资股东依法具有规范和约束的效力。

（六）司法判例中其他损害优先购买权的情形

为绕开股权转让限制以及其他股东的优先购买权，在实践中，还有存在通过转让股东的母公司100%股权或由公司内部股东代外部第三方受让股权等方式突破其他股东优先购买权的情形。

在浙江复星商业发展有限公司与长烨公司、嘉和公司、证大置业公司、长昇公司、绿城公司、证大五道口公司股权转让合同纠纷案［（2012）沪一中民四（商）初字第23号］中，争议焦点之一为公司外部第三人通过直接收购目标公司股东的母公司的100%股权的方式间接取得目标公司股权的交易模式是否侵犯了公司其他股东的优先购买权。上海一中院认为，被告绿城公司和被告证大五道口公司转让公司股东母公司100%的股权，并未据此继续执行相关股东优先购买的法定程序，有悖于海之门公司的章程、合作协议等有关股权转让和股东优先购买的特别约定，完全规避了法律赋予原告享有股东优先购买权的设定要件，通过实施间接出让的交易模式，达到了与直接出让相同的交易目的。据此，法院认为，被告绿城公司和被告证大五道口公司实施上述交易行为具有主观恶意，应当承担主要的过错责任。上述交易模式的最终结果，虽然形式上没有直接损害原告对于海之门公司目前维系的50%权益，但是经过交易后，海之门公司另50%的权益已经归于被告长烨公司、被告长昇公司所属的同一利益方，客观上确实剥夺了原告对于海之门公司另50%股权的优先购买权，属于明显规避了《公司法（2005年修订）》第七十二条之规定，符合《合同法》第五十二条第（三）项规定之无效情形，应当依法确认为无效。

在桂某与陈甲、陈乙、第三人曲靖百大集团有限责任公司股权转让纠纷案〔（2016）云03民终362号〕中，上诉人桂某与原审被告陈乙签订的《股权转让协议》，从形式上看系公司股东之间相互转让股份，但实质上上诉人桂某是代股东之外的人以股东名义收购股权，对该事实有被上诉人陈甲在一审提交的录音资料、证人证言等证据予以证实；且曲靖百大集团有限责任公司也陈述公司上下均知道上诉人系代非股东收购股权，曲靖市麒麟区商务局在《信访告知书》中也对非股东委托上诉人收购股权的事实做出表述，告知被上诉人依法维权；上诉人桂某收购股权的资金亦来自委托其收购股权的不具有公司股东身份的案外人。故上诉人桂某与原审被告陈乙签订的《股权转让协议》违反了法律的强制性规定及公司章程的相关规定，该《股权转让协议》无效。

综合上述判例，通过转让股东的母公司100%股权或由公司内部股东代外部第三方受让股权等方式绕开其他股东的优先购买权而进行股权转让的行为往往会被认定为无效。

七、总结及建议

《公司法》关于股权转让的规定意在保护公司的人合性以及股权的可转让性。但法定的股权转让规定反而会使投资方陷入"不得不买"的困境。因而在投资协议以及章程中对投资方的优先购买权进行补充约定，有助于投资方"武力"大增，使投资方能够更主动地控制受限股东的股权转让行为，同时在一定程度上放大投资方的优先购买权。根据对司法判例的总结，笔者认为，目前常见的股权转让限制以及优先购买权条款仍存在瑕疵，对投资方的保护性还存在缺口。建议投资方在设置优先购买权时特别关注以下内容。

（一）股权转让限制

如前所述，目前常见的股权转让限制条款中，"未经投资方全体事先书面同意，受限股东不得以任何方式直接或间接转让、处置其所持有的公司股权，并且，投资方在行使否决权时没有购买本条限制转股人股权的义务"等类似表述可能会因过度限制股东转让股权导致实质上不能转让而导致股权转让限制条款无效。

参照太原市中级人民法院在山西必高汽车集团有限公司与山西新亨运汽车服务有限公司股权转让纠纷一案［(2014) 并民终字第 427 号］中的审判意见，建议将该条款表述为"创始股东、关键岗位人士和通过员工股权激励计划或其他方式直接或间接取得公司股权的任何公司顾问或员工以任何方式直接或间接转让、处置其所持有的公司股权或以任何方式在其上设置或安排任何质押、担保或其他第三方权益（包括但不限于可转债、债转股、信托、代持）均需经投资方全体事先书面同意"，并删除"投资方在行使否决权时没有购买本条限制转股人股权的义务"。调整后的表述没有排除"不同意的股东应当购买该转让的股权，不购买的，视为同意转让"，使受限股东的股权转让不会实质上面临无法转让。

（二）对内转让的限制以及优先购买权

股东之间转让股权虽然未突破有限责任公司的人合性，仍可能导致公司的控股结构发生变化。因而，建议投资方按照上述股权转让限制条款的设置原则，对受限股东对内转让股权也予以限制。同时，投资方根据需要也可以约定受限股东对内转让股权时，投资方享有优先购买权。

（三）优先购买权的适用范围

投资方的优先购买权应基于受限股东持有的公司股权发生直接或间接的对外转让情形。同时，建议在公司章程中约定，公司股东因继承发生变化时，投资方也享有优先购买权。

第三章

创始人的软肋or盔甲

——优先跟投权

一、优先跟投权的定义

优先跟投权又称优先投资权或递延投资权，是指投资方优先于其他潜在投资方参与被投资公司创始人新创业项目融资的权利。

优先跟投权一般约定于企业早期融资合同中，多数以被投资公司发生清算事件且投资方未收回投资款为触发条件。但也不乏在投资方非常看好被投资公司的创始人时，无论原项目是否清算或收回投资款，只要创始人有新的创业项目需要融资，投资方都会争取优先投资的权利。

二、优先跟投权的制度创设背景

优先跟投权的创设反映了股权投资中投资方对于被投资公司"人才"的重视，同时体现了投资方对创始人"成长性"的期许。

创始人在早期创业阶段，往往失败率较高。投资方通过设置优先跟投权，锁定创始人的未来成长空间，使投资方可以从创始人后续的新创业项目中获得投资回报。

从条款内容来看，优先跟投权条款对于投资方来说很美好，但对于被投资公司的创始人而言，却似一道枷锁，使创始人在未来的创业过程中都无法跳脱出投资方的"羁绊"。但从另一方面来看，如千里马有幸遇到伯乐，也不乏通过优先跟投权使投资方和创始人获得双赢的案例。

以聚美优品为例，陈欧与徐小平的合作始于2009年陈欧刚回国后开始创办的游戏植入广告项目。徐小平在十几分钟的对话后即决定给陈欧18万美元的投资。但是由于对国内市场缺乏考察，陈欧的第一个项目刚推进不久就遭遇了"水土不服"。之后陈欧再次创业，创立聚美优品，陈欧将徐小平之前投资的18万美元计入这个新项目中，徐小平又再次跟投了20万美元。短短四年后，聚美优品在美国纽交所上市，彼时，聚美优品市值高达38.695亿美元，而徐小平手中10%的股份价值也超过了3亿美元，翻了近800倍。

因而，优先跟投权看似触及创始人的软肋，但也可能成为其盔甲。

三、优先跟投权的分类

（一）根据是否有行权条件分类

根据投资方行使优先跟投权是否有行权条件，优先跟投权可以分为无条件优先跟投权和有条件优先跟投权。

1. 无条件优先跟投权

如投资方享有无条件优先跟投权，则无论投资方对目标公司的投资是否盈利，只要创始人有新的创业项目，投资方均享有优先投资权。

此类条款体现了投资方对创始人有较高的信任和期许，但也无形中对创始人形成了桎梏。特别是若投资方与创始人在现有项目中合作不太愉快，投资方的无条件优先跟投权会给创始人造成较大的负担。

2. 有条件优先跟投权

有条件优先跟投权是指优先投资权的触发以一定条件为前提。实践操作中，优先跟投权的触发条件一般有：

（1）公司发生清算、清盘或公司业务发展处于僵局以及视同清算等无法正常经营的情况，或发生投资方可以要求公司和/或创始人回购其持有的公司股权的情形，并且，投资方从公司及创始人处累计获得的投资回报或其他财产性收益小于其各自投资款/预期收益；或

（2）发生业绩补偿情形，并且公司和/或创始人未按照约定对投资方进行业绩补偿的。

（二）根据权利的存续期限分类

根据投资方行使优先跟投权是否有期限限制，优先跟投权可以分为无期限优先跟投权和有期限优先跟投权。

1. 无期限优先跟投权

无期限的优先跟投权将投资方与创始人长期绑定。但如优先跟投权有次数的限制，那么投资方的优先跟投权实际上也会有一定的到期期限。

2. 有期限优先跟投权

根据创始人的创业周期，通常情况下，投资方与创始人会以五年作为投资方优先跟投权的有效期。

在有期限优先跟投权中，从何时起算优先跟投权的有效期，以及该有效期是否为除斥期间对投资方而言是更为关键的问题。

优先跟投权的有效期从何时起算，实践中也存在不同操作。

一种方式为从公司清算完成之日起算。该起算点的设置逻辑为，创始人在原公司清算前创办新项目都不可避免地会导致创始人精力被分散或可能进行利益输送而损害原公司的利益，因而无论是基于法律的竞业禁止规定或是基于股权投资协议中的约定，创始人在原公司清算前的新创业行为往往受到约束。因此，创始人从事新项目一般应发生在清算事件发生后。

另一种方式为从创始人离职起算，该计算方式更体现了优先跟投权以"创始人"为核心的设计逻辑。但需要注意的是，创始人往往受到竞业期的约束，在竞业期内，创始人开展同类行业的创业项目将受到限制。因而建议投资方根据创始人的竞业期规定适当延长其优先跟投的有效期间或在特定情形下中断有效期限的计算。

(三) 根据行权的次数限制分类

根据投资方行使优先跟投权的次数是否受限，优先跟投权可以分为不限次数的优先跟投权和约定次数的优先跟投权。

1. 不限次数的优先跟投权

在不限次数的优先跟投权项下，创始人对投资方优先跟投权的行使次数不作限制。

但在条款表述中，需同时关注是针对创始股东后续创业的第一个新项目有不限次数的优先跟投权，还是针对创始股东所有新创业项目都有不限次数的优先跟投权。

2. 约定次数的优先跟投权

经创始人与投资方协商一致，也可以对投资方行使优先跟投权的次数做出限制，一般约定为创始人后续第一个新创业项目的第一次融资。然而这对于投资方而言往往还是不能获得较为满意的投资回报，所以投资方在对新项目投资时仍可能会在新的增资协议/股东协议中约定新的优先跟投权条款。

（四）根据投资权利的限额分类

根据投资方参与创始人新创业项目是否有金额或股权比例限制，优先跟投权可以分为无限额优先跟投权和有限额优先跟投权。

1. 无限额优先跟投权

在无限额优先跟投权项下，创始人对投资方优先参与投资的额度不作限制约定。即投资方甚至有权在新项目融资时承揽新项目的全部增资，彻底排除其他潜在投资方。

2. 有限额优先跟投权

通常情况下，投资方将创始人新创业项目融资的优先参与投资的额度限定在一定范围内，比较常见的是以投资方在原公司中的持股比例或以本次投资的投资款金额为上限。

四、优先跟投权的条款表述及分析

不同分类项下的优先跟投权存在较大差异。因而，我们整理总结了各分类项下的优先跟投权的常见条款表述。

（一）条款表述

1. 无条件优先跟投权

如创始股东单独或联合其他人士，以创办新的企业或并购已存续的企业等方式从事独立于集团的商业行为，或者以其他方式开拓新业务或改变业务方向（"新项目"），投资方有权要求创始股东向投资方转让或以其他合理方式无偿或实质无偿获得新项目收益，且除优先参与方事先书面同意，优先参与方在新项目所占的权益比例不得低于其在公司的持股比例。

2. 有条件跟投权

若公司发生清算事件且投资方未收回投资款，自清算事件发生之日起5年内或无期限限制，如创始股东单独或联合其他人士，以创办新的企业或并购已存续的企业等方式从事独立于集团的商业行为，或者以其他方式开拓新业务或改变业务方向（"新项目"），投资方有权要求创始股东向投资方转让或以其他合理方式无偿或实质无偿获得新项目收益，且除优先参与方事先书面同意，优先参与方在新项目所占的权益比例不得低于其在公司的持股比例。

3. 无限期优先投资权

若公司发生清算事件且投资方未收回投资款，如创始股东单独或联合其他人士，以创办新的企业或并购已存续的企业等方式从事独立于集团的商业行为，或者以其他方式开拓新业务或改变业务方向（"新项目"），在该新项目拟进行第一次及后续融资时，创始人有义务优先于其他任何潜在投资方，向投资方披露该新项目的相关信息。投资方有权优先于其他人对该新项目进行投资，且创始人有义务促成投资方对该新项目有优先投资选择权。

4. 有期限优先投资权

若自清算事件发生之日起算：

自清算事件发生之日起（ ）年内创始人从事新项目的……

自创始人离职之日起算：

自创始人离职之日起（ ）年内创始人从事新项目的……

5. 不限次数的实现优先投资权

创始人从事新项目的，在新项目拟进行第一次及后续融资时，投资方有权……

6. 约定实现次数的优先投资权

创始人从事新项目的，在该新项目拟进行第一次融资时，投资方有权……。此项权利投资方只得行使一次，投资方对选定的新项目投资后，此优先投资权条款自动失效。

7. 无限额的优先投资权

……投资方有权优先于其他人对该新项目进行投资，且创始人有义务促成投资方对该新项目有优先投资权。

8. 有限额的优先投资权

（1）将投资方可认缴的增资限制在原公司股权比例限度内可以约定如下：

投资方有权以本次投资款（ ）元额度为限，优先认缴新项目增资，取得相应股权。

（2）将投资方可认缴的增资限制在其在此前增资交易完成后持有的原公司股权比例限度内可以约定如下：

投资方有权按其所持股权占公司股权总额的比例，优先认缴新项目增资，取得相应股权。

（二）条款分析

基于上述的优先跟投权权利分类及条款表述，我们认为，无论是从投资方还是从创始人而言，在优先跟投权条款中应关注以下要素：

（1）优先跟投权的触发条件；

（2）优先跟投权是否有行使期限，以及行使期限的起算时点；

（3）优先跟投权是否有次数限制；

（4）优先跟投权是否有额度限制。

但除上述要素外，优先跟投权条款往往忽略了一项内容，即未明确投资方在前一项目中未收回投资款是否在新项目投资中等额转为投资款。

一种观点认为优先跟投权的权利应当包括投资方在本次投资中所遭受的损失，即投资方以原投资总额与清算后所得的差额部分，将被视为对新项目的投资款，由创始人代投资方向新项目进行投入，新项目相应部分的股东或其他投资权益由投资方享有。另一种观点则认为将前期投资损失计入新项目投资款与投资"利益共享，风险共担"的性质不符。因而，投资方在前一项目中未收回投资款不能转为对新项目的投资款，投资方如行使优先跟投权应根据新项目届时估值按照其他拟投资方的同等条件优先投资。目前尚未有法院判例对优先投资权的条款效力进行认定。我们认为，即使将投资方在本次投资中所遭受的损失计入对创始人新项目的投资，突破了"利益共享，风险共担"的股权投资本质，但如我们在本书"业绩对赌"和"回购权"章节中的分析，投资方的股东特殊条款不因突破上述股权投资的风险分配原则而必然无效。

五、总结及建议

优先跟投权往往被认定为优先认购权的一种延伸。但不同的是优先跟投权投资的主体是创始人的新创业项目，并无法定的权利基础。同时，投资方往往通过私募股权基金进行投资，基金有期限且有一定的财务指标，因而在原项目投资失败时，投资方往往会通过主张回购权或优先清算权获得一定的补偿。在投资方和被投资方经过失败的合作以及"两败俱伤"的拉锯战后，投资方再介入创始人新创业项目的热情将大受打击。

因而，在前一项目失败后，真正行使优先权的投资方并不多。经查询，目前尚未有以股权投资中优先跟投权效力以及违约作为争议的生效判决。就效力而言，我们认为，优先跟投权不涉及《合同法》第五十二条规定的法定无效情形，在涉及优先跟投权条款的《增资协议》和/或《股东协议》成立并生效的前提下，优先跟投权条款应对协议各方具有约束效力。

在多数股东协议中，优先跟投权的条款表述也相对比较原则化，或甚至是缺少真正的实践性，例如往往缺少具体行权程序的描述，对创始人的约束力较弱。即使判定创始人的确存在违约情形，在新项目创业初期，投资方也难以举证其具体损失金额。

综上，优先跟投权往往沦为没有牙齿的君子约定，能否实现全靠创始人的"良心"。因而，对于投资方而言，可以从现有项目公司的发展阶段以及创始人的能力出发判断是否有必要在股东协议中强加优先跟投权条款；对于被投资方/创始人而言，也可以从优先跟投权的条款表述中判断优先跟投权是否对其会产生切实的约束效力。基于上述判断，如果优先跟投权在项目投资中并非必要，那么无论是投资方还是被投资方均可以考虑将其作为"以权换权"的谈判策略；如优先跟投权确有必要，那么建议投资方细化优先跟投权条款，使该条款项下的权利可以真实落地，使创始人受到约束。

第四章

我的权益一分都不能少

——反稀释条款

一、反稀释条款的定义

一般而言，完整的创业企业融资通常包括创立、天使投资、A 轮、B 轮、C 轮、IPO 等阶段。在公司各轮融资的过程中，为了避免新投资方加入造成前轮投资方股份/股权贬值，前轮投资方都会要求在融资协议中加入反稀释条款（Anti-dilution Provisions）。

对于反稀释条款，有许多不同的定义。在本章中，笔者将反稀释条款限定于针对股权价值的反稀释，是指在目标公司进行后续融资过程中，原始投资方或前轮投资方为避免自己的股权被贬值而在相关协议中制定的条款。

二、股权稀释的定义及分类

股权稀释，是指企业增资扩股活动所导致的原有投资权益的比例减少或者价值贬损。股权稀释分为比例稀释和价值稀释。

（一）股权比例稀释

股权比例稀释，也称结构性稀释（Percentage Dilution），是指投资方所持有的企业股权比例的减少。

以某公司 B 轮融资为例，其创始资本 60 万元，经历 A 轮和 B 轮两次融资，A 轮融资吸引投资方 a 进入，融资后公司总资本 80 万元，B 轮融资吸引投资方 b 进入，融资后公司总资本 100 万元，其股权变化如图 4-1 所示。

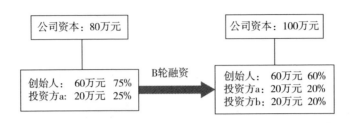

图 4-1　股权比例稀释示例

从图 4-1 可以看到，投资方 a 在 B 轮融资后，投资方 a 所持有的股权总价值仍为 20 万元，但股权比例因融资活动遭到了稀释，由原来的 25% 变为 20%。虽然投资方的股权比例受到稀释，但其所有者权益不变。股权比例稀释不影响投资方所持股权的价格，故一般无须适用反稀释条款，除非其股权比例的稀释伴随着股权价值的稀释。❶ 该等稀释一般由优先认购权予以保护，具体论述见本书第一章。

（二）股权价值稀释

股权价值稀释，也称经济性稀释（Economic Dilution），是指在股权投资活动中，投资方持有股权的价值受到贬损。股权价值稀释是上一轮投资方购买股权时的价格与下一轮投资方购买股权的价格之间的比较。若下一轮的股权购买价格低于上一轮，则上一轮的股权价值将被新一轮融资所稀释。由于市场走势的波动、行业形势的变化以及公司自身经营情况的变动，投资方在不同融资时期对公司的估值均会不同，故每一轮给予新投资方的融资条件也不尽相同，当后轮投资方获得的个股对价低于前轮投资方，前轮投资方股权被贬值，股权价值被稀释。

以某公司 A、B 轮融资为例，公司创立时创始人拥有 100 万份股权，每份股权价值 1 元，公司价值 100 万元；A 轮融资时，投资方 a 出资 50 万元认购公司 50 万份股权，公司价值变更为 150 万元，总股权 150 万份，每股价值仍为 1 元；B 轮融资时，投资方 b 以每股 0.6 元的价格认购公司 50 万份股权，公司价值变更为 180 万元，总股权 200 万份，每股价值降低为 0.9 元，对于投资方 a 来说，在 B 轮融资后，其持有的股权单价从每股 1 元降为每股 0.9 元，

————————

❶ Micheal A. Woronoff & Jonathan A. Rosen. Understanding Anti-Dilution Provisions in Convertible Securities [J]. 2005, 74 (1). Washington, D. C.: Fordham Law Review, 2005.

股权价值遭到稀释。如图 4-2 所示：

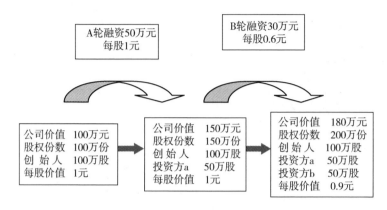

图 4-2　股权价值稀释示例

在反稀释条款的运用中，主要针对的是股权价值稀释的情形。

三、反稀释条款的市占率分析

根据经纬创投 2017 年 9 月发布的融资条款统计报告（数据来源：汉坤律师事务所），在作为统计样本的 217 个项目中，有 198 个项目约定了反稀释条款，约占项目总数的 91%。由此可见，反稀释条款在实践中应用非常广泛。其中，采用加权平均计算补偿金额的项目占比为 65%，采用完全棘轮计算补偿金额的项目占比为 35%。

四、反稀释条款的分类

反稀释条款最初是由国外引进，并继而在我国企业的股权投资活动中进行广泛运用的条款。美国风险投资协会（The National Venture Capital Association，NVCA）为引导股权投资活动，编制了一整套风险投资示范合同文本。该套范本将反稀释条款分为加权平均条款、棘轮条款，我国股权投资中的反稀释条款也遵循了该套分类标准。

但需要注意的是，美国在适用反稀释条款上主要以优先股转换❶为基础，由于我国在优先股转换问题上存在法律空白，也往往并未将公司股权按照优先股、普通股进行区分。因而，在股权投资活动中所有投资方持有的公司股

---

❶　优先股转换是指股份公司的股份持有者将其持有的可以转换的优先股票转换成普通股票，或者由某种优先股票转换成另一种优先股票。

权都可以制定反稀释条款。

(一) 完全棘轮条款

"完全棘轮条款"运用的基本原理为保证前轮投资方拥有的总股权价值不变。

假设某目标公司融资前已发行共计 30 万股。目标公司 A 轮融资时，股权价格为 10 元/股，投资方 S 投入 200 万元，持有 20 万股。目标公司 B 轮融资时，股权价格为 5 元/股，投资方 Y 投入 300 万元，持有 60 万股。那么，投资方 S 的入股价格调整为 5 元/股，持股数量调整为 A 轮投资总额 (200 万元)/调整后的入股价格 (即后轮入股价格，即 5 元/股) = 40 万股。

在适用"完全棘轮条款"后，前一轮投资方实际拥有的股权数量将增加，增加的部分一般由创始股东进行补偿，补偿方式包括股权补偿和现金补偿，即创始股东将以 0 对价向前一轮投资方转让补充股权；或在前一轮投资方持有股份不变的情况下，补偿前一轮投资方不同融资轮次之间形成的股权总额差价。仍沿用上述案例，如创始人以股权进行补偿，创始人需要补偿投资方 S 的股权数量为 40 万股-20 万股 = 20 万股；如果采用现金补偿的形式，创始人需要补偿投资方 S 的金额为：200 万元-20 万股×5 元/股 = 100 万元。

完全棘轮条款是较为简单的反股权价值稀释方法，通过简单算术平均的方法，根据股权价格的变化调整股权数量，进而保证投资方的投资利益不会遭到侵害。但完全棘轮的算法仅简单考虑了不同轮次的股权单价，没有综合考虑不同轮次投资方的持股数量和公司的出资额等因素。一旦触发反稀释情形，补偿值往往较高，对被投资方影响较大。

实践中，完全棘轮条款在早期融资中使用较多，这是因为公司在初期融资时估值比较低，发生经济性股权稀释的可能性比较低。但随着融资的不断深入，股权稀释受到各种复杂因素的影响，继续使用完全棘轮条款对于被投资方来说过于苛刻，所以通常会加入一些限制性条件，比如限制条款的适用次数、规定权利的可行使期限。

(二) 加权平均条款

"加权平均条款"的基本内容为如果被投资方发行新股的价格低于前一轮投资方在发行新股前的转换价格时，前一轮投资方的持股单价就会降低为前一轮投资方的原持股价格与发行新股价格的加权平均值。

加权平均条款分为广义的加权平均条款和狭义的加权平均条款。广义的加权平均条款是对全部已发行的股权价格进行加权，而狭义的加权平均条款是对投资方持有的股权价格与后一次低价融资的股权价格进行加权。

假设某目标公司融资前已发行共计 30 万股。目标公司 A 轮融资时，股权价格为 10 元/股，投资方 S 投入 200 万元，持有 20 万股。目标公司 B 轮融资时，股权价格为 5 元/股，投资方 Y 投入 300 万元，持有 60 万股。

如果 A 轮融资约定了广义的加权平均条款，那么调整后的投资方 S 的入股价格 = 10 元/股×[（20 万股+30 万股）+B 轮融资总额 300 万元按照 10 元/股可购买的股份数即 30 万股]/（30 万股+20 万股+60 万股）≈7.27 元

如果 A 轮融资约定了狭义的加权平均条款，那么调整后的投资方 S 的入股价格 = 10 元/股×（20 万股+B 轮融资总额 300 万元按照 10 元/股可购买的股份数即 30 万股）/（20 万股+60 万股）= 6.25 元

狭义的加权平均条款与广义的加权平均条款不同之处在于，狭义的加权平均条款未对目标公司融资前已有的 30 万股进行加权计算。

相对"完全棘轮条款"而言，"加权平均条款"对投资方和被投资方更为公平，在实践中得到了更为广泛的应用。

（三）完全棘轮条款与加权平均条款的对比

根据上述案例，可以得知各反稀释条款调整后的价格高低为：

完全棘轮条款<狭义的加权平均条款<广义的加权平均条款

综上，对于拥有反稀释权的前轮投资方来说，完全棘轮条款可以使其获得更多的稀释补偿，对投资方较有利；而对于被投资方和创始股东来说，加权平均条款对其更为有利。

另外，"完全棘轮条款"只是将转换价格降低到新股发行价格，在"加权平均反稀释条款"中，被投资企业低价发行的新股数量越多，前一轮投资方优先股的转换价格调整的幅度就越大；被投资企业低价发行的新股数量越少，前一轮投资方优先股的转换价格调整的幅度就越小。加权平均条款考虑得更为全面、阶梯性较强，也是其较广泛运用的原因之一。

五、反稀释条款的表述

经整理多个股权融资项目的反稀释条款，笔者总结了较为常见的条款，表述如下：

（1）各方同意，如果本次增资完成后，公司拟再次增加注册资本或发行任何权益证券（"新一轮融资"或"新融资"），且新一轮融资中新投资方根据届时相关协议或者安排导致最终单位注册资本的投资价格低于任一投资方投资于公司时的投资价格（"低价融资"）（投资价格＝各投资方的投资款总额÷各投资方在其增资中获得的注册资本总额，为免疑义，前轮投资方的投资价格为2.3元人民币/股，本轮投资方的投资价格为5.1元人民币/股），则该投资方有权按照狭义加权平均方式对其持股价格进行调整，以使得调整后的该投资方所持的公司所有股权权益（包括因增资所获股权、公司转增股本、派送红股后调整股权）所支付的平均对价不高于按照如下调整公式计算的价格（"投资方新认购价格"）。按以下（2）中所述投资方反稀释调整后的权益比例（定义如下），该等调整将根据投资方的选择以（i）创始股东向投资方以零对价或实质零对价转让公司股权的方式（"补偿股权"，为免歧义，由创始股东向投资方转让的公司股权应同样享有投资方基于各自对应轮次所取得之公司股权相同的优先权权利），或者（ii）创始股东/公司向投资方给予现金补偿的方式（"补偿现金"），或（iii）其他法律允许的方式予以实现，投资方无须就该等调整（包括前述（i）至（iii）项调整方案）支付任何对价（包括投资方受让创始股东持有的公司股权所支付的名义对价或税务负担）。

为免歧义，创始股东应补偿投资方的现金金额或股权比例计算公式如下：

投资方新认购价格＝投资方原认购价格×(X/Y)；

其中 X＝a+b，Y＝a+c：

a是指低价融资前，投资方持有的公司注册资本数（按照投资方持有的所有优先股视为已转换为普通股后）；

b是低价融资额若按照该投资方原认购价格可购买的注册资本数；

c是指低价融资实际新增的注册资本数。

（2）反稀释调整后，投资方有权根据反稀释调整后的投资方新认购价格调整其所持公司权益比例，以使投资方所持公司权益比例达到以其出资总额按投资方新认购价格所可以认购的比例（"反稀释调整后的权益比例"）。公司和创始股东对此承担连带责任，相应的成本及税费由公司和创始股东承担。其中，现金补偿应在低价融资完成前付清，股权补偿应与低价融资同时完成。

（3）同时，投资方有权以低价融资的投资价格优先购买新增注册资本，创始股东和公司同意并承诺：在投资方书面决定以低价融资的投资价格优先购买新增注册资本的，公司和创始股东积极协助投资方办理相关一切必需手续，包括但不限于取得相关股东会决议和董事会决议。公司应在低价融资交割时完成第（1）-（3）条事项的一切必需手续，对投资方所持的股权完成反稀释调整，包括但不限于取得该等事项一致通过的股东会决议和董事会决议，否则将直接视为第（1）-（3）条事项的董事会决议和股东会决议已获通过。

六、反稀释条款的实践效果及涉及的法律问题

（一）反稀释条款的合法合规性及可操作性

1. 优先股可转换背景下的反稀释条款

在前文中，笔者讨论的反稀释条款基本借用了国外的优先股转换的法理基础。但在我国，优先股的转换仍缺乏相关的法律支持。

2005 年多部委❶联合发布的《创业投资企业管理暂行办法》第十五条首次提及了"优先股"，规定经与被投资企业签订投资协议，创业投资企业可以以股权和优先股、可转换优先股等准股权方式对未上市企业进行投资。但未规定优先股的具体性质和运用方式。

2013 年国务院发布《国务院关于开展优先股试点的指导意见》，该意见第二条对优先股的发行主体及转换做出了规定：①优先股的发行主体：公开发行优先股的发行人限于证监会规定的上市公司，非公开发行优先股的发行人限于上市公司（含注册地在境内的境外上市公司）和非上市公众公司；②优先股的使用：公司可以在公司章程中规定优先股转换为普通股、发行人回购优先股的条件、价格和比例。转换选择权或回购选择权可规定由发行人或优先股股东行使。

2014 年中国证券监督管理委员会（下称"证监会"）发布《优先股试点管理办法》，第三条、第三十三条对发行主体做出如下规定：①发行主体：上市公司可以发行优先股，非上市公众公司可以非公开发行优先股。②上市公司不得发行可转换为普通股的优先股。但商业银行可根据商业银行资本监管规定，非公开发行触发事件发生时强制转换为普通股的优先股，并遵守有关

---

❶ 2005 年 9 月 7 日国务院批准，2005 年 11 月 15 日国家发展改革委、科技部、财政部、商务部、中国人民银行、国家税务总局、国家工商行政管理总局、中国银监会、中国证监会、国家外汇管理局令第 39 号公布。

规定。

从现行的规定来看，可以发行优先股的主体为上市公司、非上市公众公司，而能发行可转换为普通股的优先股的只有非上市公众公司。根据证监会2013年发布的《非上市公众公司监督管理办法》，非上市公众公司（下称"公众公司"）是指有下列情形之一且其股票未在证券交易所上市交易的股份有限公司："（一）股票向特定对象发行或者转让导致股东累计超过200人；（二）股票公开转让。"

从上述规定来看，发行可转换优先股的准入资格极为苛刻，且没有规定相关的转换程序、价款。虽然"法无规定皆可为"，但在我国审慎的金融环境中，优先股可转换环境下的反稀释条款仍不具备适用空间。

2. 一般反稀释条款

在不考虑优先股可转换的情况下，一般的反稀释条款是否具备合法合规性及具备可操作性？

由于现行的法律法规并没有反稀释条款的相关规定，所以投融资中设置反稀释条款是不受限制的。是否约定反稀释条款属于公司意思自治的范围。但正是反稀释条款处于法律的真空地带，条款的效力无法确定，当融资企业或者原始创始人违约时，投资方只能诉诸司法，司法机关需依据现有法律法规判断反稀释条款是否合法、有效，这无疑又增加了投资方股权不受稀释的不确定性。

我们在威科先行法律信息库（https://law.wkinfo.com.cn）以"反稀释"为关键词进行全文检索，得到案例检索结果19个。纵观该19份案例，其裁判文书提及"反稀释条款"的次数为一到两次，且反稀释条款并非这些案件的争议焦点所在。其中有5个案例中将"反稀释条款"作为认定的事实之一，但不能充分说明法院认可反稀释条款的效力。

在一些交易所的规则中，我们也能看到反稀释条款的适用，但需符合一定的监管要求。如全国中小企业股份转让系统有限责任公司发布的《挂牌公司股票发行常见问题解答（三）——募集资金管理、认购协议中特殊条款、特殊类型挂牌公司融资（股转系统公告〔2016〕63号）》中对挂牌公司适用股权特殊条款提出了特殊的监管要求：

"二、挂牌公司股票发行认购协议中签订的业绩承诺及补偿、股份回购、反稀释等特殊条款（下称"特殊条款"）应当符合哪些监管要求？

答：挂牌公司股票发行认购协议中存在特殊条款的，应当满足以下监管要求：（一）认购协议应当经过挂牌公司董事会与股东大会审议通过。（二）认购协议不存在以下情形：①挂牌公司作为特殊条款的义务承担主体。②限制挂牌公司未来股票发行融资的价格。③强制要求挂牌公司进行权益分派，或不能进行权益分派。④挂牌公司未来再融资时，如果新投资方与挂牌公司约定了优于本次发行的条款，则相关条款自动适用于本次发行认购方。⑤发行认购方有权不经挂牌公司内部决策程序直接向挂牌公司派驻董事或者派驻的董事对挂牌公司经营决策享有一票否决权。⑥不符合相关法律法规规定的优先清算权条款。⑦其他损害挂牌公司或者挂牌公司股东合法权益的特殊条款。"

由上可见，新三板挂牌企业可以在认购协议中约定反稀释条款，但前提是不能损害挂牌企业或其他股东的合法权益，对于一般的有限责任公司或股份有限公司具有一定的参考意义。

从民法意思自治的角度看，股权稀释条款的制定是投资方和创始股东/公司协商确定的，且其并不违反《合同法》《公司法》等相关法律法规的规定，应属有效。从经纬创投得出的案件统计数据中，也不难看到这一点。但是，反稀释条款的实现往往需要公司或其他股东（主要是创始股东）对持有反稀释权股东进行补偿，必然造成公司或其他股东的权益损害，这就需要我们考虑反稀释补偿机制的合法合规性。

（二）反稀释补偿机制的合法合规性

在反稀释条款中，需由创始人或者融资方向投资方补偿价差或者补偿股权以调整股权比例，这当中就涉及股权估值的调整机制的合规性。

1. 现金补偿机制

在反稀释条款附属的补偿条款中，现金补偿是主要的方式。现金补偿的调整方式被较常用于"对赌协议"中，当融资企业未能完成约定的经营或财务目标时，融资企业或其控股股东/实际控制人按照事先约定的计算标准向投资方支付一定的补偿（包括但不限于现金补偿、股权补偿）；反之，若融资企业超额完成约定目标的，则由投资方支付一定的补偿给融资企业或其控股股东/实际控制人。这一调整机制在国内投资机构中被广泛运用。

"对赌协议第一案"——海富投资与甘肃世恒案就采用了现金补偿的形式进行估值调整。最高人民法院根据估值调整条款订立的主体对其法律效力进行了区分，认为海富投资与甘肃世恒之间的补偿约定因为违反《公司法（2005年修订）》第二十条第一款及《中外合资企业法》第八条的强制性规定，合同无效❶；但同时认为，海富投资与被投资企业甘肃世恒的股东迪亚公司之间约定的补偿承诺为公司股东之间对于自身权利义务的创设，该承诺并不会影响到被投资公司以及其外在债权人的实际利益，承诺为双方真实意思表示的体现，约定有效，海富公司有权要求迪亚公司履行约定的义务，对其进行赔偿。❷ 反稀释条款在适用结果上与"对赌协议"是一样的，即在一定的情况下，由公司或创始股东对投资方进行补偿。

但估值调整机制仍存在着如下两方面问题：❸

其一，如果投融资双方约定了现金补偿的条款，有可能被司法机关认定为以投资协议之名行借贷协议之实而被认为无效。

其二，根据最高人民法院在海富投资与甘肃世恒案中的口径，现金补偿机制可能因对象不同而具有不同的法律属性。即如果现金补偿是由融资企业的股东做出的承诺，则其并不会直接损害中小股东的合法权益，应当认定为有效，但如果现金补偿条款是直接发生于融资企业与投资方之间，其会直接侵害公司或者公司债权人的权益，这样的补偿条款是法律不允许存在的。

据此，我们建议，签订反稀释条款相关协议的主体应为公司的控股股东/实际控制人/创始股东。

2. 股权补偿机制

在我国法律法规允许的范围内，股权调整机制主要包括以下几种方式：公积金转增资本、定向减资、可转换债券与债转股制度、股权转让、股权权利的调整。

在反稀释条款的适用环境中，公积金转增资本、定向减资等无法适用，因为反稀释条款追求的是股权比例或股权价值的稳定，而注册资本的变动必

---

❶ 世恒公司、海富公司、迪亚公司、陆某在《增资协议书》中约定，如果世恒公司实际净利润低于3 000万元，则海富公司有权从世恒公司处获得补偿，并约定了计算公式。这一约定使海富公司的投资可以取得相对固定的收益，该收益脱离了世恒公司的经营业绩，损害了公司利益和公司债权人利益，一审法院、二审法院根据《公司法（2005年修订）》第二十条和《中外合资经营企业法》第八条的规定认定《增资协议书》中的这部分条款无效是正确的。但二审法院认定海富公司18 852 283元的投资名为联营实为借贷，并判决世恒公司和迪亚公司向海富公司返还该笔投资款，没有法律依据，二审法院予以纠正。

❷ 在《增资协议书》中，迪亚公司对于海富公司的补偿承诺并不损害公司及公司债权人的利益，不违反法律法规的禁止性规定，是当事人的真实意思表示，是有效的。迪亚公司对海富公司承诺了众星公司2008年的净利润目标，并约定了补偿金额的计算方法。在众星公司2008年的利润未达到约定目标的情况下，迪亚公司应当依约应海富公司的请求对其进行补偿。

❸ 黄肥虎. 股权投资中常见的估值调整方式［EB/OL］.（2016-10-20）［2018-12-02］. http://www.360doc.com/content/16/1020/08/36864145_ 599781596.shtml.

然会引起股权比例或者股权价值的再次变化，如果采用这两种股权估值调整机制，反稀释条款的适用将陷入无限循环中。而可转换债券与债转股制度也不存在适用的环境。前文提到，由于我国的优先股制度还不是很完善，所以无法通过优先股转换为普通股的方式来实现股权补偿，另外，债转股制度的基础是投资方与融资公司存在基础债务关系，在实践中也不具备广泛适用性。

股权权利的调整主要体现为表决权、分工权等权利的调整。在表决权上，《公司法》允许有限责任公司章程不按出资比例行使表决权，但并未允许股份有限责任公司设置例外情形；在分红权上，《公司法》第三十四条规定，有限责任公司股东按照实缴的出资比例分取红利；……但是，全体股东约定不按照出资比例分取红利……的除外，第一百六十六条规定，股份有限公司按照股东持有的股份比例分配，但股份有限公司章程规定不按持股比例分配的除外；在剩余财产分配权上，《公司法》并没有规定剩余财产分配的优先权。尽管股权权利的调整也能实现对投资方的补偿，但在此类补偿方式下，公司清算时投资方是否能得到优先分配，仍存在一定的争议。

在反稀释条款的适用环境中，控股股东/实际控制人/创始股东以 0 对价转让股权是最可行的补偿形式。对于 0 对价转让股权，虽然在我国实践中不存在法律障碍，但需要注意的是，0 对价转让仍涉及相关的税务问题。如根据《中华人民共和国印花税暂行条例》规定，股权转让合同应按所载金额万分之五缴纳印花税，从该规定看，0 对价转让不必缴纳印花税。但在实践操作中，0 对价转让可能会被税务机关要求缴纳印花税。❶

另外，如果提供可转让股权的创始股东/股东/实际控制人为自然人，且欲转让的股权存在价值（包括股权已实缴、公司净资产为正数等情形），则 0 对价转让股权的行为可能造成主管税务机关认为股权转让价格明显偏低的情形，主管税务机关可以要求按照股权的评估值计算税费。所以，在反稀释条款的起草中，享有反稀释权的股东应要求创始股东或实际控制人承担所有因此产生的税费。

（三）反稀释条款的例外

根据美国风险协会提供的反稀释条款示例，反稀释条款通常的例外情

---

❶ 曾发生的真实案例：A 公司系某自然人于 2015 年在浙江省湖州市设立的一人有限公司，注册资本人民币 500 万元，由公司的自然人股东认缴但未实际出资。截至 2016 年 4 月，公司的净资产为负数。2016 年 5 月，公司自然人股东拟以零对价将公司 100% 的股权转让给 B 公司。办理相关变更手续时，税务机关要求自然人转让方按认缴的注册资本（即 500 万元）为基础缴纳印花税。

况有：

（1）任何债券、认股权、期权或其他可转换证券在转换和执行时所发行的股份；

（2）董事会批准的公司合并、收购或类似的业务事件，用于代替现金支付的股份；

（3）按照董事会批准的债权融资、设备租赁或不动产租赁协议，给银行、设备出租方发行的或计划发行的股份；

（4）在股份分拆、股份红利或任何其他普通股股份分拆时发行的股份；

（5）按照董事会批准的计划，给公司员工、董事、顾问发行的或计划发行的股份（或期权）；

（6）股东放弃其反稀释权利。

设置例外情形，是企业应对反稀释条款而采取的反制措施。上述的例外情形主要针对的是非投资性的股权稀释或者暂时性的股权稀释，公司可以根据实际情况增加或减少例外条款的设置。比如，可以限制形式性股权价值变化的反稀释条款的适用，特别是通过明股实债方式进行融资而导致公司估值的变化。

除了设置例外条款，企业还可以设置其他反制方式以应对反稀释条款。如设置适用反稀释条款的时间：投资方只能在后一轮融资时适用反稀释条款；设置"继续参与"（PAY-TO-PLAY）条款作为触发条件：投资方只有在继续参与后续融资时才能适用反稀释条款；设置"终结条款"以终止反稀释条款的适用：公司在达到一定的经营目标或财务目标时，即终结反稀释条款的效力。

七、总结及建议

虽然我国的法律、法规及其他规范性文件未对"反稀释条款"做出正面评价，但从市场操作案例来看，该等条款已经得到较为广泛的运用。运用反稀释条款时，需考虑适用类型对投融资双方和企业的影响，也应考虑补偿机制的有效性，同时设置止损条款。

对于投资方而言，选择完全棘轮条款可以最大限度地保证己方的利益。同时，在约定补偿条款时，应充分考虑各种补偿方式的有效性：为避免现金补偿机制被司法认定为无效，需与公司的控股股东/实际控制人/创始股东签订相关协议，补偿机制的主体不应为拟投资的公司；在股权补偿条款中，需了解当地税务机关对低价转让股权的税收口径，并合理确认该等税费的承担主体。

对于被投资方而言，选择加权平均条款无疑是减轻其补偿责任的最有利形式。同时，应从企业的发展目标及战略的角度设置反稀释条款的例外情形，如股权激励计划形成的投资方股权稀释、企业为扩大生产而采用的债权融资计划或者质押式回购融资计划均不应作为反稀释条款的触发条件。

当然，确定何种反稀释形式、适用怎样的补偿方式都是投融资双方博弈的结果，经常会受双方的谈判地位、战略意图的契合度等因素影响。但在设定反稀释条款时，仍应充分考虑商业风险、法律风险及违约风险等多重风险因素，以避免相关纠纷的产生。

第五章

你的地盘我做主

——公司治理中的一票否决权

一、一票否决权的定义

一票否决权系指投资方对于标的公司的某些重大决议事项享有特别表决的权利，通常包括在股东会决议及董事会决议的层面，从而保证作为投资方参与或控制标的公司的公司治理、重大经营决策，保障其股东权利。

在股权投资领域，一票否决权通常被作为投资方利益保护机制的重要条款，在投资协议中被广泛使用。该条款的设计是为了约定投资方对于标的公司的部分重大决议事项享有特殊的表决权，在很大程度上，可以使投资方对标的公司的重大决策行为实施有效的审查与监督。

二、一票否决权的市占率分析

在实践中，投资方的保护性条款多表现为投资方在股东会或董事会中的一票否决。根据汉坤2018年度VC/PE项目数据分析报告（数据来源：汉坤律师事务所），在作为统计样本的600+个VC/PE投资项目中，对于境内架构而言，设置保护性条款的项目占比为91.76%。

三、一票否决权的制度创设背景

一票否决权的设置目的主要是保护作为小股东的投资方的权益，防止其权益受到创始人/大股东的侵害。因此，要求某些可能损害投资方股东权益的公司行为必须获得全部投资方的同意方可实施。也就是说，即使其他股东同意，任一投资方对公司的这些行为仍享有一票否决权。

四、一票否决权的分类

首先，创始人需要了解市场实践中常见的一票否决权所涉及的范围，这些事项一般都是对投资方权益构成影响的公司的重大事项，按照国内《公司法》框架下可以分为：

（1）由股东（会）决策的公司重大事项：通常涉及公司章程变更，如注册资本等股权结构的变化；公司的合并、分立、解散；董事（会）以及分红等股东利益分配等。

（2）由董事（会）决策的公司日常重大事项：终止或变更公司主业；高管任命；预算外交易（如对外投资）；非常规借贷或发债；子公司股权或权益处置等。

总体来看，设置一票否决权的股东（会）决策的公司事项仅限于对投资方股东权益会构成影响的结构性调整事项的最重大事项，而设置一票否决权的由董事（会）决策的公司日常重大事项则将更加深入地介入到公司日常运营中。

五、一票否决权的法律规范

一票否决权来源于投资协议的约定，是投资过程中各投资主体意思自治的体现。依据《合同法》第五十二条之规定❶，违反法律、行政法规强制性规定的合同无效。而有关公司决议的强制性规定主要来源于《公司法》，该法律针对有限责任公司、股份有限公司的股东会决议、董事会决议分别规定如表5-1所示。

---

❶　《合同法》第五十二条规定："有下列情形之一的，合同无效：（一）一方以欺诈、胁迫的手段订立合同，损害国家利益；（二）恶意串通，损害国家、集体或者第三人利益；（三）以合法形式掩盖非法目的；（四）损害社会公共利益；（五）违反法律、行政法规的强制性规定。"

表5-1 有限责任公司与股份有限公司决议性文件内容对比

	股东会决议	董事会决议
有限责任公司	第三十七条 股东会行使下列职权：（一）决定公司的经营方针和投资计划；（二）选举和更换非由职工代表担任的董事、监事，决定有关董事、监事的报酬事项；（三）审议批准董事会的报告；（四）审议批准监事会或者监事的报告；（五）审议批准公司的年度财务预算方案、决算方案；（六）审议批准公司的利润分配方案和弥补亏损方案；（七）对公司增加或者减少注册资本做出决议；（八）对发行公司债券做出决议；（九）对公司合并、分立、解散、清算或者变更公司形式做出决议；（十）修改公司章程；（十一）公司章程规定的其他职权。对前款所列事项股东以书面形式一致表示同意的，可以不召开股东会会议，直接做出决定，并由全体股东在决定文件上签名、盖章。 第四十二条 股东会会议由股东按照出资比例行使表决权；但是，公司章程另有规定的除外。 第四十三条 股东会的议事方式和表决程序，除本法有规定的外，由公司章程规定。股东会会议做出修改公司章程、增加或者减少注册资本的决议，以及公司合并、分立、解散或者变更公司形式的决议，必须经代表三分之二以上表决权的股东通过	第四十六条 董事会对股东会负责，行使下列职权：（一）召集股东会会议，并向股东会报告工作；（二）执行股东会的决议；（三）决定公司的经营计划和投资方案；（四）制订公司的年度财务预算方案、决算方案；（五）制订公司的利润分配方案和弥补亏损方案；（六）制订公司增加或者减少注册资本以及发行公司债券的方案；（七）制订公司合并、分立、解散或者变更公司形式的方案；（八）决定公司内部管理机构的设置；（九）决定聘任或者解聘公司经理及其报酬事项，并根据经理的提名决定聘任或者解聘公司副经理、财务负责人及其报酬事项；（十）制定公司的基本管理制度；（十一）公司章程规定的其他职权。 第四十八条 董事会的议事方式和表决程序，除本法有规定的外，由公司章程规定。董事会应当对所议事项的决定做成会议记录，出席会议的董事应当在会议记录上签名。董事会决议的表决，实行一人一票
股份有限公司	第一百零三条 股东出席股东大会会议，所持每一股份有一表决权。但是，公司持有的本公司股份没有表决权。股东大会做出决议，必须经出席会议的股东所持表决权过半数通过。但是，股东大会做出修改公司章程、增加或者减少注册资本的决议，以及公司合并、分立、解散或者变更公司形式的决议，必须经出席会议的股东所持表决权的三分之二以上通过	第一百一十一条 董事会会议应有过半数的董事出席方可举行。董事会做出决议，必须经全体董事的过半数通过。董事会决议的表决，实行一人一票

基于上述法律规定，就有限责任公司（包括合营企业）而言，在股东会层面，可在章程中自主约定股东会的议事方式和表决程序，但就特殊表决事项（即修改公司章程、增加或者减少注册资本的决议，以及公司合并、分立、解散或者变更公司形式的决议）须经代表三分之二以上表决权的股东通过；在董事会层面，亦可在章程中自主约定议事方式和表决程序。因而，有限责任公司可以通过公司章程设置股东会和/或董事会一票否决权。

就股份有限公司而言，在股东会层面，在满足经出席会议的股东所持表决权过半数通过的情况下，可以通过设置其中应包含某个投资方的同意票达到一票否决的效果。对于特殊事项（即股东大会做出修改公司章程、增加或者减少注册资本的决议，以及公司合并、分立、解散或者变更公司形式的决议）须经出席会议的股东所持表决权的三分之二以上通过，同样可以通过设置该三分之二的通过票中至少包含某个投资方的同意票实现该投资方的一票否决权利。同理，在董事会层面，在满足决议事项经全体董事的过半数通过的前提下亦可设置一票否决权。

六、一票否决权的条款表述及分析

（一）条款表述

1. 股东会一票否决权

在投资协议中，通常情况下，股东会一票否决权的条款设计如下：公司股东按照各自的持股比例在股东会会议中行使表决权，股东会决议须经代表全体股东过半数表决权的股东同意方可通过，但就下列公司行使事项应在经正当程序召开的公司股东会上经代表全体股东过半数表决权的股东同意方可通过，且其中至少应当包含全体投资方的赞成票（无论投资方是否出席股东会会议）：

（1）公司对任何有关投资方的权利、特别权利或权利规定的修改、变更或增加此类条款，包括对交易文件及其附件的任何修订、重新签署或终止。

（2）在公司现有员工股权激励计划之外，预留或设置新的员工股权或期权池，或其他可能导致投资方在公司的股权被稀释的行为。

（3）确定、宣布或实施股息、红利分配或支付方案（包括以公积金资本化或其他形式），利润分配方案和弥补亏损方案。

（4）增加或减少董事人数，改变或者更换董事会构成；决定有关董事的报酬事项。

（5）批准公司年度预算。

（6）公司主营业务范围的改变，在非主营业务领域的扩张或参与任何与现有主营业务计划完全不同的行业领域或终止任何核心业务。

（7）为控股子公司或全资子公司以外的其他公司、组织、个人提供任何形式的借款、贷款或担保或接受其贷款担保等。

（8）决定公司上市（包括但不限于合格上市）、挑选上市保荐人、承销商、上市地、上市交易所、批准上市的估值或其他重要条款及条件。

（9）同意子公司实施上述事项。

下列公司行使的事项应当在经正当程序召开的公司股东会上经代表全体股东三分之二以上表决权的股东同意方可通过，且其中应当包含全体投资方的赞成票（无论投资方是否出席股东会会议）：

（1）修改公司的公司章程。

（2）变更公司注册资本。

（3）公司合并、分立、兼并、清算、解散或停业，或变更公司为股份有限公司，或公司为实施境外上市将架构重组转为境外架构。

（4）同意子公司实施上述事项。

2. 董事会一票否决权

在投资协议中，通常情况下，董事会一票否决权的条款设计如下：

（1）关于董事会的构成。公司董事会应由×名董事组成，其中投资方有权提名一名候选人担任公司的董事，公司任何董事会的召开均需有投资方董事参加。

（2）关于董事会一票否决权的事项。董事会决议的表决，实行董事一人一票。董事会决议须经半数以上董事同意，方可通过。但就下列公司行使事项应当经过董事会决议通过，且其中应当包含全部投资方董事的表决赞成票（无论投资方董事是否出席董事会会议）：

①审议股东会相关决议事项，并报股东会批准。

②直接或间接处置或稀释公司在其任何子公司中的权益，任何对外收购、兼并、合资及设立参股控股公司等事宜。

③雇佣或解聘高级管理人员（包括但不限于 CEO、CFO、CTO、CMO、COO 或等同于担任上述职能的管理人员，如公司章程所定义），批准或改变上述人员的薪酬；批准任何员工超过人民币 100 万元的年度报酬（含奖金）。

④与子公司、股东、董事、监事、高级管理人员等及其亲属、控股或参股公司、雇员或者其他关联方约定或达成单笔超过人民币 100 万元或连续 6 个月内超过人民币 200 万元的交易或协议，包括但不限于借款、贷款和担保及以任何形式的关联交易。

⑤对以任何形式实施的管理层及员工的激励计划、方案或政策进行审批，包括但不限于员工股权激励计划（以及其他形式的股权激励、期权激励）的制定及其调整。

⑥审议和批准公司任何重组、业务转移，或对外转让、许可使用、质押、抵押，或以任何方式处置公司 100 万元以上的资产或知识产权，无论通过一次性交易或一系列相关交易达成。

⑦对外签订单笔超过人民币 100 万元或连续 6 个月内超过人民币 200 万元的借款、贷款和担保及以任何形式使公司产生超过 200 万元债务的合同，以及公司对外签署的除公司正常业务之外的金额超过人民币 100 万元或对公司持续经营产生重大影响合同的条款的修订。

⑧同意子公司实施上述事项。

（二）条款分析

"一票否决权"条款在现实适用中，需要注意如下事项：

1. 适用的主体公司类型

通过《公司法》对有限责任公司、股份有限公司的股东会决议、董事会决议事项的规定来看，《公司法》对于两种公司类型的强制性规定和意思自治允许范围存在差异：有限责任公司因其具备较强的人合性特征，股东会决议在符合特别事项❶表决比例的前提下，董事会决议在职权范围内且符合"一人一票"规则的前提下，可以由公司章程另行规定，这也就给投资协议中一票否决权的设置预留了空间；对于股份有限公司来说，在满足股东会或董事会表决通过所要求的比例的情况下，亦可以设置一票否决权。

2. 一票否决权的表述方式

实践中，在投资协议中一票否决权的表述方式主要有如下两种：

①投资方 A（或投资方 A 委派的董事）对于涉及目标公司若干重大事项

---

❶　特别事项指《公司法》第四十三条的规定：股东会会议做出修改公司章程、增加或者减少注册资本的决议，以及公司合并、分立、解散或者变更公司形式的决议，必须经代表三分之二以上表决权的股东通过。

的决议拥有一票否决权；或

②目标公司重大事项的决议必须经代表全体股东过半数以上表决权的股东同意方可通过，且其中应当包含投资方 A 的赞成票/必须经半数以上董事同意，方可通过，且其中应当包含投资方 A 委派的董事的表决赞成票。

上述两个条款的设计都能达到投资方 A 一票否决的目的，但在可执行性上存在差异：

第一个条款的实际约束力相对较低，投资方 A 的行权成本相对高，而第二个条款则相反。按照第一种条款表述，如果其他股东（或董事）在 A 未参与表决但符合《公司法》规定表决权比例的情况下通过一项股东会决议（或董事会决议），A 事后得知，欲行使一票否决权进行撤销或纠正，需要增加主张、举证的额外成本。并且，如果决议事项涉及善意第三人法律行为，则可能无法支持 A 要求撤销决议的主张（根据《公司法解释四》第六条的规定，股东会或者股东大会、董事会决议被人民法院判决确认无效或者撤销的，公司依据该决议与善意相对人形成的民事法律关系不受影响），而只能向其他股东主张侵权或违约责任。而采取第二种条款表述时，在 A 未参加的情况下，决议因未达表决比例而不成立（根据《公司法解释四》第五条的规定，股东会或者股东大会、董事会决议存在下列情形之一，当事人主张决议不成立的，人民法院应当予以支持：（四）会议的表决结果未达到公司法或者公司章程规定的通过比例的），更有利于保障 A 的利益。因而在前文总结的投资协议一票否决权条款中我们也采用了第二种条款表述方式。

七、从司法判例看一票否决权的实践效果及涉及的法律问题

（一）未经公司章程公示的一票否决权难以对抗善意第三人

在实践中，存在投资者签署股权投资协议约定了一票否决权，但因为遗漏或工商登记机关政策限制的原因，被投资企业章程中并不存在相关规定。这样，便出现了股权投资协议与公司章程不一致的情形。例如对于被投资企业某一事项的规定，股权投资协议中约定了投资者的一票否决权，而公司章程并未对该投资方的一票否决权予以明确，甚至存在与规定相冲突的情形。在该种情形下，应如何适用？如果只按照公司章程的规定进行了表决，是否发生法律效力？以上都是需要重点关注的问题。

对该事宜，《山东省高级人民法院关于审理公司纠纷案件若干问题的意见

（试行）（鲁高法发〔2007〕3号）》第一条第四款规定："公司成立后，发起人协议或投资协议与公司章程规定不一致的，以公司章程规定为准。但发起人之间有特殊约定的除外。"

需要强调的是，《公司法》第四十三条第二款规定："股东会会议作出修改公司章程、增加或者减少注册资本的决议，以及公司合并、分立、解散或者变更公司形式的决议，必须经代表三分之二以上表决权的股东通过。"该款属强制性规定。公司章程如果规定了一票否决权，必须以不违反该款规定为前提，否则存在被认定为无效的潜在风险。

股权投资行为中的投资协议系各方真实意思的合意，在未违反《公司法》的强制性规定及不存在《合同法》第五十二条合同无效的情形下，应认定投资协议是真实有效的。但是，各方签署的投资协议只能约束协议各方，属于各股东的对内文件，无法对抗善意第三人，投资方仍存在风险。因此，为保证投资方利益的落实，应尽量将相关协议的内容落实到公司章程上，尽可能地通过公司章程的公示效力来保护投资方的利益。"奇虎三六零"的司法判例便充分说明了该情况，表5-2是该案例的相关介绍。

表5-2 "奇虎三六零"案总结

案件名称	奇虎三六零软件（北京）有限公司与蒋某、上海老友计网络科技有限公司、胡某请求变更公司登记纠纷上诉案		
案号	(2014) 沪二中民四（商）终字第330号		
审理法院	上海市第二中级人民法院		
诉讼参与主体	上诉人（原审第三人）：奇虎三六零软件（北京）有限公司		
	被上诉人（原审原告）：蒋某		
	被上诉人（原审被告）：上海老友计网络科技有限公司		
	被上诉人（原审被告）：胡某		
裁判日期	2014年6月10日		
案情概要	2011年6月，投资方奇虎三六零公司、目标公司老友计公司、目标公司股东胡某等共同签订了《投资协议书》，约定：协议各方一致同意并确认： （1）奇虎三六零公司以现金方式出资认购老友计公司的新增注册资本； （2）奇虎三六零公司对公司从事以下行为享有一票否决权：a) 公司的经营方针和投资计划，包括但不限于变更、调整、中止或终止主营业务方向；b) 选举和更换非由职工代表担任的董事长、监事，决定有关董事长、监事的报酬事项；c) 公司股份结构或公司形式发生变更		

续表

案情概要	根据老友计公司《上海老友计网络科技有限公司章程》（2011 年 6 月 13 日）第十六条：董事会对所议事项作出的决定由二分之一以上的董事表决通过方为有效，并应作为会议记录，出席会议的董事应当在会议记录上签名；但以下事项的表决还需取得股东奇虎三六零公司委派的董事的书面同意方能通过：（根据协议添加至此处）；董事会决议的表决，实行一人一票。 2013 年 8 月，胡某拟将所持老友计公司的股权转让给蒋某，并发出《股权转让通知书》，载明："本出资人拟将拥有上海老友计网络科技有限公司 37.2% 的股权以壹拾万元的价格转让给蒋某。请各股东自收到本通知书之日起三十日给予书面答复，确定是否需要使用优先购买权以同等价格购买本出资人出让的股权；逾期未予答复的视为同意转让。"奇虎三六零公司未向胡某做出书面回复。 同年 9 月 27 日，胡某作为出让方、蒋某作为受让方签订《股权转让协议》，约定：受让方支付全部股权转让款后十日内，出让方及公司必须为受让方办理工商注册变更登记手续。次日，蒋某向胡某支付了股权转让款，但被告老友计公司未能及时办理股权变更登记手续。据此，原告蒋某于 2013 年 10 月 28 日起诉老友计公司以及胡某，要求胡某将其持有的老友计公司的股权工商变更登记至蒋某名下，第三人奇虎三六零公司予以协助
法院观点	二审法院上海市第二中级人民法院认为： 1. 关于章程能否对股权转让设定限制条款问题，我国《公司法（2005 年修订）》对有限责任公司和股份有限公司作了不同规定，其中，涉及有限责任公司股权转让部分的《公司法（2005 年修订）》第七十二条第四款规定："公司章程对股权转让另有规定的，从其规定"，即有限责任公司的章程可以约定对股份转让的限制。为维护股东之间的关系及公司自身的稳定性，章程可以对有限公司的股权转让做出相应的限制和要求，这是公司自治及人合性的重要体现，同时也是诚实信用原则和当事人意思自治原则的体现。故公司章程中对股权转让所做的特别规定，各方均应遵守。本案中，赋予奇虎三六零公司对一些事项，包括股权转让的一票否决权，这种限制是各方出于各自利益需求协商的结果，符合当时股东的真实意思表示，未违反《公司法（2005 年修订）》的强制性规定，应认定符合公司股东意思自治的精神，其效力应得到认可。 2. 胡某在转让股权之前于 2013 年 8 月 12 日分别向股东奇虎三六零公司及李某发出关于行使优先购买权的通知，虽然该通知未询问奇虎三六零公司是否行使一票否决权，但奇虎三六零公司在知道胡某拟转让股权以及转让对象的情况下，未予回复，亦未对此提出异议，视为怠于行使自己的权利。 3. 因老友计公司章程中关于一票否决权的内容并不明晰，在工商行政管理部门登记备案的信息中对此也未有反映，胡某并无证据证明其在上述过程中已向蒋某告知奇虎三六零公司对于股权转让事项拥有否决权，也无证据证明蒋某与胡某存在恶意串通的情形，从维护商事交易安全考虑，应遵循商事外观主义原则，对善意第三人的信赖利益应予保护，老友计公司股东之间的内部约定不能对抗善意第三人。 因此，对于系争股权转让协议的效力应予认可，蒋某要求继续履行协议办理工商变更登记的诉请应予支持

（二）违反法定义务的一票否决权的不予认可

公司章程可以规定某些股东对某些事项享有一票否决权，法院一般认为这是公司股东意思自治精神的体现，不会加以禁止。但是，需要注意的是，股东行使一票否决权不得违反股东的法定义务，比如在公司出现法定的解散事由时，股东不得行使一票否决权反对清算组的成立。如果一票否决权的行使与股东的法定义务相悖，则股东的一票否决可能不具有阻碍相关决议形成的法律效果，相关决议不会因此丧失效力。"文宝商汇"案件的司法判例便充分说明了该情况，表5-3是该案例的相关介绍。

表5-3　"文宝商汇"案总结

案件名称	上海文宝贸易商汇（下称"文宝商汇"）、吴某因损害公司权益纠纷案（下称"文宝商汇"案件）
案号	（2002）沪一中民三（商）终字第292号
审理法院	
诉讼参与主体	上诉人（原审被告）：上海文宝贸易商汇
	上诉人（原审被告）：吴某
	被上诉人（原审原告）：上海天马电影制片有限公司清算小组
裁判日期	2002年8月20日
案情概要	原审查明，原上海天马电影制片有限公司（下称"天马公司"）系由上海川崎食品有限公司（下称"川崎公司"）、上海电影电视（集团）公司（下称"上影集团"）及文宝商汇共同出资组建。该公司的章程规定，由川崎公司出资人民币560万元、文宝商汇出资人民币240万元、上影集团出资人民币200万元。股东会所议事项必须经全体股东一致通过等。1996年5月，天马公司经核准领取企业法人营业执照，营业期限自1996年5月21日至2001年5月21日。 　　2001年9月14日，因在申报年检中弄虚作假，天马公司被工商行政管理部门吊销企业法人营业执照。2002年2月6日，天马公司成立清算小组，并向原审法院申请变更诉讼主体。 　　上诉人文宝商汇上诉称：2001年12月25日，虽然召开了天马公司的股东会讨论成立清算组的事项，但当时上诉人就依公司的章程行使了"一票否决权"不同意成立清算组，故此那次会议并未形成股东会决议，由此而产生的所谓清算组也不合法； 　　二审法院经审理查明，原审认定事实基本属实，二审法院予以确认。

续表

案情概要	本院根据原审中被上诉人所提供的股东会记录、双方当事人的陈述及两上诉人在二审中提供的证据查明：2001 年 12 月 25 日，天马公司召开股东会讨论成立清算组，会上文宝商汇反对成立清算组，川崎公司、上影集团均表示同意成立清算组，并于此后形成了清算决议
法院观点	一审法院上海市卢湾区人民法院 本案一审中，当事人未将违反股东法定义务的一票否决权作为争议焦点，此处不作赘述。 二审法院上海市第二中级人民法院认为： 根据《公司法（1999 年修正）》的规定，公司经营期届满后，可以解散公司，并应当在 15 日内成立清算组。本案中天马公司的经营期限已到，各方股东均没有继续合作经营的意思表示，且工商部门已吊销了天马公司营业执照，故各股东均有义务立即成立清算组对公司的债权债务等财产进行清理。现天马公司已召开了成立清算组的股东会，三方股东均参加了该会议，出资合计达 76% 的两方股东川崎公司、上影集团均表示同意成立清算组，并将由其两方盖章确认的清算决议，送交了第三方股东文宝商汇。尽管上诉人文宝商汇依公司章程在该股东会上行使了"一票否决权"反对成立清算组，但其行使的该"一票否决权"与上述《公司法（1999 年修正）》规定的应当成立清算组之股东的法定义务有悖，故上诉人文宝商汇以此阻碍天马公司股东会依法成立清算组之决议形成，于法无据，其该上诉理由难以成立

（三）创始股东的一票否决权的合法性

在股权投资过程中，股东协议中可以约定创始股东的一票否决权。在股东间的投资协议体现了各股东的真实意思表示，且不违反法律、法规以及与公司章程相冲突的情况下，即应当与公司章程具备同样的法律效力。表 5-4 中的案例体现了该点。

表 5-4 "曾某与上海产联电气科技有限公司决议撤销纠纷上诉案"总结

案件名称	曾某与上海产联电气科技有限公司决议撤销纠纷上诉案
案号	（2013）沪二中民四（商）终字第 851 号
审理法院	上海市第二中级人民法院
诉讼参与主体	上诉人（原审原告）：曾某
	上诉人（原审被告）：上海产联电气科技有限公司
裁判日期	2014 年 1 月 20 日

续表

案情概要	2011年4月9日，曾某作为甲方、李某作为乙方、王某作为丙方，共同签订《产联电气增资扩股事宜股东协议》（下称"增资扩股协议"），载明：（一）合作原则及条件……5. 各方同意，丙方出资1 500万元，对产联电气进行议价增资，增资后丙方在产联电气相应持股35%；……8. 股东各方承认甲方、乙方作为产联电气创始人的地位，根据甲乙双方协商一致或者按照股权表决后的意见（结果），享有以下特别权利：（1）在股东会行使的职权或者按照章程董事会须报股东会批准的事项，对决定或批准事项拥有否决权；（2）任命公司执行董事或成立董事会时任命公司董事长；（3）董事会授权甲方、乙方决定如下事项：a）公司内部管理机构的设置；b）决定聘任或者解聘公司经理，并根据经理的提名决定聘任或者解聘公司的副经理及其报酬事项；c）制定公司的基本管理制度。董事会撤销上述授权须征得股东会的批准或甲方、乙方的书面同意。 2011年4月11日，曾某作为甲方、李某作为乙方、王某作为丙方、陈某作为丁方，共同签订《〈产联电气增资扩股事宜股东协议〉的补充协议》（下称"增资扩股补充协议"），约定：（一）合作原则及条件 1. 丁方知晓并同意原产联电气股东与丙方于2011年4月9日签订"产联电气增资扩股事宜股东协议"中的所有条款； 2011年10月14日和2012年2月1日，产联公司形成《上海产联电气科技有限公司关于江某加入后增资扩股事宜股东决议》和《上海产联电气科技有限公司关于袁某加入后增资扩股事宜股东决议》各一份（下称"两份新股东增资扩股决议"），其中记载有江某、袁某作为新股东"同意遵守产联电气原有的股东协议及公司章程"等内容，曾某、王某、李某均在该两份决议中签名。该两份决议的形成日期在2011年10月8日公司章程形成日期之后
法院观点	本案二审争议焦点：涉案增资扩股协议及对应的增资扩股补充协议所赋予曾某作为产联公司创始股东而享有的特别权利是否依法成立；如果成立，其适用范围是什么？ 本院认为，根据一、二审法院查明的事实，曾某作为产联公司创始股东的特别权利首先有2011年4月9日公司吸纳王某为股东的增资扩股协议明确为证。此特别权利的具体内容表述为："股东各方承认甲方（曾某）、乙方（李某）作为产联电气创始人的地位，根据甲乙双方协商一致或者按照股权表决后的意见（结果），享有以下特别权利：（1）在股东会行使的职权或者按照章程董事会须报股东会批准的事项，对决定或批准事项拥有否决权；（2）任命公司执行董事或成立董事会时任命公司董事长；（3）董事会授权甲方、乙方决定如下事项：a）公司内部管理机构的设置；b）决定聘任或者解聘公司经理，并根据经理的提名决定聘任或者解聘公司的副经理及其报酬事项；c）制定公司的基本管理制度。董事会撤销上述授权须征得股东会的批准或甲方、乙方的书面同意。"其次，曾某的创始股东特别权利有2011年4月11日的公司吸纳陈某为股东的增资扩股补充协议为证。具体内容为："丁方（陈某）知晓并同意原产联电气股东与丙方（王某）于2011年4月9日签订的产联电气增资扩股事宜股东决议中的所有条款"，同时，各股东均在该份增资扩股补充协议中予以签名。最后，曾某的创始股东特别权利有2011年10月14日和2012年2月1日的公司欲吸纳江某、袁某为新股东的两份新股东增资扩股决议为证。具体内容为："江某（袁某）……同意遵守产联电气原有的股东协议及公司章程"等文字约定，同时，各股东均在该两份新股东增资扩股决议中予以签名。故，曾某享有的特别权利属于全体股东的合意及真实意思表示，应予保护

续表

法院观点	至于产联公司在二审中提出的章程真伪一节，即章程中究竟有无"股东另有协议约定的，按照股东协议的约定行使表决权及否决权"的条款内容，本院认为，姑且不考虑产联公司在原审中从未对曾某所提供的章程的真实性提出过异议，而直至二审方提出的反常情形；即便章程中缺少前述约定内容，也不能即据此否定曾某的特别权利。公司为资合与人合的统一体，其实质为各股东间达成的一种合作意向和合作模式，仅为通过公司这个平台得以反映并得到规范的指引和运作。故无论是股东协议抑或章程均应属于各股东的合意表示。当然，前提是不得违反相应法律、法规的规定。故只要股东间的协议体现了各股东的真实意思表示，且不违反法律、法规以及与公司章程相冲突，即应当与公司章程具备同样的法律效力。基于本案系争资扩股协议中关于曾某的创始股东特别权利是当时各股东达成的合意，约定亦不违法，且公司章程中亦未对此特权予以否定，故曾某的特别权利应属合法有效，并当然适用于股东会职权

（四）违反公司章程规定的表决方式的股东会/董事会决议属于可撤销/不成立的范畴

1. 可撤销范畴

《公司法》第二十二条中规定，股东会或者股东大会、董事会的会议召集程序、表决方式违反法律、行政法规或者公司章程，或者决议内容违反公司章程的，股东可以自决议做出之日起六十日内，请求人民法院撤销。股东依照前款规定提起诉讼的，人民法院可以应公司的请求，要求股东提供相应担保。此外，《公司法解释四》第二条至第四条及第六条❶规定了该类案由的部分实操细则。具体案例见表 5-5。

---

❶ 《公司法解释四》第二条：依据《公司法》第二十二条第二款请求撤销股东会或者股东大会、董事会决议的原告，应当在起诉时具有公司股东资格。第三条：原告请求确认股东会或者股东大会、董事会决议不成立、无效或者撤销决议的案件，应当列公司为被告。对决议涉及的其他利害关系人，可以依法列为第三人。一审法庭辩论终结前，其他有原告资格的人以相同的诉讼请求申请参加前款规定诉讼的，可以列为共同原告。第四条：股东请求撤销股东会或者股东大会、董事会决议，符合《公司法》第二十二条第二款规定的，人民法院应当予以支持，但会议召集程序或者表决方式仅有轻微瑕疵，且对决议未产生实质影响的，人民法院不予支持。第六条：股东会或者股东大会、董事会决议被人民法院判决确认无效或者撤销的，公司依据该决议与善意相对人形成的民事法律关系不受影响。

表5-5　"北京金冠与东联科技董事会决议撤销纠纷案"总结

案件名称	北京市高级人民法院审理的北京金冠汽车服务有限公司与东联科技有限公司董事会决议撤销纠纷案
案号	（2009）高民终字第1147号
审理法院	北京市高级人民法院
诉讼参与主体	上诉人（原审被告）：北京金冠汽车服务有限公司
	被上诉人（原审原告）：东联科技有限公司
裁判日期	2009年5月12日
案情概要	中国车辆进出口公司（下称"中国车辆公司"）、北京市兴盛实业公司（下称"兴盛公司"）和东联科技有限公司（下称"东联公司"）依据《中华人民共和国中外合资经营企业法》❶签订合同投资设立北京金冠汽车服务有限公司（下称"金冠公司"）。中国车辆公司、兴盛公司和东联公司签订的金冠公司章程第十五条规定，合营公司设董事会，董事会是合营公司的最高权力机构；第十七条规定，董事会由5名董事组成，其中甲方委派2名、乙方委派1名、丙方委派2名；第二十五条规定，出席董事会会议的法定人数为全体董事的三分之二，且应包含各方至少1名董事，不够三分之二人数或缺少一方时，其通过的决议无效
法院观点	一审法院认为： 　　因金冠公司章程规定出席董事会会议的法定人数为全体董事的三分之二，且应包含各方至少1名董事，不够三分之二人数或缺少一方时，其通过的决议无效，而出席本案所涉董事会会议的董事为罗某、王某、鞠某，金冠公司股东东联公司委派董事均未参加临时董事会，故金冠公司2008年6月12日召开的临时董事会的出席人数未达到公司章程规定的比例，且缺少一方股东委派董事参加，该董事会据此通过的董事会决议违反了金冠公司章程关于董事会决议方式的规定。因《公司法（2005年修订）》第二百一十八条规定，外商投资的有限责任公司适用本法，有关外商投资的法律另有规定的，适用其规定，而《中华人民共和国中外合资经营企业法》及《中华人民共和国中外合资经营企业法实施条例（2001年修订）》并未对合资经营企业的董事会决议瑕疵规定救济程序，且金冠公司系有限责任公司，故本案适用《公司法（2005年修订）》的规定。依据《公司法（2005年修订）》第二十二条关于董事会会议表决方式违反公司章程的，股东可以自决议做出之日起六十日内，请求人民法院撤销的规定，因金冠公司2008年6月12日的临时董事会决议违反了金冠

❶　2019年3月15日，第十三届全国人民代表大会第二次会议通过了《中华人民共和国外商投资法》，《中华人民共和国外商投资法》将自2020年1月1日起实施，《中华人民共和国中外合资经营企业法》《中华人民共和国外资企业法》《中华人民共和国中外合作经营企业法》同时废止。外商投资企业的组织形式、组织机构及其活动准则，适用《中华人民共和国公司法》《中华人民共和国合伙企业法》等法律的规定。

续表

法院观点	公司章程关于董事会决议方式的规定，故金冠公司股东东联公司在该董事会决议做出之日起六十日内，向一审法院请求撤销该董事会决议的诉讼请求，于法有据，一审法院予以支持。 二审法院认为： 结合公司章程第十五条、第十七条、第二十五条之规定，金冠公司董事会决议的表决通过方式采用的并非通常意义上的资本多数决方式，而是董事人数的三分之二多数且应包含各方至少 1 名董事。此举意味着对于金冠公司重大事项的表决方式，金冠公司的三方股东派驻的董事必须做到每方股东派驻的董事至少有 1 名董事参加并同意才具备通过的可能，此为金冠公司的股东在金冠公司设立时的自愿约定并已通过中华人民共和国商务部的批准而生效。因此，此为衡量本案争议的董事会决议通过方式是否合法的唯一依据，上诉人关于决议事项的紧急性或决议结果合理性的上诉理由，均不能作为衡量董事会决议通过方式合法性的依据。由于本案争议的董事会决议缺乏股东一方东联公司董事的参与及事后同意，根据公司章程第二十五条的规定，该董事会决议在法律上属于可撤销的范畴

2. 不成立范畴

根据《公司法解释四》第五条第（四）项的规定，股东会或者股东大会、董事会决议存在会议的表决结果未达到公司法或者公司章程规定的通过比例的，该等决议不成立。因此，若在公司章程中约定了投资方在股东会或董事会中的一票否决权，股东会或董事会的决议应满足该等表决规则的要求，否则，投资方亦有权主张该等决议不成立，且不受撤销权的六十日限制。见表 5-6。

表 5-6　"重庆中南石油、重庆富成兴与李某公司决议纠纷"总结

案件名称	重庆市中南石油有限责任公司、重庆富成兴商贸有限公司与李某公司决议纠纷二审民事判决书
案号	（2018）渝 02 民终 457 号
审理法院	重庆市第二中级人民法院
诉讼参与 主体	上诉人（原审被告）：重庆市中南石油有限责任公司（下称"中南石油公司"） 上诉人（原审第三人）：重庆富成兴商贸有限公司（下称"富成兴公司"）
	被上诉人（原审原告）：李某
裁判日期	2018 年 4 月 4 日

续表

案情概要	一审法院认定事实： 2010年10月8日，中石化公司（甲方）、中石化公司重庆石油分公司（被授权单位）与重庆中南煤炭洗选有限公司（乙方）签订《合资经营企业合同》一份，约定合资设立重庆市中南石油股份（集团）有限公司，甲方持有所成立公司70%的股份，乙方持有所成立公司30%的股份。中南石油公司登记的股东为中石化公司与富成兴公司，现登记的董事长暨法定代表人为李某。股东会会议对所议事项做出决议，须经代表全部表决权的股东通过，对公司修改章程、增加或者减少注册资本以及公司合并、分离、解散或者变更公司形式做出决议，须经代表表决权的股东一致通过。 2016年1月20日，由中南石油公司副董事长钟甲主持召开股东会，董事秦某及钟乙、监事钟丙及杨某列席，股东重庆中南煤炭洗选有限公司参会，形成股东会决议。该决议决定对重庆分公司高于市场价向中南石油公司供油超出计算金额在中南石油公司向重庆分公司付货款中扣除；中南石油公司使用的中石化系统需由中南石油公司自主审批；若重庆分公司违背合资合同继续高于市场价供油给中南公司，中南公司可自行采购；罢免董事长李某、总经理秦某等。 二审法院认定事实： 二审法院查明的案件事实与一审判决认定的事实一致
法院观点	一审法院认为： 2016年1月20日形成的股东会决议是否成立？一审法院认为： 本案结合中南石油公司的《重庆市中南石油有限责任公司章程》第二十九条"股东会会议由股东按照认缴出资比例行使表决权"及三十条"股东会会议对所议事项作出决议，须经代表全部表决权的股东通过。"来看，中南石油公司的股东会决议必须经过代表全部表决权的股东一致通过，而本案中2016年1月20日形成的股东会决议并未经过持有公司70%股份的股东中石化公司同意，故本案股东会会议并未经过代表全部表决权的股东一致通过，依照《公司法解释四》第五条的规定，此次股东会会议的表决结果并未达到公司章程规定的通过比例，该决议不成立，故对李某主张决议不成立的请求，一审法院予以支持。 二审法院认为： 关于案涉股东会决议是否成立的问题。 《重庆市中南石油有限责任公司章程》第三十条规定，股东会会议对所议事项做出决议，须经代表全部表决权的股东通过。对修改公司章程、增加或者减少注册资本以及公司合并、分立、解散或者变更公司形式做出决议，须经代表表决权的股东一致通过。中南石油公司持有70%股份份额的股东中石化公司既未参加案涉股东会会议，也未就决议事项行使表决权。因此，案涉股东会会议做出的决议并未经过全部表决权的股东通过。依据《公司法解释四》第五条的规定，案涉股东会会议的表决结果未达到公司法或者公司章程规定的通过比例的，该决议不成立

八、总结及建议

(一) 对投资方的价值

对于投资方而言,由于投资者通常并不以控股为目的,在某些情况下仅持有公司小比例的股份,通过对于股东会决议或董事会决议中合理的表决权制度的设计,确立在某些重大情形下投资方的一票否决权,可对公司经营管理中的重大事项进行表决甚至否决,能够有效控制投资风险,使投资方可以对公司经营产生更大的影响力。

(二) 对企业的价值

一票否决权对于企业而言更多的是一种限制,无论是对日常经营而言还是当公司面临结构性调整时,投资方对于公司经营有更大影响力的同时代表着企业自身对于重大事项的决策面临着束缚。

此外,在股权投资实践中,由于少数投资者享有重大事务一票否决权等相关安排,股东会或董事会可能就某些影响公司运营发展或投资者重大利益的事项始终无法达成一致意见,从而形成公司僵局,错过公司发展的机遇或使公司运营陷入困境。

为最大程度地避免董事会僵局的出现,应考虑根据公司实际情况是否设定董事长或者某个董事对决议事项行使一票否决权及董事长在票数相等情形下对决议事项的最终决定权,公司章程还可以明确约定对于董事会僵局,提交给股东会行使决定权。在范围上,从企业的角度来讲,对于投资方的特殊要求应谨慎考虑,比如投资方一票否决权的设定,尽量缩小一票否决事项的范围。

结合上述法律条文的规范及裁判案例,在一票否决权的条款设计中,应严格依照《公司法》的限定范围设置一票否决权;同时,一票否决权的适用范围建议在《公司法》规定以及实践中常见的属于股东会或董事会职权范围内的事项及规定的表决比例进行一票否决权的设计,在不违反法律、行政法规强制性规定的前提下,应尊重股东意思自治权利。

投资协议系投资各方真实意思的表示,在未违反《公司法》以及其他法律法规的强制性规定、符合公司股东意思自治的前提下,该等协议应被认定是真实有效的;但若违反了《公司法》的强制性规定,存在决议无效的可能性，投资方应尽量确保投资协议与被投资企业章程约定的一致性，并在章程中增加类似于"章程未约定事宜，股东可以另行书面约定"的准用性兜底条款。其次，投资协议仅为协议各方的内部文件，为保证投资方利益的落实，应尽量将协议的内容落实到具有公示性的公司章程上，以对抗"善意"第三人法律行为。

第六章

企业经营管理的追踪器

——信息权

一、信息权的定义

信息权亦称股东知情权，指股东享有了解和掌握公司经营管理等重要信息的权利。狭义的信息权仅包括股东依据《公司法》《公司法解释（四）》及相关规范性文件的规定要求公司向其公开经营信息和财务信息的权利；广义的信息权还包括股东了解相关监管机构和业务协会要求公司披露的信息的权利。

二、公司信息的基本分类

专家认为[1]：股东知悉公司信息的范围包括公司的设立信息、公司的经营信息、财务会计信息、关联信息、重大事件、中介信息。我们认为，根据公司信息的性质及体现内容的不同，可以将公司信息分为公司经营信息、公司财务信息和公司关联信息。

（一）公司经营信息

公司经营信息包括公司在设立时的信息，包括公司的注册资本、工商信息、股权结构及股东出资情况、组织架构及运作机制、公司的高级管理人员等；公司在运营过程中的信息，比如公司规模的扩大、股权结构的变化、公司业务开展情况、发行股票债权及金融产品、处置公司资产等；公司的清算信息。

---

[1] 赵家仪，高义融. 股东信息权制度研究［J］. 政法论坛，2000（06）：51-59.

（二）公司财务信息

公司的财务信息主要反映在公司的财务会计报表中，主要包含几个重要报表：资产负债表、经营利润表、现金流量表。除此之外，对于一些重要财务事项，还应附有财务情况说明或者经审计的各类报告。

（三）公司关联信息

公司的关联信息主要包括关联企业的名称、所在地、主营业务范围、本公司持有该关联企业所有者权益的份额、业务划分、从属公司与控制企业或其他分公司、子公司之间所进行的一切法律行为以及因控制企业的促使或为其利益而从事的一切业务或不作为，比如对内对外担保行为、母子公司之间的往来行为等，均可能直接或间接地影响到股东的权益，也是股东关注的重要信息之一。

三、信息权的分类

根据《公司法》及《公司法解释（四）》的规定，股东信息权可分为法定信息权和约定信息权。

（一）法定信息权（知情权）

法定信息权是指股东依法享有的知情权，且不受任何约定之排除或限制。

法定信息权主要规定在《公司法》第三十三条（针对有限责任公司）和第九十七条（针对股份有限公司）。第三十三条规定："股东有权查阅、复制公司章程、股东会会议记录、董事会会议决议、监事会会议决议和财务会计报告。股东可以要求查阅公司会计账簿。股东要求查阅公司会计账簿的，应当向公司提出书面请求，说明目的。公司有合理根据认为股东查阅会计账簿有不正当目的，可能损害公司合法利益的，可以拒绝提供查阅，并应当自股东提出书面请求之日起十五日内书面答复股东并说明理由。公司拒绝提供查阅的，股东可以请求人民法院要求公司提供查阅。"

第九十七条规定："股东有权查阅公司章程、股东名册、公司债券存根、股东大会会议记录、董事会会议决议、监事会会议决议、财务会计报告，对公司的经营提出建议或者质询。"

《公司法》规定的章程、决议文件、财务会计报告是本章"二、公司信息的基本分类"中公司信息载体的一部分。例如，公司的设立、运营及注销都属于公司的重大事项，根据《公司法》的规定，必须经由股东会表决通过，而决议的体现则是股东会会议记录；公司出具的半年度或年度财务报告也是股东了解公司财务情况的重要载体之一。

在股东知情事项中，股东会会议记录、董事会会议决议、监事会会议决议、财务会计报告较为明确，在实践操作中一般没有太大的争议。但是，对于股东可查询的财务信息及资料的范围，各地的司法实践存在偏差。具体情况详见本章"五、从司法判例看信息权的实践效果：（一）可查阅的文件范围"部分。

（二）约定信息权（知情权）

在《公司法解释（四）》未出台前，公司是否能通过章程约定扩大股东知情权，一直未有定论。2017 年 8 月 25 日，最高人民法院发布了《公司法解释（四）》，就此问题做出明确的规定：

第七条："股东依据《公司法（2013 年修订）》第三十三条、第九十七条或者公司章程的规定，起诉请求查阅或者复制公司特定文件材料的，人民法院应当依法予以受理。"

同时，该解释还明确规定不支持限制股东知情权的行为：

第九条："公司章程、股东之间的协议等实质性剥夺股东依据《公司法（2013 年修订）》第三十三条、第九十七条规定查阅或者复制公司文件材料的权利，公司以此为由拒绝股东查阅或者复制的，人民法院不予支持。"

四、信息权的条款表述

我们整理了多个股权融资项目的信息权条款，总结了较为常见的信息权条款表述如下：

（1）公司应按如下要求向投资方提供集团的财务、业务及运营信息。

①在每一财务年度结束后的四个月内，提供经审计机构审计后的年度合并财务报表和管理报告，在每一财务年度结束后的一个月内，提供上一年度的运营总结和财务决算；

②在每季度结束后的三十日内，提供未经审计的季度合并财务报表和管理报告；

③在每月结束后的十五个工作日内，提供未经审计的当月合并财务报表

和管理报告；

④在发送给其他股东公示性文件或信息后的三日内，提供上述公示性文件或信息的复印件；

⑤每个财务年度结束前的三十日内，提供下一年度的合并财务预算和年度运营计划；

⑥每个季度结束前的十五日内，提供下一季度的合并财务预算；

⑦及时向投资方递交提交给相关的证券交易所、主管部门和政府机关的任何报告的复印件（如有）；

⑧投资方可能合理要求的其他集团信息和文件。

（2）公司向投资方提供的全部财务报表均应至少包括当期的损益表、资产负债表和现金流量表。所有的管理报告应当包括财务结果与月度、季度和年度预算的比较。公司应当每年聘请经本轮投资方认可的、具有资质的会计师事务所对集团进行年度审计，审计费用由公司负担。除本协议另有约定外，公司聘请外部审计机构须经公司董事会批准（其中应当包含全体投资方董事的同意），且所有的财务报告必须根据中国的通用会计准则准备。

五、从司法判例看信息权的实践效果及涉及的法律问题

（一）可查阅的文件范围

1. 关于公司的日常经营

公司的日常经营信息是否都属于股东的知情权范围？公司对外投资的情况是否属于公司的日常经营信息？在实践中司法机关给出了答案。

在天津泰达股权投资基金管理有限公司（下称"原告"或"泰达投资公司"）诉天津儿童药业有限公司（下称"被告"或"儿童药业公司"）股东知情权纠纷案中，泰达投资公司向一审法院提出诉请，请求查阅儿童药业公司的交易合同、对外投资合同及相关会议决议或决定和两项新项目（水与口罩）研发与开展的相关会议决议或决定，一审法院认为，公司交易合同与对外投资合同及相关会议决议或决定属于公司正常经营行为，原告未举证证明公司章程中或《公司法》中有相关规定允许股东查阅、复制相关材料，故一审法院不支持原告此项诉讼请求。二审法院亦维持原判。

从上述判决中可以看到，法定知情权可查阅的范围虽然包括公司重要决策的相关文件，但这些决策文件并不能包含公司所有的经营信息，公司对外

投资等日常经营事项如无须经过决议程序，则股东对该等事项相关文件的知情权将可能不会得到法院的支持。基于此，投资方应在投资协议或公司章程或相关的约定中约定对于公司对外投资信息的知情程度，比如获取相关决议文件、对外签署的基础合同、项目经营进度表、现金流量表等，并约定知情的时点要求；或者将投资方关注的公司经营投资事项列为需要公司股东会或董事会决议的事项。

2. 会计凭证是否属于查阅范围

针对股东是否可查阅会计凭证的问题，《公司法》和《公司法解释（四）》并没有明确规定，各地法院的司法实践也不甚相同。

根据对《公司法解释（四）》实施之后的股东知情权诉讼进行统计[1]，在333份有效样本中，一审判决266份，二审判决67份。一审判决的266个案例中，同意查阅会计凭证的有177例，占比66.54%；不同意查阅的有89例，占比33.46%。二审判决的67个案例中，同意查阅的45例，占比67.16%；不同意查阅的22例，占比32.84%。

一审判决不同意查阅的89个案例中，以"超出法律规定的股东查阅范围，欠缺法律依据"为理由，拒绝查阅会计凭证的判决有32例；这32例，有5例上诉，但二审法院均维持原判。

我们选取了审判法院层级较高、结案时间较近的案例（此类案件中院案例效力最高），研究各地法院对查阅会计凭证的口径。

比如，北京和上海两地区法院已经完全支持查阅会计凭证：

在乐视影业（北京）有限公司（下称"乐视影业"）与北京思伟股权投资管理中心（有限合伙）（下称"思伟股权中心"）股东知情权纠纷案[（2018）京03民终1465号]中，思伟股权中心向一审法院起诉请求乐视影业公司向其提供会计账簿（包括总账、明细账、日记账和其他辅助性账簿）和会计凭证（含记账凭证、相关原始凭证及作为原始凭证附件入账备查的有关资料），以及公司章程、股东会会议记录、董事会会议决议、财务会计报告，以供思伟股权中心查阅/复制。

---

[1] 孙加锋，王丽芸. 333份判决书告诉你，有限责任公司股东能否查阅"会计凭证"[EB/OL]. [2018-12-16]. https://www.zhihedongfang.com/54806.html.

一审法院认为，根据我国《会计法》第九条第一款❶、第十四条❷、第十五条第一款❸及会计准则，契约等有关资料也是编制记账凭证的依据，应当作为原始凭证的附件入账备查。据此，会计凭证是编制会计账簿的依据，公司的具体经营活动只有通过查阅记账凭证、相关原始凭证及作为原始凭证附件入账备查的有关资料才能知晓，否则可能无法了解公司真正的经营情况。故思伟股权中心有权要求查阅会计凭证（含记账凭证、相关原始凭证及作为原始凭证附件备查的有关资料）。故支持原告查阅会计凭证。

被告不服，提起上诉，二审法院认为：《公司法（2013 年修正）》并未限制股东查阅会计凭证、原始凭证，会计账簿系根据原始凭证制作，会计凭证是会计账簿的基础，股东只有通过查阅原始凭证与会计账簿相比对，才能客观真实了解公司状况。根据会计准则，契约等有关资料也是编制记账凭证的依据，应当作为原始凭证的附件入账备查。因此，会计账簿查阅权的行使范围包括会计账簿（含总账、明细账、日记账和其他辅助性账簿）和会计凭证（含记账凭证、相关原始凭证及作为原始凭证附件入账备查的有关资料）。依此驳回上诉，维持原判。

在上海国信新能源有限公司（被告）与上海福萌投资管理有限公司（原告）股东知情权纠纷案中［（2018）沪 02 民终 4247 号］，上海福萌投资管理有限公司向一审法院起诉请求判令上海国信新能源有限公司向其提供会计凭证（含记账凭证、相关原始凭证及作为原始凭证附件入账备查的有关资料）及银行对账单原件、每月税务申报表和汇算清缴报告表，供其查阅。

一审法院认为：根据我国会计法的相关规定，会计账簿的登记必须以经过审核的会计凭证为依据。会计凭证是会计账簿形成的基础，最能真实反映公司的资金活动和经营状况。公司的具体经营活动只有通过查阅会计凭证才能知晓，不查阅会计凭证，股东可能无法准确了解公司真实的经营状况。且根据会计准则，相关契约等有关资料也是编制记账凭证的依据，应当作为原

---

❶ 《会计法》第九条第一款规定："各单位必须根据实际发生的经济业务事项进行会计核算，填制会计凭证，登记会计账簿，编制财务会计报告。"

❷ 《会计法》第十四条规定："会计凭证包括原始凭证和记账凭证。办理本法第十条所列的经济业务事项，必须填制或者取得原始凭证并及时送交会计机构……记账凭证应当根据经过审核的原始凭证及有关资料编制。"

❸ 《会计法》第十五条第一款规定："会计账簿登记，必须以经过审核的会计凭证为依据，并符合有关法律、行政法规和国家统一的会计制度的规定。会计账簿包括总账、明细账、日记账和其他辅助性账簿。"

始凭证的附件入账备查。……原告在查阅公司会计账簿时，因缺少会计凭证及相关的其他会计资料，无法判断公司会计账簿是否真实、准确、完整。故支持原告诉讼请求。

被告不服，提起上诉。二审法院认为：我国《公司法（2013 年修正）》第三十三条虽未将会计凭证及其他会计资料列为股东知情权的范畴，但会计凭证是会计账簿形成的基础，会计凭证及其他会计资料亦是判断会计账簿真实性、完整性的依据。判断股东知情权的适用范围时，应结合法律规定及对应的立法目的来综合予以认定，即股东知情权系股东依法享有对公司经营、管理、决策等重要情况或信息真实了解和掌握的权利，被上诉人要求查阅的会计凭证及其他会计资料符合其了解公司经营状况的目的。股东有权查阅会计凭证及其他会计资料，本质上属于我国《公司法（2013 年修正）》实现充分保障股东知情权的应有之义。故驳回上诉，维持原判。

但是，除上海、北京外，仍有些地区还未允许股东查阅会计凭证。比如，有律师统计了浙江和广东的判决，两地法院基本不支持股东查阅会计凭证❶，如表 6-1 所示。

表 6-1　广东、浙江两地法院对会计凭证查阅的审判口径

地区	法院	不可查阅的理由之一
广东	东莞市第二人民法院	超出法律规定的股东查阅范围，欠缺法律依据
	梅州市梅江区人民法院	超出法律规定的股东查阅范围，欠缺法律依据
	前海合作区人民法院	超出法律规定的股东查阅范围，欠缺法律依据
	鹤山市人民法院	超出法律规定的股东查阅范围，欠缺法律依据
	广州市花都区人民法院	超出法律规定的股东查阅范围，欠缺法律依据
	深圳市罗湖区人民法院	超出法律规定的股东查阅范围，欠缺法律依据
浙江	浙江省丽水市中级人民法院	超出法律规定的股东查阅范围，欠缺法律依据
	浙江省温州市中级人民法院	超出法律规定的股东查阅范围，欠缺法律依据
	杭州市滨江区人民法院	超出法律规定的股东查阅范围，欠缺法律依据
	杭州市西湖区人民法院	超出法律规定的股东查阅范围，欠缺法律依据
	浙江省绍兴市中级人民法院	法院判决中未论述理由
	浙江省永嘉县人民法院	超出法律规定的股东查阅范围，欠缺法律依据

---

❶　孙加锋，王丽芸. 333 份判决书告诉你，有限责任公司股东能否查阅"会计凭证"［EB/OL］.（2018-08-07）［2018-12-16］. https://www.zhihedongfang.com/54806.html.

从上述支持股东查阅会计凭证的判决中可以看到，法院支持的理由主要基于会计凭证对会计账簿的辅助功能及两者之间的延续性：会计账簿是记录财务发生数据的综合材料，而会计凭证是证明会计账簿数据发生的证据，如果不对会计凭证进行核查，就无法确定会计账簿所记录数据的准确性。尽管现行法律法规并没有规定会计凭证的可查阅性，但从有利于股东查清相关信息、全面了解公司运营的解释出发，应允许股东查阅会计凭证。

（二）可查阅的形式

《公司法解释（四）》只规定了基于生效判决股东可以委托中介机构辅助查询，并未规定一般情况下律师和会计师是否可以辅助查询，也未规定股东是否可以委托审计机构对公司进行审计。

在鄢某（原告）与四川省裕丰投资有限公司、四川省裕丰投资有限公司三岔水库生态渔业养殖分公司（共同被告）股东知情权纠纷一案中［（2015）简阳民初字第 1570 号］，原告要求对共同被告的会计资料进行审计。法院经审理认为：原告要求对会计资料进行审计的诉讼请求超越本案的审理范围，且公司的财务审计属于公司自治范畴，司法不宜直接干涉。故对原告的该项诉讼请求，本院不予支持。

在 CROWN CANOPY HOLDINGS SRL（以下简称科朗公司）诉上海和丰中林林业股份有限公司股东知情权纠纷案中［（2013）沪二中民四（商）终字第 S1264 号］，原告股东要求对公司财务进行审计，法院经审理认为：公司法虽未明确股东可通过审计方式行使知情权，但本案中该方式已通过记载于和丰公司章程的形式予以确定，且审计亦系股东了解公司经营状况的方式之一，该规定对于公司及股东均具有约束力，故科朗公司请求判令和丰公司配合其审计，可予支持。

在 ROONEYLIMITED 与常州雍康置业有限公司（下称"雍康公司"）股东知情权纠纷案中［（2015）苏商外终字第 00035 号］，ROONEYLIMITED 主张根据雍康公司章程的规定，通过自费聘请审计人员对公司进行审计的方式行使知情权。

一审法院认为，虽然雍康公司章程 12.2 条（f）项"其他"规定，任何一方可以在任何时间，雇用一名审计人员或派其内部审计人员检查公司的财务记录和程序，并自行承担相关费用。该条款仅赋予股东委派审计人员检查雍康公司的财务记录和程序的权利，并非赋予股东单方委托专门审计机构对雍康公司进行审计并出具审计报告的权利。同时，公司法并未赋予股东行使知情权时进行审计的权利。故 ROONEYLIMITED 要求审计没有依据，一审法院不予支持。

二审法院认为，雍康公司章程第 12.2 条（f）项仅载明："任何一方可以在任何时间，雇用一名审计人员或派其内部审计人员检查合资公司的财务记录和程序，并自行承担相关费用。合资公司和其他方必须尽最大努力予以配合协助审计人员。"因此，该条款并未赋予股东单方委托第三方机构进行审计的权利，而是约定了股东行使知情权的具体方式。依此驳回上诉，维持原判。

但是，不正当目的可以作为股东独立审计的阻却事由。

在阿特拉斯设备有限公司、河北阿特拉斯设备制造有限公司股东知情权纠纷案中［（2018）冀民终 4 号］，法院就股东审计的阻却事由做出评价：虽然河北阿特拉斯公司的公司章程中规定合营各方有权自费聘请审计师查阅合营公司账簿，但是如果该行为存在不正当性目的，可能损害公司利益的，河北阿特拉斯公司同样可以拒绝，以维护公司合法利益。

从上述案例可以得出结论：在未事先约定的情形下，公司股东的知情权仅限于法定知情权；若在公司章程/投资协议/股东协议中有约定，也应具备明确的查阅内容与查阅方式，否则将无法保障知情权的有效行使。

因此，如股东拟引入中介机构辅助股东行使知情权，应在公司章程/投资协议/股东协议中明确约定辅助查阅的中介机构的权限，以避免相关纠纷，并与中介机构签署保密协议。若因中介机构查询泄密导致公司利益损失，可由公司向股东请求赔偿，股东在向公司赔偿后，再对其聘请的中介机构进行追偿。

（三）查阅对象的范围

《公司法》及《公司法解释（四）》并未规定股东是否可以查阅子公司或分公司的信息。

1. 子公司

（1）未在章程中约定对子公司知情权的情形

若股东在诉讼中要求享有子公司的知情权，而公司章程又未规定相关条款，诉讼请求一般得不到支持。

在李某与四季长和投资有限责任公司（以下简称"四季投资公司"）股东知情权纠纷案［（2016）京 0105 民初 51157 号］中，原告李某要求被告四季投资公司的全资子公司（包括天津金吉房地产开发有限责任公司、沈阳力勤投资有限公司、沈阳黄金中心）提供自成立之日起至法院判决生效之日止的公司章程、股东会会议记录、董事会会议决议、监事会会议决议和财务会计报告供原告查阅。法院认为：李某要求查阅天津金吉房地产开发有限责任公司、沈阳力勤投资有限公司和沈阳黄金中心的相关材料，但未提交证据证明上述公司系四季投资公司的全资子公司。同时，相关法律法规和四季投资公司的章程亦未规定股东可以向公司对外投资的公司行使股东知情权，故不支持原告的诉讼请求。

在蔡某与真功夫餐饮管理有限公司股东知情权纠纷案［（2017）粤01民终5896号］中，蔡某要求真功夫公司提供其全资子公司及孙公司的财务会计报告等，法院认为其诉讼请求超出其作为真功夫公司股东可直接行使的股东知情权的范畴，一审法院不予支持。

在东海岸国际投资（北京）有限公司与上海志东投资管理有限公司股东知情权纠纷案［（2016）沪0113民初7358号］中，原告东海岸国际投资（北京）有限公司要求被告上海志东投资管理有限公司提供其子公司芯奥微传感公司的财务会计报告、会计账簿、会计凭证以供查阅。法院认为虽被告享有芯奥微传感公司100%的股权，然芯奥微传感公司系独立主体，原告并不是其股东，原告的上述诉讼请求并无法律依据，法院不予支持。

虽然子公司不在母公司股东行使知情权的范围内，但如果公司章程约定应向股东披露对外投资的收益亏损情况，则公司股东可以通过母公司的对外投资情况了解子公司的盈利及亏损信息。

在王某与徐州市奥星医疗设备有限公司等股东知情权纠纷案［（2017）苏03民终7832号］中，王某要求查阅徐州市奥星医疗设备有限公司（"徐州奥星公司"）子公司的股东会会议记录、董事会会议决议、监事会会议决议、财务会计报告及会计账簿，法院认为：依公司章程和法律规定，徐州奥星公司应向股东披露投资的收益亏损情况。徐州奥星公司章程明确规定了"股东有权了解公司经营状况和财务状况；有权查阅股东会会议记录和公司财务报告"，因此，王某虽不能直接行使对子公司的股东知情权，但徐州奥星公司作为投资的上述各子公司的控股股东，应依徐州奥星公司章程规定及时向股东告知公司投资的子公司经营、财务及盈余亏损情况，故，徐州奥星公司应在其提供的财务会计报告和公司会计账簿中载明其投资子公司所产生的盈余亏损情况。

（2）子公司的范围

如果公司章程明确股东知情权范围包括子公司，我们仅查询到法院支持全资子公司的案例，对于全资子公司范围外的子公司，法院的态度还是较为谨慎。

在科朗公司诉和丰公司一案中❶，科朗公司主张查阅和丰公司子公司的财务报表以及和丰公司及其分公司、子公司的会计账簿，章程载明了和丰公司应向股东提交子公司财务报表、股东享有检查公司及其子公司的会计账簿、记录和管理账目的权利。

法院认为：鉴于和丰公司章程中未对子公司的范围做出明确界定，审理中当事人双方也未能就此达成一致意见，考虑到子公司本系依法独立享有民事权利、承担民事责任的法人，为避免可能损害子公司其他股东的权利，故法院对章程中所涉子公司界定为系和丰公司的全资子公司。

如果股东欲享有对公司子公司的知情权，则应在章程中约定明确可以查询的具体对象和具体范围，否则将不会得到法院的有力支持。但应该注意的是，即使约定了股东可以查阅非全资或控股（及不进行合并报表处理）的子公司，亦可能被法院认定为侵害子公司其他股东的合法权益而被判令无效。

2. 分公司

根据《公司法》规定，分公司是指在业务、资金、人事等方面受总公司管辖而不具有法人资格的分支机构。从法律意义上看，分公司应视为总公司的一部分，而不能看作总公司的对外股权投资。所以，总公司的股东有权了解分公司的经营信息与财务信息等其他有关信息。根据检索，法院基本支持股东行使对分公司的知情权，仅有部分法院做出相反判决。

在广东喜龙投资管理有限公司诉中山市利得汽车销售服务有限公司知情权纠纷案［（2016）粤 2071 民初 5576 号］中，原告要求查询被告及其分公司的资产、财务及经营状况等相关文件，法院认为：根据《公司登记管理条例》第四十五条❷规定，该司是利得销售总公司在其住所以外设立的从事经营活动的机构，不具有企业法人资格。故原告的知情权不单独就利得

---

❶ 北京康达律师事务所. 股东知情权是否及于子公司的案例统计［EB/OL］.（2017-09-28）［2018-12-16］. https://www.sohu.com/a/195270623_787033.

❷《公司登记管理规定》第四十五条规定："分公司是指公司在其住所以外设立的从事经营活动的机构。分公司不具有企业法人资格"。

销售分公司而享有。其对利得销售分公司的各项诉求，于法无据，本院不予支持。

在亚维莉（上海）餐饮有限公司（下称"亚维莉公司"）与上海满辰酒店管理有限公司（下称"满辰公司"）股东知情权纠纷上诉案［（2018）沪02民终6904号］中，满辰公司要求查询亚维莉分公司、辛耕路分公司的财务报告、会计账簿和原始凭证，一审法院认为，分公司没有独立财产，其实际占有、使用的财产是总公司财产的一部分，列入总公司的资产负债表，且不独立承担民事责任，故满辰公司将亚维莉分公司和辛耕路分公司作为行使知情权的对象，予以支持。二审法院支持了一审法院的判决，认为：亚维莉分公司、辛耕路分公司均属亚维莉公司设立的分支机构，不具有法人资格，资产负债状况列入亚维莉公司的资产负债表，分公司的相关资料理应作为股东行使知情权的范围。

虽然法院基本支持股东查阅分公司的相关信息，但如果分公司在实质上不属于法律意义上的"分公司"，则其不属于股东知情的范围。

如张某诉宁夏物华集团房地产开发有限责任公司二分公司股东知情权纠纷案［（2017）宁0502民初3093号］中，原告要求行使对被告的知情权，但实际上被告由物华建筑公司投资，只是挂靠在宁夏物华集团房地产开发有限责任公司名下。物华建筑公司系原告与王某为股东出资组建，出资比例分别为35.2%、64.8%。法院认为：经核被告属于物华建筑公司投资的公司，原告虽然属于物华建筑公司的股东，但不具有系被告公司股东的法律依据，因此也就不享有对被告公司的知情权，被告依法不承担民事责任。

也就是说，被告实际上是原告入股公司对外投资的子公司。根据前文所述，除非章程有特别约定，否则子公司不属于股东知情权的范围。

（四）查阅的正当性

《公司法解释（四）》第八条规定：

第八条　有限责任公司有证据证明股东存在下列情形之一的，人民法院应当认定股东有《公司法》第三十三条第二款规定的"不正当目的"：

（1）股东自营或者为他人经营与公司主营业务有实质性竞争关系业务的，但公司章程另有规定或者全体股东另有约定的除外；

（2）股东为了向他人通报有关信息查阅公司会计账簿，可能损害公司合法利益的；

（3）股东在向公司提出查阅请求之日前的三年内，曾通过查阅公司会计账簿，向他人通报有关信息损害公司合法利益的；

（4）股东有不正当目的的其他情形。

股东虽然有权查阅法律规定的公司决议文件和财务信息，但前提是不存在"不正当目的"。虽然《公司法解释（四）》列举了"不正当目的"的情形，但在司法实践中，"不正当目的"的认定仍较谨慎，必须有充足的证据证明存在"不正当目的"，法院才会进行认定。

从我们检索的判例来看，除非证据特别充足，在没有特殊约定的前提下，股东的申请查阅行为一般不会被认定为"具有不正当目的"。

在北京金鑫然医药有限责任公司（下称"金鑫然公司"）与北京金座投资管理有限公司（下称"金座公司"）股东知情权纠纷案［（2017）京02民终9872号］中，金座公司向一审法院起诉请求，要求金鑫然公司向金座公司提供股东会会议记录、董事会会议决议、监事会会议决议、财务会计报告供金座公司查阅、复制，并提供会计账簿供金座公司查阅。

金鑫然公司认为金座公司的3个股东，经营范围均包括销售药品。与金鑫然公司的经营范围存在重合，故金座公司查阅行为存在不正当目的。

一审法院认为，同业公司之间存在竞争关系系市场经济环境下的需要，且更加有利于企业的良性发展，现金鑫然公司仅以金座公司投资多家与金鑫然公司之间存在同业竞争关系的公司为由而不同意金座公司查阅公司财务账簿，其所述理由以及提供的相应证据并不足以认定金座公司查阅金鑫然公司的会计账簿等相关材料具有不正当目的，且存在造成损害金鑫然公司合法利益的可能。故不予采信金鑫然公司的答辩意见，支持金座公司的诉求。

在二审中，二审法院认为，《公司法（2013年修正）》的关于不正当目的的规定，从行使条件和证明责任两个层面界定了股东的账簿查阅权。从行使条件看，股东可以要求查阅公司的会计账簿，在股东已向公司说明查阅目的的情况下，除非因其具有不正当目的，可能损害公司合法权益外，公司不得拒绝；从证明责任看，在股东已向公司说明查阅目的的情况下，若公司拒绝股东的查阅请求，公司必须举证证明其有根据认为股东查阅的目的并不正当且该根据必须达到"合理"的程度。金鑫然公司虽主张其会计账簿中所涉的商业秘密泄露给同业公司后会造成其利益损失，但并未提供证据证明其在经营区域、产品种类、客户范围等方面与另3家公司存在实质性的竞争关系，故二审法院驳回上诉。

在阿特拉斯设备有限公司、河北阿特拉斯设备制造有限公司股东知情权纠纷案〔(2018)冀民终4号〕中,美国阿特拉斯公司向一审法院起诉,请求判令河北阿特拉斯公司允许美国阿特拉斯公司查阅、复制其公司章程、董事会会议记录、决议及财务会计报告,查阅其包括原始会计凭证在内的所有会计账簿。

根据天津海关出具的证明:查明美国阿特拉斯公司曾多次从河北阿特拉斯公司的竞争对手石家庄欧宇贸易有限公司、石家庄思拉瑞泵业有限公司、石家庄宏昌泵业有限公司处直接购买与河北阿特拉斯公司生产销售的产品相同的货物。基于此,一审法院认为:美国阿特拉斯公司的股东鲁克夫先生在担任河北阿特拉斯公司董事期间,又注册成立了与河北阿特拉斯公司经营范围一致的AtlasEquipmentCO. LLC即AtlasLLC,同时其侄子MatthewKuffel作为股东注册成立了AtlasII. LLC,并以美国阿特拉斯公司的名义进行交易。这些公司与河北阿特拉斯公司存在竞争关系,并通过从河北阿特拉斯公司的竞争对手处购买与其经营的相同的产品,与河北阿特拉斯公司主营业务构成实质性竞争关系,损害了河北阿特拉斯公司的利益,应当认为美国阿特拉斯公司有不正当目的。不应支持美国阿特拉斯公司的该项诉讼请求。

美国阿特拉斯公司不服,提起上诉,二审法院认为:虽然美国阿特拉斯公司上诉称AtlasLLC与河北阿特拉斯公司的生产行为属于上下游关系,不属于相同经营范围,但是正是这种生产与销售的关系,可能影响河北阿特拉斯公司产品在北美的销售情况,进而影响该公司利益。因此维持了一审的判决。

从上述两案的审判思路来看,在竞业性不正当目的的认定中,主要遵从两个标准:一是事实标准,必须是股东自营或者为他人经营的公司,或者与前述公司有非常紧密的关联关系,可以对公司的业务产生竞争性影响关系;二是证据标准,首先必须证明股东自营公司与公司有相同的或相似的经营范围,其次必须证明股东自营公司会产生损害公司利益的不利影响。这些证据必须达到民事诉讼法的"高度盖然性"标准,才能证明不正当目的。

在南宁国祥装饰有限责任公司、邹某股东知情权纠纷再审案中,广西壮族自治区高级人民法院给出了判定不正当目的的步骤和审理标准:

首先,股东应举证证明自己的股东身份及有权行使知情权。该案中,国祥公司(再审申请人、一审被告、二审上诉人)于2010年3月29日召开股东会,同意邹某(被申请人、一审原告、二审被上诉人)基于合法继承许某34%的股权而成为公司股东。同日,国祥公司对公司章程进行修正并办理工商变更登记,将股东姓名变更为贾某、黄某、邹某。截至2016年3月工商登记显示，国祥公司的股东再无变更。综上，邹某有权向国祥公司依法主张知情权。至于邹某还具有公司监事和清算组成员等身份，并不影响其对公司主张股东知情权。

其次，不正当目的的举证方应是公司一方。本案中，公司提供了邹某作为法定代表人的朗达公司与国富公司的《企业信用信息公示报告》，其显示了该两家公司的经营范围。相比较于国祥公司营业执照上所列经营范围，朗达公司与国富公司在"建筑材料""电子产品""五金""装饰材料"等经营类型上与国祥公司具有相同或相似的情况。虽然这些经营类型之间所具有的字义重叠性或相似性还不足以直接证实双方实际经营活动的具体类型，更不足以直接证明双方之间存在实质性竞争关系，但就企业的一般经营行为而言，在无相反证据的情况下，可推定企业的实际经营业务与其所公示的经营范围基本一致。国祥公司的举证已初步证明双方之间经营业务相同，可能存在实质性竞争关系，邹某的查询行为可能对国祥公司的主营业务造成不良影响，其行为具有不正当目的之嫌。

最后，当公司一方已初步证明双方经营业务存在实质性竞争关系且公司利益可能受损时，应遵循举证责任转移规则，由主张知情权的股东承担反证义务，就其不具有不正当目的以及行使查阅权不会损害公司利益进一步举证，以自证清白。本案中，国祥公司在原审中提供了邹某具有不正当目的的表面证据，其已初步完成己方举证责任，邹某据此应承担反证义务。经过合议庭在再审庭审中释明，邹某在再审中就其行使查阅权的正当目的及其自营公司的经营情况提供了相关证据。法院经审查认为，一方面，邹某于 2010 年 3 月 29 日合法继承其丈夫许某在国祥公司的股权并成为股东之一，同时在公司任职监事，在国祥公司停业清算后担任清算组长，负责主持清算以及公司日常工作，故邹某作为股东及公司清算组组长，为了全面了解国祥公司真实的经营状况与财务状况而行使股东知情权，并无不正当目的；另一方面，邹某作为法定代表人的朗达公司与国富公司的《增值税纳税申报表》显示在 2014 年、2015 年、2016 年度中作为计税依据的各项销售额均为零，加之这两家公司的《企业信用信息公示报告》中"社保信息"一栏显示其在 2016 年、2017 年度缴纳各项保险金的职工数量为零，以上证据在客观上表明邹某自营的两家公司无正常营业，国祥公司就此未能进一步提供相反证据，也未能提供证据证明邹某自营的公司将要开展与国祥公司相同或同类业务，故国祥公司关于邹某自营公司与其存有同业竞争关系的主张并无事实依据。综上，法院认定邹某行使知情权的查询行为不存在不正当目的，其作为法定代表人的朗达公司、国富公司与国祥公司之间实际上不存在竞争关系，不会对国祥的主营业务造成不良影响，进而损害国祥公司的合法权益。

从法院的判决来看，对于"不正当目的"的判定是较为谨慎的，举证义务在公司一方，同时必须充分论证查阅会计账簿存在损害公司利益的现实可能性，即举证必须是充分的，否则无法得到法院支持。陕西省高级人民法院法官认为❶：对于目的的理解，应分为形式目的和实质目的，形式目的包含两个方面，一是股东提出书面申请、说明目的的行为；二是股东说明的目的从字面上理解不具有明显的不正当性。实质目的则旨在透过形式直接探寻股东行使知情权的真正目的和动机。《公司法解释（四）》规定的查阅会计账簿的不正当目的中的"目的"应属于实质目的，即可能泄露公司商业秘密、可能与公司存在恶意竞争等利用通过行使股东知情权获知的信息对公司利益造成损害的情形。

有鉴于此，被投企业在与投资方商定投资协议或者相关增资、股权转让协议时，应充分考虑可能存在的"查阅不正当性"，根据行业具体情况设置"查阅禁止条款"，以保护公司和其他股东的合法利益。

六、总结及建议

设置信息权条款是投资方了解被投资公司经营信息的重要途径，也是缓解双方信息不对等的关键方式。但是，《公司法》及《公司法解释（四）》对于股东知情权的规定较为宽泛，虽规定了可以查询、复制的决议文件及财务凭证，但对于前述文件可能涉及的具体内容则不在法定知情权的范围之内，且不同的企业之间的经营信息千差万别，只能由投资方与被投资公司通过协议约定知情权的范围。

对于投资方而言，应与被投资公司明确约定可以查询或复制的信息内容，例如约定将会计凭证作为查询的必备材料，将企业的对外投资信息纳入咨询范围。另外，还应根据投资的需要明确约定可以查阅的形式，约定中介机构辅助查询的方式及限度。此外，还可以约定被投资公司的主动披露义务及披露的内容、时点，以充分保障投资方的基本知情权利。

对于被投资公司而言，为防止投资方滥用信息权，首先，应与投资方协

---

❶ 张洁，吴强. 如何认定有限责任公司股东行使股东知情权具有不正当目的［M］//国家法官学院案例开发研究中心编. 中国法院 2018 年度案例. 北京：中国法制出版社，2018：6-7.

商确定信息权的查阅程序，如"投资方行使知情权，必须向被投资公司提出书面查阅请求，并在请求书上写明查阅事项及提交申请日期；被投资公司应于收到投资方书面查阅请求后十日内提供符合投资方要求的文件，如不能提供应书面说明理由"。其次，应设置禁止查阅条款。在查询禁止条款的商定过程中，应考虑到股东的查阅行为可能对公司利益造成的损害或危险，并结合行业情形从其各自公司与股东的经营范围、产品类型、销售渠道、价格体系、竞争关系、技术信息、市场区域等多个方面进行设计细化分析。

第七章

是零和博弈，还是互利共生

——业绩对赌条款

一、业绩对赌条款的定义

业绩对赌条款源于域外，又称估值调整条款，在投融资领域被广泛运用。其条款一般设计为，投资方和被投资公司或其实际控制人/大股东（下称"被投企业"）合意预设某一特定的商业业绩目标，若在特定期间届满时该业绩目标实现，则被投企业可以行使约定的估值调整条款项下的权利，如要求投资方让渡股权、增加投资额等，以弥补被投企业价值被低估的损失；反之，如该业绩目标未实现，则投资方可以行使约定的估值调整条款项下的权利，如要求被投企业进行业绩补偿、股权补偿等，以保证投资方资本退出，弥补被投企业价值被高估给投资方带来的损失。

二、业绩对赌条款的市占率分析

根据经纬创投于 2017 年发布的融资条款统计报告（数据来源：汉坤律师事务所），在作为统计样本的 217 个项目中，有 198 个项目没有对赌安排，占 91.24%；仅有 19 个项目有对赌安排，占 8.76%。由此可见，实践中被投企业对业绩对赌条款采取谨慎的态度，一方面，被投企业心态易因业绩承诺而发生变化，做出短视决策；另一方面，不可控的政策因素也增加实现承诺的风险。

Wind 数据显示，截至 2017 年年底，兑现的 761 条并购重组对赌协议中，有 251 条对赌协议并购标的未达到其业绩承诺，占比高达 32.90%，涉及上市公司 225 家，其中 28 家上市公司并购标的在 2017 年出现亏损。

三、业绩对赌制度创设的初衷

业绩对赌制度实则与"赌"无关，其创设的根源在于，投资合作双方对共同面临的被投企业盈利能力和发展前景的不确定性以及随之而来的商业风险所持的回避化解心理，其创设的初衷旨在防范风险、激励合作主体勤勉尽职，以实现投融资双方的互利共赢。❶

（一）商事效率的要求

投资方在进行投资决策时，难以把握被投企业的真实价值。首先，被投企业的真实价值不仅仅与企业的财务业绩如营业收入、净利润、现金流等有关，还与企业的非财务业绩如知识产权的取得情况、管理团队的经营能力、公司内部的人事制度、用户/客户对企业的依赖程度、技术研发程度等有关。选择不同的评估方法（如历史成本法、重置成本法、市场比较法、现金流量折现法等）会出现不同的偏差，更何况对无形资产的评估更是难以取得精确的结果。再者，投资方在进行尽职调查的时候，难免需要依靠被投企业提供的资料作为估值基础，在此种信息不对称的情况下，难保被投企业利用信息优势抬高其自身的价值以获得投资。

业绩承诺条款即通过对估值进行动态调整而达到商事效率目标，避免投资方与被投企业双方在投资时就被投企业的估值僵持不下而影响最终的投资决策。

（二）惩罚与激励机制

业绩对赌条款的存在，对于被投企业而言，有利于引导督促被投企业的经营管理者尽职尽责，从而最大程度地促进被投企业业绩的提升。对于投资方而言，若出现被投企业业绩大幅度下滑的情形，投资方有权要求被投企业兑现补偿其损失的承诺；若被投企业业绩提升的，投资方亦有权分享投资收益。因而业绩对赌条款很大程度上起到了类担保的功能，由此建立起的惩罚与激励机制，确保投融资双方实现最大程度的互利共赢。

所以，合理的业绩对赌条款能够起到惩罚与激励的作用，最终达到投资方与被投企业互利共生的效果；但是若盲目设定不合理的业绩对赌条款，最

---

❶ 王红卫. "对赌协议"法律效力的认定及股权回购责任的承担——对李某与 T 公司、刘某等人与公司有关纠纷案件的评析 [J]. 天津法学，2018，34（2）：96-101.

终只会将投资变成一场零和博弈。

四、业绩对赌条款的分类

（一）业绩对赌条款的对象分类

对赌协议的存在是民商事交易主体私法自治的体现，符合合同法提倡的缔约自由原则，是在法律框架范围内商事谈判的智慧结晶。因而对赌协议其本质与一般的投资协议并无不同，仅仅在协议内容上加入了估值调整机制，不存在对合同主体法定资质的限制。所以，对赌协议的主体并无限制，提供补偿的主体既可以是创始股东/实际控制人，也可以是被投企业，抑或是两者兼有。

1. 与被投企业创始股东/实际控制人进行对赌

与被投企业创始股东/实际控制人进行业绩对赌最为常见。因为正如上文所述被投企业的实际情况、真实价值难以准确评估，投资方往往依赖被投企业创始股东/实际控制人或经营管理层提供并保证的信息承诺。此类对赌的标的往往是创始股东/实际控制人所享有的被投企业全部/部分股权。如2006年，摩根士丹利、高盛集团、英联作为投资方与太子奶集团签订对赌协议，协议约定投资方以私募筹措资金7 300万美元购得太子奶集团约1/3股权，在投资方完成私募前三年，如果太子奶集团的业绩增长超过50%，则投资方所持股份可适当降低；若业绩增长率在30%以下，则太子奶集团的主要控制人李某将失去控股股东地位。

2. 与被投企业进行对赌

在国内对赌协议第一案中，苏州工业园区海富投资有限公司（下称"海富投资"）与甘肃世恒有色资源再利用有限公司（下称"甘肃世恒"）之间于2007年签订一份《增资协议书》，其中包含业绩对赌条款：如果甘肃世恒2008年实际净利润完不成3 000万元，海富公司有权要求甘肃世恒予以补偿，如果甘肃世恒未能履行补偿义务，海富公司有权要求迪亚公司履行补偿义务。本案就是与被投企业进行对赌的典型，至于与被投企业进行对赌的法律效力需要个案个议，不能一概而论。

3. 由被投企业及其创始股东/实际控制人共同进行对赌

由于在法律实务操作中，与被投企业进行对赌的法律效力认定存在不确定性，因此投资方可能采用与被投企业及其创始股东/实际控制人共同进行对赌。如某国际仲裁案❶，2011 年基金 A、自然人 B（以下合称"投资方"）与被投企业 C 及其唯一的股东 D 签订了《增资协议》，A 和 B 共同向被投企业 C 投资。被投企业 C 在 2011 年度的税后净利润不低于 1 000 万元人民币，2012 年度税后净利润不低于 1 500 万元人民币，2013 年度税后净利润不低于 2 000 万元人民币，若净利润低于上述标准，则 C、D 对 A、B 进行现金补偿。

（二）业绩对赌条款的筹码分类

根据对赌主体对对赌标的约定的不同，市场上常见的对赌协议有业绩对赌、上市对赌，其他类型的对赌如股价对赌、期货价格对赌等也在慢慢涌现。业绩对赌条款约定的业绩标准一般分为两类，一类是财务业绩，另一类是非财务业绩。

1. 财务业绩

财务业绩包括营业收入、实际扣非后净利润、现金流入标准以及业绩数据的确定方式等，一般情况下投资方为了追求利益最大化，多数会考虑以实际扣非后净利润作为其业绩对赌的筹码。如在某个投融资双方签订的《合作协议》中约定，双方以 2018 年度经过审计的净利润为基准进行对赌。对赌期间被投企业在未进行增资的前提下，若被投企业公司 2018 年经审计扣非后净利润大于或等于 2.5 亿元，则投资方对被投企业的持股比例从 30% 调整为 20%；若被投企业公司 2018 年经审计扣非后净利润小于 2.5 亿元，根据被投企业业绩实际完成情况调整投资方实际持有被投企业公司的股权比例。像此类业绩对赌条款便是以净利润为对赌筹码。但是在某些特殊的投资案例中，投资方可能基于特殊考虑采用其他对赌筹码，例如在某些上市公司收并购案例中，上市公司收购被投企业时主要考量的是通过并购被投企业增加上市公司的营业收入，因此有可能会考虑优先采用营业收入作为对赌筹码。

在财务业绩对赌时，需要注意设定合理的业绩增长幅度，也可通过设置重复博弈结构，降低对赌约定中的不确定性。在时间维度上，投资方可以设置连续三年的业绩对赌标准，确保被投企业的业绩持续增长；在业绩对赌的筹码上，投资方可以设置多种财务指标，若某一项财务指标未达标时，投资方可以选择行使业绩对赌项下的相关权利。

---

❶ 陈浮，张威. 最全面的对赌协议仲裁报告案例分析 ［EB/OL］. （2014-06-14）［2018-12-10］. http://www.investbank.com.cn/Information/Detail.aspx?id=49143.

值得注意的是，财务业绩对赌条款通常约定较为明确，被投企业财务造假的风险也相对较高，因此在财务业绩对赌的过程中投资方需要聘请专业的财务审计机构对被投企业进行审计核查，防范财务造假。如北京中公教育科技股份有限公司在 2015 年与亚夏汽车签订对赌协议，以中公教育未来三年扣非后归母公司净利润不低于 38.8 亿元为筹码，为增加销售及业务推广，中公教育于 2015 年至 2017 年在宣传广告中宣传数据被证实为虚报夸大，最终因广告虚假宣传而遭受了行政处罚。

2. 非财务业绩

非财务业绩对赌筹码又可以分为事件性对赌筹码及除财务指标外的其他公司经营指标作为对赌筹码。

（1）在股权投资中，投资方的主要目的是获取投资收益，而被投企业最终上市或者被并购是投资方利益最大化的途径，因此投资方与被投企业之间亦常将被投企业是否上市或者被并购作为事件性对赌筹码。例如约定标的公司在某年某月某日前未能正式提交上市申报材料，或某年某月某日前未能实现首次公开发行股票并上市，或某年某月某前未能够被上市公司收购且收购价格不低于××元的，投资方有权要求业绩对赌补偿。但结合投资方的退出机制，该类事件触发业务补偿的同时往往也会导致触发回购条款。

（2）KPI、特定产品的用户人数、产量、产品销售数量、技术研发、专利发明件数等标准以及确认方式等。一般来说，就公司经营指标的对赌筹码最好能有一定的弹性空间，否则公司会为达成经营指标做一些短视行为。所以公司可以要求在对赌协议中加入更多柔性条款，而多方面的非财务业绩标的可以让协议更加均衡可控，比如企业行为、管理层等多方面指标等。

（三）业绩对赌条款的补偿方式分类

一般而言，业绩对赌的补偿方式主要有两种，一种是现金补偿，另一种是股权/股份补偿。实践中亦存在其他补偿方式，如股权回购补偿、特殊权利补偿以及董事会席位补偿等个性化补偿方式。

1. 现金补偿

现金补偿的调整方式被投融资双方广泛采用。当被投企业未能完成约定的目标时，被投企业和/或其创始股东/实际控制人按照事先约定的计算标准向投资方支付一定金额的现金，通常其计算方式如下：

T1 年度补偿款金额=投资方投资总额×（1-公司 T1 年度实际净利润/公司 T1 年度承诺净利润）；

T2 年度补偿款金额=（投资方投资总额-投资方 T1 年度已实际获得的补偿款金额）×（1-公司 T2 年度实际净利润/公司 T2 年度承诺净利润）；[在没有约定公司 T2 年度承诺净利润的情况下，T2 年度承诺净利润=公司 T1 年度实际净利润×（1+公司承诺 T2 年度同比增长率）]

T3 年度补偿款金额=（投资方投资总额-投资方 T1 年度和 T2 年度已实际获得的补偿款金额合计数）×（1-公司 T3 年实际净利润/公司 T3 年度承诺净利润）。[在没有约定公司 T3 年度承诺净利润的情况下，T3 年度承诺净利润=公司 T2 年度实际净利润×（1+公司承诺 T3 年度同比增长率）]

2. 股权/股票补偿

除现金补偿外，股权/股票补偿也是一种常见的业绩对赌补偿方式。当被投企业未能完成约定的目标时，由被投企业创始股东/实际控制人按照事先约定的计算标准向投资方补偿一定的股权/股票。

与现金补偿不同的是，投资方选择股权/股票补偿的方式并不仅仅是为了弥补其投资亏损，也可能是要求被投企业创始股东/实际控制人通过补偿股权/股票的方式让渡自身的控股股东/实际控制人的地位。因此，在这种情况下，虽然投资方并不能够立刻获取现金收益弥补投资亏损，但是可以通过获取被投企业的控制权最终改变公司的经营策略从而实现扭亏为盈。

但是鉴于股权/股票补偿的方式存在着被投企业控制权让渡、实际控制人出局的风险，因此目前股权投资过程中对该条款的使用被投企业一般较为慎重，并且亦将严格计算股权/股票补偿对自身控股股东/实际控制人地位的影响。关于股权/股票补偿的示例如下：

各方一致同意并确认，若集团经审计的 2018 年营业收入、净利润或者现金流入低于创始股东在本条前款中向本轮投资方承诺的集团当年应实现的业绩目标，则本轮投资方有权选择要求创始股东对本轮投资方进行如下股权补偿（"补偿股权数"），创始股东保证履行补偿义务：

（1）如经审计的 2018 年实际营业收入低于承诺营业收入，补偿股权数为：

补偿股权数=（1-经审计的 2018 年实际营业收入÷承诺营业收入）×补偿前本轮投资方届时持有的公司股权数

（2）如经审计的 2018 年实际扣非后净利润低于承诺净利润，补偿股权数为：

若 2018 年度集团经审计的实际扣非后净利润（"X"）低于承诺净利润的（即 X<0 元的），则亏损每达到 150 万元，补偿股权数增加 0.5%，即 -150 万元≤X<0 元时，补偿股权数为公司 0.5% 的股权，-300 万元≤X<-150 万元时，补偿股权数为公司 1.0% 的股权，以此类推。

（3）如经审计的 2018 年实际现金流入低于承诺现金流入，补偿股权数为：

补偿股权数=（1-经审计的 2018 年实际现金流入÷现金流入）×补偿前本轮投资方届时持有的公司股权数

3. 股权回购补偿

该条款通常约定，当被投企业未能实现约定的指标时，被投企业/被投企业控股股东将以投资款加固定回报的价格回购投资方持有被投企业的股权。

如前所述，业绩对赌条款触发的结果为对被投企业估值的调整，标准的估值调整方式一般表现为现金补偿或股权/股份补偿，而股权回购补偿实质上是投资方退出的方式。股权投资中的业绩对赌条款与股权回购条款密不可分，在实践操作中两者亦有一定的竞合之处，例如被投企业的对赌业绩目标未能实现时，除现金补偿、股权补偿之外，甚至可能触发投资方有权要求被投资方/被投资方创始股东/实际控制人/指定第三方回购目标股权的情形。相应地，股权回购的触发情形中也包括业绩对赌等财务指标是否达标。

但业绩对赌条款与回购条款仍然有一定的区别：第一，触发情形不同。业绩对赌条款的对赌筹码更倾向于业绩承诺类型的财务指标，但是触发股权回购并不仅仅只有业绩承诺这一种情形，还包括关键员工离任、公司发生重大涉诉或处罚事件、股权结构发生重大变化、公司未能按约定时点实现上市或被收购等情形，在上述情况下均可能触发回购条款；第二，触发后果不同。业绩对赌条款触发后主要还是通过现金补偿、股权/股份补偿条款来保障投资方的权益，投资方并不会退出被投企业；但是如果是触发股权回购情形后，投资方将通过股权回购退出被投企业，不再参与该企业的任何经营管理及收益分配，这样的操作一旦完成是不可逆的。因此，在第十二章中我们将对"投资方最后的保护伞——回购权"进行讨论。

4. 特殊权利补偿

该条款通常约定，当被投企业未能实现约定的指标时，投资方在接下去的投资过程中将享有部分特殊股权，如针对某一类事项拥有一票否决权等特殊权利。

5. 其他补偿方式

投资方可以根据具体情况，辅以其他补偿方式，如针对董事会席位、公司治理结构、高管团队的提名与任命等个性化的补偿安排。

五、业绩对赌的条款表述

我们整理了多个股权融资项目的业绩对赌条款，现将较为常见的业绩对赌条款中现金补偿及股权/股票补偿的表述如下：

（一）业绩对赌现金补偿条款

1.1 实际控制人和标的公司共同承诺，公司应实现以下全部经营目标：

1.1.1 2015 年度合并财务报表税后净利润不低于 5 000 万元（以扣除非经常性损益前后孰低者为准，下同）；

1.1.2 2016 年度合并财务报表税后净利润不低于 7 500 万元（以扣除非经常性损益前后孰低者为准，下同）；

1.1.3 2015 年度合并报表税后净利润与 2016 年度合并报表税后净利润之和不低于 12 500 万元（以扣除非经常性损益前后孰低者为准，下同）。

1.2 各方同意，标的公司的实际经营情况按以下方式确认：

1.2.1 由具有证券从业资格的会计师事务所在 2016 年 4 月 1 日之前，对标的公司 2015 年度的经营财务状况进行审计，并向投资方和标的公司出具相应的审计报告；

1.2.2 由具有证券从业资格的会计师事务所在 2017 年 4 月 1 日之前，对标的公司 2016 年度的经营财务状况进行审计，并向投资方和标的公司出具相应的审计报告；

1.2.3 投资方对前述审计报告有疑义的，投资方有聘请新的会计师事务所的权利。由投资方聘请具有证券从业资格的会计师事务所对标的公司的经营状况进行审计，并将审计报告向标的公司全部股东提供；该审计报告将作为确认标的公司实际经营情况的最终依据。

1.3 若标的公司 2015 年度经审计的扣除非经常性损益后的净利润低于 4 500 万元（即 5 000 万元的 90%），则视为未完成经营指标，公司应以实际完成的经审计的扣除非经常性损益后的净利润数为基础，按照某倍市盈率重新调整公司初始投资估值，投资方有权选择：

1.3.1　要求现金补偿。调整后标的公司所有股东所持的股权比例保持不变，投资方有权要求实际控制人或标的公司应以现金方式退还投资方相应兑付的投资款。此时，标的公司估值（设为"A"）A＝实际完成净利润×某倍市盈率。实际控制人或标的公司需将投资方多投的投资款（设为"B"）退还投资方，B＝投资金额－A×（投资时投资方所占股权比例）。所退还的投资款由投资方按照各自持股比例进行分配。

1.3.2　若2015年度经审计的扣除非经常性损益后的净利润低于5 000万元的一半，即2 500万元，投资方除有上述选择权外，还有权选择要求实际控制人或标的公司回购投资方所持标的公司股权。回购价格不低于投资本金加每年10%的单利利息。

1.4　若标的公司2016年度经审计的扣除非经常性损益后的净利润低于6 750万元（即7 500万元的90%），则视为未完成经营指标，公司应以实际完成的经审计的扣除非经常性损益后的净利润数为基础，按照某倍市盈率重新调整公司初始投资估值，投资方有权选择：

1.4.1　要求现金补偿。调整后标的公司所有股东所持的股权比例保持不变，投资方有权要求实际控制人或标的公司应以现金方式退还投资方相应兑付的投资款。此时，标的公司估值（设为"A2"）A2＝实际完成净利润×某倍市盈率。实际控制人或标的公司需将投资方多投的投资款（设为"B2"）退还投资方，B2＝投资金额－A2×（投资时投资方所占股权比例）。所退还的投资款由投资方按照各自持股比例进行分配。

1.4.2　若2016年度经审计的扣除非经常性损益后的净利润低于7 500万元的一半，即3 750万元，投资方除有上述选择权外，还有权选择要求实际控制人或标的公司回购投资方所持标的公司股权。回购价格不低于投资本金加每年10%的单利利息。

（二）业绩对赌股权补偿条款

本次增资扩股完成后，各方共同为被投企业设定了_____年度的经营目标为：扣除非经常性损益的合并报表税后净利润人民币_____万元（经各方认可的审计机构审计）。被投企业有义务尽力实现和完成最佳的经营业绩，管理层股东有义务尽职管理公司，确保被投企业实现其经营目标。

（1）如果被投企业该年度扣除非经常性损益的合并报表税后净利润低于人民币_____万元（经各方认可的审计机构审计），则被投企业须以该年度经审计的实际税后利润为基础，按照摊薄后的_____倍市盈率重新调整本轮融资的"目前投资估值"，甲方可选择：

①调整后各方股东所占股权比例不变，但乙方须在审计结束后_____个月内退还本轮甲方相应多付的投资款。

②乙方向甲方无偿转让被投企业_____%股权。

（2）如果被投企业该年度扣除非经常性损益的合并报表税后净利润高于人民币_____万元但未超过人民币_____万元（经各方认可的审计机构审计），甲方同意向乙方无偿转让被投企业_____%股权，作为激励。

（3）如果被投企业该年度扣除非经常性损益的合并报表税后净利润高于人民币_____万元（经各方认可的审计机构审计），甲方同意向乙方无偿转让被投企业_____%股权，作为激励。

六、从司法判例看业绩对赌条款的实践效果及涉及的法律问题

（一）典型司法判例总结

1. 甘肃世恒案——最高人民法院（2012）民提字第 11 号

【裁判要点】

（1）甘肃世恒案主要争议焦点是双方约定的现金补偿条款是否有效，一审法院、二审法院、再审法院均以违反《公司法（2005 年修订）》第二十条，海富公司损害了世恒公司债权人的利益，判定世恒公司的股东海富公司和世恒公司之间的对赌协议无效。同时判定海富公司与迪亚公司之间的对赌协议有效，即股东与股东对赌有效。

（2）投资方与被投企业之间的对赌条款并非当然无效，此案中投资方与被投企业之间的对赌条款是基于相对固定收益+收益脱离经营业绩而被认定为无效条款；投资方对被投企业进行股权投资时，与被投企业之外的主体约定业绩补偿，即使具有保底性质，也因不损害公司及公司债权人的利益，不违反《公司法（2005 年修订）》第二十条的规定，而应认定为有效。

【基本案情】

2007 年，世恒公司（更名前为甘肃众星锌业有限公司）、海富公司、迪亚公司（世恒公司的原始股东）等人共同签订了一份《增资协议》。《增资协议》约定海富公司向世恒公司增资。2007 年 11 月海富公司向世恒公司转账人民币2 000万元，其中人民币114.771 7万元用于新增注册资本，占世恒公司

3.58%的股权，其余部分资金人民币1 885.228 3万元则用于转增为资本公积。

业绩对赌条款：如果甘肃世恒2008年实际净利润达不到3 000万元，海富公司有权要求甘肃世恒予以补偿，如果甘肃世恒未能履行补偿义务，海富公司有权要求迪亚公司履行补偿义务。补偿金额＝（1－2008年实际净利润/3 000万元）×本次投资金额。

股权回购条款：如果至2010年10月20日，由于甘肃世恒的原因造成无法完成上市，则海富公司有权在任一时刻要求迪亚公司回购届时海富公司持有之甘肃世恒的全部股权，迪亚公司应自收到海富公司书面通知之日起180日内按以下约定回购金额向海富公司一次性支付全部价款。若自2008年1月1日起，甘肃世恒的净资产年化收益率超过10%，则迪亚公司回购金额为海富公司所持甘肃世恒股份对应的所有者权益账面价值；若自2008年1月1日起，甘肃世恒的净资产年化收益率低于10%，则迪亚公司回购金额为［（海富公司的原始投资金额－补偿金额）×（1+10%×投资天数/360）］。

2008年世恒公司的净利润仅为人民币26 858.13元。由于双方未能就补偿达成一致意见，海富公司提起诉讼，请求世恒公司、迪亚公司等，按照《增资协议》向其补偿人民币1 998.209 5万元。

【法院观点】

该案件经一审、二审及最高人民法院再审，形成如下观点：

（1）海富公司要求世恒公司进行补偿的条款是无效的。世恒公司、海富公司、迪亚公司、陆某在《增资协议书》中约定，如果世恒公司实际净利润低于3 000万元，则海富公司有权从世恒公司处获得补偿，并约定了计算公式。这一约定使得海富公司的投资可以取得相对固定的收益，该收益脱离了世恒公司的经营业绩，损害了公司利益和公司债权人利益，一审法院、二审法院根据《公司法（2005年修订）》第二十条和《中外合资经营企业法（2001年修订）》第八条的规定认定《增资协议书》中的这部分条款无效是正确的。

（2）海富公司要求迪亚公司进行补偿的条款是有效的。在《增资协议书》中，迪亚公司对于海富公司的补偿承诺并不损害公司及公司债权人的利益，不违反法律法规的禁止性规定，是当事人的真实意思表示，是有效的。迪亚公司对海富公司承诺了世恒公司2008年的净利润目标，并约定了补偿金额的计算方法。在世恒公司2008年的利润未达到约定目标的情况下，迪亚公司应当依约应海富公司的请求对其进行补偿。迪亚公司对海富公司请求的补偿金额及计算方法没有提出异议，法院予以确认。

【案例评析】

在海富对赌案中，兰州市中级人民法院一审判决文书的理由是："海富公司与世恒公司对赌损害公司利益及公司债权人的利益，不符合2001年《中外合资经营企业法》第八条关于企业利润根据合营各方注册资本的比例进行分配的规定，也损害了公司利益及公司债权人的利益，也不符合《公司法（2005年修订）》第二十条第一款的规定，违反了《合同法》第五十二条（五）项规定的强制性效力规定，因此该对赌协议无效。"

二审法院认为就甘肃世恒2008年实际净利润达不到3 000万元，海富公司有权要求甘肃世恒及迪亚公司以一定方式予以补偿的约定，违反了投资领域风险共担的原则，使得海富公司作为投资方不论甘肃世恒经营业绩如何，均能取得约定收益而不承担任何风险。参照《最高人民法院〈关于审理联营合同纠纷案件若干问题的解答〉》中"企业法人、事业法人作为联营一方向，或者按期收取固定利润的，是明为联营体投资，但不参加共同经营，也不承担联营的风险责任，不论盈亏均按期收回本息联营，实为借贷，违反了有关金融法规，应当确认合同无效"之规定，应认定无效。

最高人民法院再审判决进一步说明：损害债权人的理由是，海富公司通过对赌条款可以取得相对固定的收益，而此种收益脱离了世恒公司的正常经营业绩，损害了公司利益和公司债权人利益，一审法院、二审法院根据《公司法（2005年修订）》第二十条和《中外合资经营企业法（2001年修正）》第八条的规定认定《增资协议书》中的这部分条款无效是正确的。但二审法院认定海富公司的投资名为联营实为借贷，并判决甘肃世恒和迪亚公司向海富公司返还该笔投资款，没有法律依据，予以纠正。但就为什么能适用《公司法（2005年修订）》第二十条，最高人民法院判决文书未细述理由，同时也未对《公司法（2005年修订）》第二十条规定的是否属于强制性效力规定展开论证。

2. 中国国际经济贸易仲裁委员会某仲裁案件

【裁判要点】

投资方与被投企业之间就入股价格约定本质上为双向价格调整机制的业绩对赌条款，被投企业承诺的业绩水平未脱离其实际经营情况的，业绩对赌条款有效。

【基本案情】

2011年年初，A公司对外私募融资，投资方与A公司经协商签订了《增资扩股协议》，以现金形式向 A 公司增资人民币 2 亿元，占其 4.4% 股权。其中 1 000 万元计入注册资本，其余 1.9 亿元计入资本公积。

按该增资协议中的价格调整条款（对赌条款）约定，A 公司承诺：如果 A 公司 2011 年经审计的税后净利润低于 3 亿元，A 公司愿以实际的税后净利润为基础，按"投资估值"中约定的投资市盈率 15 倍进行计算，给予投资方现金补偿，补偿金额 = 15×（2011 年经审计后净利润低于 3 亿元的部分）×投资方持有的 A 公司股份比例。同时投资方承诺：若 2011 年度经审计后净利润高于 3 亿元，投资方愿以实际税后净利润为基础，按"投资估值"中约定的投资市盈率的 15 倍进行计算，给予被投资方现金补偿。补偿金额 = 15×（2011 年经审计后净利润高于 3 亿元的部分）×投资方持有的 A 公司股份比例。全体股东和股东 B 对此协议均书面认可。

《增资扩股协议》签订后投资方按照约定注入资金完成增资任务，2012 年 8 月，投资方获知 A 公司 2011 年度经审计后净利润为 1.5 亿元（仅为承诺业绩的 50%），故依据对赌条款向 A 要求现金补偿 0.99 亿元［0.99 = 15×（3 − 1.5）×4.4%］。

由于 A 公司拒绝履行对赌条款约定，投资方向中国国际经济贸易仲裁委员会提出仲裁申请，请求 A 公司、股东 B（该公司实际控制人）依据《增资扩股协议》中的股权价格调整条款（对赌条款）支付补偿款 0.99 亿元。

【双方观点】

仲裁过程中，双方观点针锋相对。被申请人 A 公司认为：

（1）本案与世恒案情况相同，是投资方与公司之间的业绩对赌，最高人民法院已认定该类型对赌无效；

（2）对赌条款违反了合同法中的强制性规定，应认定为无效；

（3）对赌条款是对股东权利的滥用，将在客观上造成股东抽逃出资，是对公司独立财产的侵害；

（4）执行对赌条款将侵犯公司外部债权人的利益。

投资方的观点为：

（1）本案与最高人民法院判例存在本质差别，投资方与 A 公司约定的为双向对赌，且仅针对入资当年，故该补偿款与依据"保底条款"取得固定收益存在根本区别；

（2）《增资扩股协议》中关于价格调整机制的约定内容不违反合同法的任何一具体条款的约定，应认定为合法有效；

（3）A公司按照约定支付投资方现金补偿款是合同法关系，不涉及公司法范畴，不属于抽逃出资；

（4）客观上未涉及第三方债权人利益，且该类情况应为撤销权之诉而非合同无效之诉，但债权人的诉讼时效已过。

【仲裁结果】

中国国际经济贸易仲裁委员会经过长达一年多的审理，于2014年1月做出裁决，认定对赌协议有效，A公司应向投资方返还全部投资补偿款。

【案例评析】

本案与甘肃世恒案均是股东与公司进行业绩对赌，在第一个案例中最高人民法院认为股东与公司之间的对赌条款使得股东的投资可以取得相对固定的收益，该收益脱离了公司的经营业绩，损害了公司利益和公司债权人利益，因而对赌条款无效。那为什么在本案中国际经济贸易仲裁委员会认定对赌条款有效呢？笔者试从两案的差异入手进行分析。

表7-1　"甘肃世恒案"与本案的区别

不同点	甘肃世恒案	本案
双方约定对赌条款的目的	约束、激励老股东完成承诺业绩	双向价格调整机制（弥补缔约时留下来的待定事项，多退少补）
求偿款所对应资金的法律权属	属于被投企业的资产	属于投资方的资产（增资时预先多支出的，有权取回）
求偿权性质	投资损失赔偿	预（多）支款项返还
是否承担经营风险	不承担	承担（增资行为最终完成后的经营风险）
实际业绩利润	2万元	1.5亿元
客观上是否影响公司或债权人利益	影响	不影响

第一，基础事实不同。最高人民法院判决为单向对赌、交易价格确定、投资方不承担经营风险；而本案为双向对赌、价格存在或有事项、投资方承担经营风险。故两者之间存在本质性差别。

在本案中，双方一致商定以A公司未来业绩为基础计算投资估值，但由于A公司未来业绩在增资协议签订时点尚不确定，客观上造成了交易障碍。为达成交易，双方暂估公司未来业绩为3亿元，并按照约定的15倍市盈率计算出公司市值为45亿元，并预付投资款2亿元。此时A公司虽支付了款项，但此时该增资入股行为并未最终完成，尚有重大待调整事项。此后，待公司实际业绩发生后，双方才可能最终确定公司估值，并依据现金补偿约定（即业绩对赌条款）计算出实际应支付的增资款项，就差额部分多退少补，故本案补偿条款本质上属价格调整机制。

在财务处理上，本案与"甘肃世恒案"也有一定的区别，本案虽然在《增资扩股协议》中约定将1.9亿元出资款计入资本公积，但是协议中亦有"随未来业绩调整当期出资额"的表述。在本案中，《增资扩股协议》属于典型的远期合同，即以远期的企业实际利润估算公司市值并最终确定增资入股的价格，因此在验资环节，该1.9亿元并不应当计入资本公积，而应当根据《企业会计准则》第22条计入"金融工具"或"衍生金融工具"科目。由此来看，投资方要求被投企业返还的投资补偿款在会计处理上并不应当认定为公司资产范围，而应当认定为投资方预付至被投企业的、权益上仍然属于投资方的可返还财产。

第二，目标企业实际盈利的差异。本案A公司2011年度净利润虽未达到约定的3亿元，但也将近1.5亿元，与承诺的业绩水平相差1/2，考虑到整体经济环境因素的影响，企业盈利水平较为良好。而甘肃世恒公司承诺的业绩水平为净利润3 000万元，但其实际盈利仅为26 858.13元，实际业绩与承诺的业绩相差1 100余倍，承诺业绩显然严重脱离了企业的实际经营情况。

第三，本案客观上未侵犯公司和任何其他债权人利益。目标企业履行补偿义务的后果不同。本案A公司2011年度的净利润为近1.5亿元，按照约定标准需要支付投资方的补偿款为0.99亿元，A公司履行完补偿义务后仍然有0.51亿元的净利润，更不可能动摇公司的注册资本，不会损害公司及其他债权人的利益。甘肃世恒公司当年的净利润仅为2.6万余元，而其根据约定需要支付海富公司的补偿款为3 000万元，若甘肃世恒公司实际履行补偿义务，必然导致公司注册资本减少，损害公司及债权人利益。

因此，最高人民法院不否认对赌条款的效力，只是在考虑到世恒公司的实际营业业绩的基础上做出合同无效的判决。本案不属于固定收益的约定，且未侵害公司和债权人的利益。

3. 共青城招银叁号投资合伙企业与杨某、北京乾坤翰林文化传播有限公司合同纠纷案件——江西省高级人民法院

【裁判要点】

在被投企业及其控股股东/实际控制人不配合提交被投企业财务真实状

况，同时拒绝启动业绩对赌相关程序的情况下，投资方可以要求按照业绩对赌的约定来调整其持有的被投企业股权比例；同时，若双方协议中约定了股权回购条款的，投资方亦可以要求控股股东/实际控制人履行股权回购义务，实现投资退出。本案阐明了业绩对赌中股权补偿条款与股权回购条款之间的关系。

【基本案情】

2015年4月2日，招银叁号与杨某、翰林公司共同签订《合作协议》，约定招银叁号以中航信托·天启719号翰林并购基金集合资金信托计划（下称"信托计划"）募集资金中的3 000万元受让杨某持有的翰林公司30%股权，以信托计划募集资金中的6.7亿元以借款形式提供给杨某按约定目的使用。杨某以借款中的部分金额受让合金股份5 260万股股票，在上述股票交割完成后，杨某再将其持有的合金股份5 260万股股票质押给招银叁号，协议还约定了"业绩对赌"和"股权回购安排"条款，根据翰林公司的2015年净利润情况调整招银叁号实际持有翰林公司的股权比例，若2016年9月30日翰林公司仍未通过证监会等部门同意其IPO或将其资产注入上市公司的批复，届时杨某将以其持有的现金、实物、有价证券等作为对价回购招银叁号持有的翰林公司的全部股权。

《备忘录》第5条业绩对赌中约定，招银叁号与杨某以翰林公司2015年度审计的净利润为基准进行对赌，待翰林公司2015年审计报告出具后，若2015年净利润大于或等于3.5亿元，招银叁号将实际持有翰林公司的股权比例调整为20%，即招银叁号以1 000万元为对价向杨某转让10%的翰林公司股权；若2015年净利润小于3.5亿元，根据翰林公司业绩实际完成情况调整招银叁号的实际持有翰林公司股权比例。杨某同意在业绩对赌条件成立后，配合办理相应的股权转让手续。

上述协议及《备忘录》签订后，招银叁号依据交易安排，如约向杨某支付了所有对价，以3 000万元股权转让款受让了杨某持有的翰林公司30%股权，并支付了6.7亿元借款，针对其中4.7亿元借款，招银叁号与杨某签订《股票质押合同》，杨某将其持有的合金股份5 260万股股票质押给了招银叁号作为借款担保，并办理了质押登记手续。但翰林公司及其实际控制人杨某却一直未能履行《备忘录》交易安排中其应尽的义务，杨某未对翰林公司完成10 000万元注册资本的出资义务，杨某和翰林公司也未完成其承诺的通过业绩对赌，以调整杨某对翰林公司的持股比例，甚至于在招银叁号通过受让杨某持有的翰林公司 30% 股权成为其股东后，多次要求了解翰林公司的相关情况，均被予以拒绝，至今亦无法了解翰林公司的相关财务状况。由此，在杨某和翰林公司一直不予主动履行其合同义务、不履行出资义务、不提供翰林公司财务状况信息、不启动业绩对赌相关程序的情况下，招银叁号已经难以通过实现《备忘录》中业绩对赌的约定来调整其持有翰林公司的股权比例，更无法按期实现《备忘录》所述整个交易中关于将翰林公司的资产注入合金股份，以期翰林公司成功上市获得投资收益的最终目的。

【法院观点】

从整个合作合同约定及相关条款内容看双方签约当时的真实意思表示，确认回购条款是否触发。本案《合作协议》对于合作整体安排、业绩对赌及股权回购作了约定，但之后的《备忘录》明确此前内容与备忘录不一致的，应以备忘录约定为准，故本案股权回购条款应以备忘录 6.1 条为准："各方同意，若翰林公司于 2016 年 9 月 30 日仍未取得政府部门等有权机关、机构（包括但不限于证监会）同意将其资产注入合金股份的批复，2016 年 10 月 8 日起，杨某以其持有的合金股份 5 260 万股股票作为对价回购招银叁号持有的乾坤翰林全部股权，各方须无条件配合上述回购安排。否则，不配合上述回购安排的一方为违约方，违约方应每迟延一日按照 7 亿元的 0.05% 向守约方支付逾期履行违约金直至回购安排完成。"从该条款字面意思理解，回购条款是一个特定情况出现时各方必须执行的预案。

从整个备忘录内容来看，前面的价款支付、资金共管等约定是如何"进入"，后面的业绩对赌、回购安排则是如何"退出"。而退出约定本身并未明确必须是以某一方的违约或责任而触发这个前提，属于到期无条件退出的约定，因为在借壳上市的实际操作过程中，还存在诸多不能归责于某一方原因导致借壳上市不能成功，如优质资产与壳资源不匹配、并购方案未被股东大会通过以及不确定的政策性因素等。在双方合作不畅，被告方不提交翰林公司财务真实状况、不启动业绩对赌相关程序的情况下，原告已经难以通过实现《备忘录》中业绩对赌的约定来调整其持有被告翰林公司的股权比例，更无法按期实现《备忘录》所述整个交易中关于将被告翰林公司的资产注入合金股份，以期被告翰林公司成功上市获得投资收益的最终目的。故原告根据本案协议约定，要求行使股权回购，有事实及法律依据，应予支持。

【判决结果】

判决：被告杨某于本判决生效之日起三十日内向原告共青城招银叁号投

资合伙企业（有限合伙）转让其持有的沈阳合金投资股份有限公司5 260万股股票，用以回购原告共青城招银叁号投资合伙企业（有限合伙）持有的北京乾坤翰林文化传播有限公司30%的股权。

【案例评析】

根据我们对案例的检索与实务操作经验，不难发现业绩对赌中的股权补偿条款能够得到司法实践的认可，同时业绩对赌条款与股权回购条款总是密不可分的。从投资方的角度来看，设定业绩对赌条款主要是为了弥补被投企业业绩不达标时投资方面临的损失，但是除去业绩标准之外，若被投企业发生重大不利变化或者对投资方的资金退出造成实质性障碍的（例如本案中借壳上市目的无法实现），投资方更多的是需要考虑自身退出的问题，此时就需要要求控股股东/实际控制人进行股权回购。

在本案中，我们发现，对于业绩对赌中的股权补偿条款实际上有赖于控股股东/实际控制人的配合，同时要求我们在协议中对于股权补偿的实施步骤及违约操作时的违约责任能够进行明确约定，确保操作性；同时本案也启发我们，股权补偿条款与股权回购条款是密不可分的，一旦股权补偿条款无法得到落实的，投资方亦可以行使要求控股股东/实际控制人股权回购的权利。

(二) 从司法判例典型争议剖析业绩对赌条款的价值导向

1. 由被投企业进行现金补偿的条款效力

若被投企业超额完成约定目标的，则由投资方支付一定金额给被投企业或其控股股东/实际控制人，但鉴于在前期投资磋商过程中，投资方作为资金方较为强势，一般比较难以接受被投企业超额完成约定目标时的业绩补偿条款，投资方更倾向于将被投企业业绩超额完成视为其投资的超额回报。

由被投企业进行现金补偿的条款效力存有一定的争议。一方面，按照公司法的一般规定，股东作为公司的出资人，享有与其持股比例相应的分红权，若由被投企业直接向投资方提供过高的现金补偿可能会侵害被投企业其他股东或债权人的利益，因此存在着被法院认定为无效的风险。

2019年8月7日最高人民法院发布了《全国法院民商事审判工作会议纪要（最高人民法院民二庭向社会公开征求意见稿）》，其中就"对赌协议"的效力处理规则梳理如下：根据《公司法》第一百六十六条第四款的规定，公司只有在弥补亏损和提取公积金后仍有利润的情况下才能进行分配。投资方请求被投企业承担现金补偿义务的，由于投资方已经是被投企业的股东，如无其他法律关系如借款，只能请求公司分配利润。因此，人民法院应当查明被投企业是否有可以分配的利润。只有在被投企业有可以分配的利润的情况下，投资方的诉讼请求才能得到全部或者部分支持。否则，对投资方请求被投企业向其承担现金补偿义务的，不应予以支持。

另一方面，对赌协议存在被法院认定为"名股实债"的可能。根据《证券期货经营机构私募资产管理计划备案管理规范第 4 号–私募资产管理计划投资房地产开发企业、项目》规定，名股实债，是指投资回报不与被投企业的经营业绩挂钩，不是根据企业的投资收益或亏损进行分配，而是向投资方提供保本保收益承诺，根据约定定期向投资方支付固定收益，并在满足特定条件后由被投企业赎回股权或者偿还本息的投资方式，常见形式包括回购、第三方收购、对赌、定期分红等。现有判例中，根据协议的表述，包括最高人民法院在内的大部分法院认可"名股实债"协议的法律效力，认定协议双方属于债权债务关系。在这种情况下，如果对赌条款设置过高的现金补偿，根据《最高人民法院关于审理民间借贷案件适用法律若干问题的规定》的规定"借贷双方约定的利率超过年利率 36%，超过部分的利息约定无效"，存在业绩对赌条款被认定部分无效的风险。

区别股权投资中的业绩对赌与"名股实债"的关键在于区分投资方对被投企业的投资属于真实的投资行为还是属于披着股权投资外衣的融资行为，而这两者间的分野在于投资方获得的投资回报是否与被投企业的经营业绩挂钩。常见的名股实债项目基于其融资属性，现金补偿的时间点较为固定，且向投资方支付的现金补偿条款具备了固定收益的属性，与被投企业的真实经营业绩情况并无关联，甚至可能在设置业绩对赌标准时完全采用无法实现的业绩标准来当然触发现金补偿条款。

2. 对赌法律适用的衔接转换

对于业绩对赌条款，一方面其系平等民事主体之间签订的合同条款，属于《合同法》调整对象；另一方面其义务的履行又将对标的公司的股权结构、生产经营产生重大影响，涉及公司内部财产关系，属于《公司法》调整对象。

《合同法》强调的是合同主体之间的意思自治，鉴于融资过程中信息的极度不对称由此导致投资方和被投企业之间代理成本高昂，为确保投资安全、降低交易成本、减弱投资风险，投资方不得不通过投资契约条款设计，在《公司法》规则之外对被投企业的经济收益和其他投资事宜进行重新组合，打破《公司法》给予的将经济收益分配与持股比例等额分配的既定规则，从而给予被投企业管理者充分的激励和控制。以《合同法》规范审视业绩对赌条款，若业绩对赌条款系合同当事人之间真实意思表示，且不违反法律或者社会公共利益，对赌协议有效。

《公司法》强调的是公司治理与内外权利人的衡平保护。股东与公司签订补偿协议实际是将出资收回，《公司法》下应通过减资程序进行，否则违背资本充实原则，当然也损害公司利益，进而损害公司债权人利益。以《公司法》规范审视业绩对赌条款，业绩对赌条款可能因损害公司利益和公司债权人利益而无效。

业绩对赌条款受《合同法》规范与《公司法》规范的双重调整，单独以任一法律规范审视业绩对赌条款的效力，都不能准确评价业绩对赌条款。对业绩对赌条款进行法律评价时，首先关注的是各方主体的意思表示是否真实，其次关注的才是公司治理的合理性与外部债权人的保护。换言之，投资方对被投企业进行股权投资时：若投资方与被投企业之外的主体约定业绩补偿，即使具有保底性质，也因不损害公司及公司债权人的利益，不违反《公司法》第二十条的规定，而应认定为有效。若投资方与被投企业之间的对赌安排，并不损害公司利益和公司债权人利益的，并非一定无效；若投资方与被投企业约定可以从被投企业取得相对固定的收益且该收益脱离被投企业的经营业绩的，应认定为无效。

投资方进行股权投资时，应充分意识到股权投资的风险，如果通过设置业绩对赌条款允许投资方取得固定收益而不担风险，就会脱离被投企业的经营业绩，从而损害公司利益和公司债权人利益。然则，"投资必担风险"作为股权投资的本性，属于《公司法》的基本观念或原则，其在规范属性上自属强制性之列，若违反该基本观念或原则，法院亦有可能认定合同条款约定违反《合同法》第五十二条，最终认定该条款无效。

3. 风险共担的内涵变迁

在"甘肃世恒案"中，二审法院依据司法解释判定案中投融资双方因签订保底条款属于"明为联营，实为借贷"的情形。《最高人民法院关于审理联营合同纠纷案件若干问题的解答》（下称《联营合同纠纷解释》）第四条对联营企业中的保底条款进行了规定。从《联营合同纠纷解释》中的保底条款要件构成角度来看，保底条款的四个要件为投资方"参与共同经营""只分享盈利""不承担亏损""联营体经营亏损时投资方仍收回投资本金和固定收益"。业绩对赌条款是否符合"参与共同经营"看似存疑。根据《联营合同纠纷解释》定义保底条款之精神来看，既然联营体的投资方只分享盈利，不承担亏损，无论联营体的经营状况均收取投资回报，那么《联营合同纠纷解释》中的"参与共同经营"的表述应当理解为投资方仅在形式上为联营体的一方而具有"参与共同经营"的表象，严格来说"参与共同经营"并非保底条款的构成要件。那么业绩对赌条款如果符合"只分享盈利""不承担亏损""联营体经营亏损时投资方仍收回投资本金和固定收益"三个构成要件，按照该《联营合同纠纷解释》，业绩对赌条款属于"明为联营，实为借贷"的情形，应确认为无效。

但需要注意的是，《联营合同纠纷解释》颁布于1990年，当时我国正处于计划经济到市场经济的转变时期，市场观念还未树立，"风险共担"的理念在当时的商事交易中被普遍理解为具有公平原则的要件。而当下的中国民商法理论与彼时的中国民商法理论相比，已发生巨大的变化。自1999年《合同法》出台至今，合同自由原则、鼓励交易原则已深入人心，《合同法》的司法解释更是明确缩小了合同无效的范围，将《合同法》第五十二条中的"违反法律行政法规强制性规定"无效的情形中的"强制性规定"解释为"违反法律行政法规强制规范中的效力性规范"，对违反管理性规范的不再认定为无效。其后出台的关于民间借贷的司法解释，对于民间借贷，规定不超过年息24%均为有效（非法集资的除外），对于企业之间的拆借资金也不再"一刀切"地认为无效，而是区分是否以拆借为常业，对于非法集资、贷款转借等认定为无效，而对于为生产经营目的拆借资金不再以无效认定。"明为联营、实为借贷"所包含的"禁止企业相互借贷"的命题已经不能成立。由于我国民商法理论随着市场经济不断成熟而嬗变，虽然联营合同司法解释至今仍然处理有效的状态，但依法律适用之规则，对于联营合同司法解释中关于保底条款无效的规定，在目前的实践中存在相当的解释空间，"风险共担"的内涵亦在悄然变化。换言之，"明为联营，实为借贷"本质上属于债权投资，并不适用"风险共担"原则，"风险共担"原则上是股权投资中的概念。但无论对赌协议属于何种性质，判断对赌协议是否有效的关注点仍然是有无损害公司利益和公司债权人利益。

七、总结及建议

（一）投资方角度

1. 业绩对赌条款的签署对象

我们建议，业绩对赌条款应由投资方与被投企业创始股东（或者部分情况下与被投企业的管理者）签署，为了最大化保障投资方的利益，投资方亦可以选择由被投企业及被投企业的创始股东/实际控制人共同适用业绩对赌条款，但尽量不要将被投企业单独作为业绩对赌条款项下的义务承担主体。如投资协议中由创始股东对公司的业绩、利润等进行承诺，并明确约定未达到相关业绩指标时的股东的现金补偿或股权调整等义务，这属于平等民事主体之间的法律关系，在不违反《合同法》第五十二条的前提下，无论是现金补偿还是股权/股份补偿并不会导致该条款无效。尽管股东之间的业绩对赌也可能因会造成被投企业股权结构不稳定而受到证券监督管理部门的重点关注，但相关法律、法规并没有明确禁止股东之间的对赌，实践中也存在公司完成对赌后继续 IPO 的成功案例。

如由被投企业承担补偿义务，如前文所述，投资方与被投企业之间签署的业绩对赌条款并非必然无效，需要具体情况具体分析：对于股权/股份补偿类型的业绩对赌，因触发时需要对控股股东/实际控制人向投资方以约定的价格转让股权，因此投资方与被投企业之间无法直接签署股权/股份补偿类型的业绩对赌条款；而对于现金补偿类型的业绩对赌条款，要求被投企业承担一定业绩条件下的补偿义务，否则可能会被认定为"名为投资、实为借贷"进而否定投资方的股东权利，最终无法实现投资目的；也有可能因为该条款设定被认定为取得固定收益，且与经营业绩不挂钩而被认定为无效。

因此借鉴中国国际经济贸易仲裁委员会的仲裁判决，我们建议在与被投企业进行业绩对赌时，投资方可以在投资协议中将被投企业支付的业绩补偿款项界定为对投资款项的调整，后续若被投企业无法达到业绩对赌标准，投资方与被投企业可以对投资款项金额进行调整，并由被投企业就差额部分向投资方进行退还，在会计处理上，将被投企业前期收到的投资款项并不完全计入资本公积或实收资本，而是计入金融工具或衍生金融工具，在被投企业退还差额部分时也就不属于抽逃公司出资，并不会损害债权人利益。但是这种操作模式仅适用于投资方通过增资扩股投资于被投企业，并不适用于投资方通过老股转让方式投资于被投企业。

2. 章程中利润分配的特别约定

根据《公司法》第三十五条和第一百六十七条的规定，无论是有限公司还是股份公司，均可以在章程中对利润分配方式进行约定，并未强制要求按出资额或持股比例分配利润（如上所述，中外合资企业除外，其需根据各方在注册资本的比例分配利润）。因此投资方可以依据该授权性规定在章程中约定有利的利润分配条款，如投资方享有大于其出资额或持股比例利润分配的权利，这种约定并不违反风险共担的基本原则。

3. 业绩对赌条款的操作性

鉴于现金补偿类型的业绩对赌，在触发业绩对赌事件时仅需要被投企业和/或被投企业创始股东/实际控制人向投资方提供现金补足，在协议文本中较易规定。

但是对于股权/股份补偿类型的业绩对赌，有赖于创始股东/实际控制人的配合，同时要求我们在协议中对于股权补偿的实施步骤及违约操作时的违约责任能够进行明确约定，确保可操作性，同时建议不要将股权/股份补偿作为唯一的补偿方式；此外，股权补偿条款与股权回购条款是密不可分的，一旦股权补偿条款无法得到落实，建议在合同中设定投资方亦可以行使要求创始股东/实际控制人股权回购的权利。

4. 对业绩对赌义务的履行设定担保或提供债务加入

目前司法实践中已逐渐接受由被投企业为业绩补偿方的业绩补偿价款支付义务提供连带责任保证或债务加入，但是采用这种方式时，应当在投资前，要求被投企业的有权决议机关根据公司章程或章程修正案出具符合要求的决议文件，同意被投企业为业绩补偿价款支付义务提供担保或债务加入，因涉及创始股东/实际控制人，建议要严格履行回避表决的制度性要求；另外，投资方应当对向被投企业提供的投资资金的使用进行严格监控，确保该投资资金用于被投企业的日常经营，不被挪作他用。

5. 关注对创始股东/实际控制人的尽职调查

就我们经办的案例来看，在投资方通过诉讼或仲裁方式要求创始股东/实际控制人履行现金补偿义务时，常常面临着无法提供创始股东/实际控制人的财产线索而难以办理财产保全的问题。归根到底在于投资方对被投企业进行尽调时主要还是关注被投企业本身的业务情况、财务状况、人员架构等要素，但是对创始股东/实际控制人的尽调详细程度均不尽如人意。在此我们提醒各专业投资机构关注对创始股股东/实际控制人的尽职调查，在尽职调查过程中尽量要求创始股东/实际控制人提供银行账户清单及财产明细（包括但不限于房产、车辆等固定资产、股票、专利、著作权等信息）。

6. 业绩对赌条款适用的顺位约定

在私募股权投资过程中，因被投企业可能进行多轮融资，投资方投资轮次也存在区别，因此我们建议投资方应当根据自身投资轮次设立业绩对赌条款。例如，若投资方在投资轮次上晚于其他投资方的，我们建议在投资协议业绩对赌条款中进行如下设定：如果创始股东及/或公司（依适用条款）的资金不足以一次性支付全部业绩补偿价款的，则创始股东及/或公司（依适用条款）的资金应按照下述顺位分配。

（a）创始股东及/或公司的资金应首先用于支付本轮投资方业绩补偿价款。如创始股东及/或公司（依适用条款）的资金不足以支付全部本轮投资方业绩补偿价款，则该等资金应按本轮投资方的相对比例进行分配；

（b）如本轮投资方业绩补偿价款全部支付完毕后，创始股东及/或公司（依适用条款）仍有剩余资金的，则该等剩余资金应用于支付前轮投资方业绩补偿价款。

（二）被投企业及创始股东角度

（1）被投企业要充分考虑到企业发展的速度、市场变化、竞争对手的成长、新技术新产品替代等风险，谨慎预测公司的业绩增长，冷静对待投资方提出的业绩预期，对无法达到的业绩要求要明确予以拒绝，慎重签署对赌条款。只有设定合理的业绩对赌标准，才能够通过业绩对赌的条款促进被投企业的良性发展，否则盲目的业绩对赌标准最终只会拖垮企业。

（2）被投企业需要聘请专业机构认真审查对赌条款的含义、触发条件、计算公式的合理性、调整方式的合规性等，需要充分预估触发对赌条款时会面临的现金补偿、股权调整等具体情况，明确可能丧失公司控股权等潜在风险。同时，为了最大化保障创始股东/实际控制人的权益，防止创始股东/实际控制人因承担业绩对赌项下的补偿义务而对其自身的日常生活产生重大影响，我们建议在投资协议业绩对赌条款中进行如下设定："创始股东在本协议项下之业绩对赌条款项下补偿义务以其在公司直接或间接持有的届时股权价值为上限。"

（3）被投企业在与投资方的商务谈判中，可以要求将业绩对赌尽量设定为双向对赌，这样更符合对赌的本质与内涵，也不会导致双方的合作被认定为脱离公司经营以外的固定收益类型的融资行为，最终使股权投资回归本源。

第八章

让投资方"先走"

——优先分红权

一、优先分红权的定义

优先分红权是指在公司宣告分派股息时，享有优先权的股东有权相较于其他股东优先取得约定比例股息的一种权利。通过以股息形式收回投资获得红利回报的方式，优先分红权能够保证投资方优先获得投资收益。

通过优先分红的方法让投资方先于企业创始人及其团队拿到早期分红，在一定程度上可以释放投资方的投资风险。这一条款有两个方向的理解，正向理解是降低投资风险，反向理解则是防止原有股东不合理的套现行为。

二、关于优先分红权的法律规定

（一）关于利润分配的程序

《公司法》第三十七条规定："股东会行使下列职权：……（六）审议批准公司的利润分配方案和弥补亏损方案……"

《公司法》第四十六条规定："董事会对股东会负责，行使下列职权：……（五）制订公司的利润分配方案和弥补亏损方案……"

根据上述规定，公司的利润分配方案由公司董事会制订，再由公司股东会审议批准。若公司章程对公司的利润分配事项或股东的优先分红权另行做出约定的，适用公司章程的约定。

（二）关于利润分配的比例及顺序

《公司法》第三十四条规定："股东按照实缴的出资比例分取红利；公司新增资本时，股东有权优先按照实缴的出资比例认缴出资。但是，全体股东约定不按照出资比例分取红利或者不按照出资比例优先认缴出资的除外。"

《公司法》第一百六十六条规定："公司分配当年税后利润时，应当提取利润的百分之十列入公司法定公积金。公司法定公积金累计额为公司注册资本的百分之五十以上的，可以不再提取。公司的法定公积金不足以弥补以前年度亏损的，在依照前款规定提取法定公积金之前，应当先用当年利润弥补亏损。公司从税后利润中提取法定公积金后，经股东会或者股东大会决议，还可以从税后利润中提取任意公积金。公司弥补亏损和提取公积金后所余税后利润，有限责任公司依照本法第三十四条的规定分配；股份有限公司按照股东持有的股份比例分配，但股份有限公司章程规定不按持股比例分配的除外。股东会、股东大会或者董事会违反前款规定，在公司弥补亏损和提取法定公积金之前向股东分配利润的，股东必须将违反规定分配的利润退还公司。公司持有的本公司股份不得分配利润。"

根据上述规定，公司弥补亏损和提取公积金后所余税后利润，在股东之间进行分配。有限责任公司股东按照实缴的出资比例分取红利，但全体股东约定不按照出资比例分取红利的除外；股份有限公司股东按照持有的股份比例分配，但股份有限公司章程规定不按持股比例分配的除外。

（三）关于外商投资企业利润分配的特别规定

《中外合资经营企业法》第四条第三款规定："合营各方按注册资本比例分享利润和分担风险及亏损。"

《中外合资经营企业法》第八条第一款规定："合营企业获得的毛利润，按中华人民共和国税法规定缴纳合营企业所得税后，扣除合营企业章程规定的储备基金、职工奖励及福利基金、企业发展基金，净利润根据合营各方注册资本的比例进行分配。"

《中外合作经营企业法》第二十一条第一款规定："中外合作者依照合作企业合同的约定，分配收益或者产品，承担风险和亏损。"

《中外合作经营企业法实施细则》第四十三条第一款规定："中外合作者可以采用分配利润、分配产品或者合作各方共同商定的其他方式分配收益。"

根据上述规定，中外合资经营企业的合营各方按注册资本比例分享利润和分担风险及亏损，净利润根据合营各方注册资本的比例进行分配；中外合作经营企业依照合作企业合同的约定，分配收益或者产品，承担风险和亏损。

（四）关于利润分配的法律救济

《公司法》第二十二条第一款及第二款规定："公司股东会或者股东大会、董事会的决议内容违反法律、行政法规的无效。股东会或者股东大会、董事会的会议召集程序、表决方式违反法律、行政法规或者公司章程，或者决议内容违反公司章程的，股东可以自决议作出之日起六十日内，请求人民法院撤销。"

《公司法》第七十四条规定："有下列情形之一的，对股东会该项决议投反对票的股东可以请求公司按照合理的价格收购其股权：（一）公司连续五年不向股东分配利润，而公司该五年连续盈利，并且符合本法规定的分配利润条件的……"

《公司法解释四》第十四条规定："股东提交载明具体分配方案的股东会或者股东大会的有效决议，请求公司分配利润，公司拒绝分配利润且其关于无法执行决议的抗辩理由不成立的，人民法院应当判决公司按照决议载明的具体分配方案向股东分配利润。"

《公司法解释四》第十五条规定："股东未提交载明具体分配方案的股东会或者股东大会决议，请求公司分配利润的，人民法院应当驳回其诉讼请求，但违反法律规定滥用股东权利导致公司不分配利润，给其他股东造成损失的除外。"

关于利润分配的法律救济的有关问题，详见本章"五、从司法判例看优先分红权的实践效果及涉及的法律问题"部分的论述。

三、优先分红条款的合法性探析

对于利润分配比例，根据我国《公司法》第三十四条及第一百六十六条，有限责任公司股东按实缴出资比例分配，股份有限公司股东按照持有股份比例分配，但无论是有限责任公司还是股份有限公司都可以通过公司章程、全体股东约定另行规定利润分配比例。

而对于利润分配顺序，我国《公司法》对此没有进行规定。《公司法》是否允许公司就利润分配顺序进行另行约定呢？持否定观点的学者认为，《公司法》未对利润分配顺序做出规定，优先分红条款另行约定利润分配顺序违背公司法的立法本意。❶另外有学者认为，另行约定利润分配比例和利润分配顺序都属于对公司股权平等的背离。❷从法理角度观察，该等规定系符合各股东之间通过协商、决定，处分自己合法权益的结果，且公司利润的内部分配顺序调整不影响外部公司债权人的利益，法律允许公司各股东之间的意思自治，符合私法的一般理念与实践规则。因此，我们倾向于认为在公司章程设置优先分红条款符合我国公司法律规范的规定。

实践中，在投资协议中约定优先分红条款的情形较为常见，如投资协议的约定系当事人真实意思表示，无其他违反法律法规导致协议效力瑕疵的情形，人民法院一般认定优先分红条款有效。

如上海中盈投资管理有限公司与南京泰锐斯通信科技有限公司、南京毅澄投资管理有限公司等合同纠纷案［（2015）苏中商终字第01848号］中，中盈公司（甲方）、南京泰锐斯（乙方）、毅澄公司（丙方）签订出资协议，约定三方拟共同设立江苏泰锐斯（项目公司、公司），协议第四条"优先分红权"约定：项目公司成立五年内，优先向甲方分红，在向甲方的分红（完税后）累计达到其实际出资额的1.5倍（即，如实际资金到位1 000万元，则1 000万元×1.5＝1 500万元）后，优先分红权终止，在甲方享有优先分红权期间，乙方、丙方及其他股东不得参与分红，甲方优先分红权终止后，各方按所持股权比例进行分红并享有相应股东权益。一审法院认为，诉争出资协议，系当事人三方以共同设立江苏泰锐斯为目标，以约定公司设立期间及公司成立之后相关投资各方权益为目的而拟定，该协议当事人意思表示真实，内容未违反法律规定，应属于成立有效。二审法院亦未否定出资协议的效力。

再如原告彭某与被告江苏新无限医疗设备股份有限公司合同纠纷案［（2017）苏0104民初4155号］中，原告（经营方、乙方）与被告（总公司、甲方）签订《合同》，《合同》第八条约定了利润分配与结算方法：①每年度1月1日至当年12月31日为利润计算分配年度；②宜春新无限公司享有优先分红权，即宜春新无限公司自成立之日起经营性收益的所有利润，甲方优先分配给乙方人民币100万元整，后续利润分配由甲乙双方按股份比例进行分配（甲方51%，乙方49%）；③自宜春新无限公司成立并运营18个月后，若宜春新无限公司未能完全收回前期加盟投入费100万元，甲方将予以差额

---

❶ 参见朱小辉. PE投资优先权在中国法律和实践中的困境［J］. 资本市场, 2008（9）: 12-14.
❷ 参见汪青松. 优先股的市场实践与制度建构［J］. 证券市场导报, 2014,（3）: 1.

补偿（差额即乙方前期加盟费减去第八条的第 2 条优先分配金额后的余额）。江苏省南京市秦淮区人民法院认定《合同》有效，并支持了原告提出的被告依约补偿给原告 100 万元损失的主张。

然而在被投资企业章程中约定优先分红条款的情形较为少见，据我们了解，一个可能的原因是各地工商登记机关为方便公司登记备案，已为公司指定了章程模板，并要求公司按照该等公司章程模板的内容提交其公司章程用于备案。在有限的裁判案例中，如被投资企业章程的约定系当事人真实意思表示，亦未损害第三方利益，无其他违反法律法规导致章程条款效力瑕疵的情形，人民法院一般认定优先分红条款有效。

如神州易桥信息服务股份有限公司与河南省焦作金箭实业总公司侵害企业出资人权益纠纷案［（2016）青 01 民初 150 号］中，河南焦作金箭明胶有限责任公司章程约定："公司利润分配按照《公司法》及法律、法规、国务院财务主管部门规定以及按《投资协议》之约定执行，公司弥补亏损和提取法定公积金、法定公益金后所余利润，按照股东出资比例分配，其中青海明胶股份有限公司在每个会计年度均享有其占出资额 1 663 万元的 8% 即 133 万元的优先分红权，具体按照《投资协议》之约定执行。"青海省西宁市中级人民法院认为，公司章程约定了河南焦作金箭明胶有限责任公司在提取法定公积金、法定公益金后所余利润再进行分配，原告每年享有 8% 即约 133 万元的优先分红权未损害河南焦作金箭明胶有限责任公司的利益，该约定从正反两方面就双方投资后遇到的合作后果及利益做出了安排，符合一般商业规律，且原告、被告双方的约定，不违反法律法规的禁止性规定，亦未损害第三方利益，是当事人的真实意思表示，为有效协议。被告承诺保证原告每年 8% 的固定收益，应当依约对原告的收益进行补偿。

值得注意的是，对于中外合资经营企业，根据《中外合资经营企业法》的相关规定，中外合资经营企业的股东应当按照注册资本的比例分配利润，该规定系强制性规定，不允许股东另行约定，因此在中外合资经营企业章程中设置优先分红条款会因违反法律强制性规定而无效。

对于中外合作经营企业，根据《中外合作经营企业法》及《中外合作经营企业法实施细则》等相关规定，中外合作经营企业依据合作合同的约定进行利润分配，因此在中外合作经营企业章程中设置优先分红条款具有可行性。

四、优先分红权的条款表述

优先分红条款一般约定在投资协议中，其能否同时约定在被投资企业章程中，需要与被投资企业所在地工商登记机关确认。具体地，优先分红条款有两种常见模式。

（一）新股东优先于所有前轮股东或大股东分取股息、红利

由新股东与被投资企业及被投资企业所有原股东签署投资协议，约定如果被投资企业股东会同意分配股息、红利，则新股东有权优先于其他所有股东获取股息、红利，直至达到约定数额后才向其他股东分配。具体表述参考如下：

"项目公司成立五年内，优先向新股东分红，在向新股东的分红（完税后）累计达到其实际出资额的1.5倍（即，如实际资金到位1 000万元，则1 000万元×1.5＝1 500万元）后，优先分红权终止，在新股东享有优先分红权期间，其他股东不得参与分红，新股东优先分红权终止后，各方按所持股权比例进行分红并享有相应股东权益。"

此种分配方式对新股东最为有利，但实践中各股东难以达成一致意见。若被投资企业股东众多，或被投资企业有多轮投资者，协调所有股东同意并签署投资协议的难度较大。

（二）新股东优先于创始股东或大股东分取股息、红利

由新股东与被投资企业及被投资企业所有原股东签署投资协议，约定除创始股东或大股东外的其他股东（包括新股东）有权优先于创始股东或大股东获取股息、红利，在除创始股东或大股东外的其他股东（包括新股东）获得一定数额的红利前，创始股东或大股东不得从公司获取股息红利。具体表述参考如下：

"项目公司成立五年内，优先向除创始股东或大股东外的其他股东（包括新股东）分红，除创始股东或大股东外的其他股东（包括新股东）按所持股权比例进行分红并享有相应股东权益，在向除创始股东或大股东外的其他股东（包括新股东）的分红（完税后）累计达到其实际出资额的1.5倍（即，如实际资金到位1000万，则1000万元×1.5＝1500万元）后，除创始股东或大股东外的其他股东（包括新股东）的优先分红权终止。除创始股东或大股

东外的其他股东（包括新股东）优先分红权终止后，全体股东按所持股权比例进行分红并享有相应股东权益。"

此种分配方式能够有效防止创始股东或大股东利用分红套现，但对新股东而言保护力度稍弱。

五、从司法判例看优先分红权的实践效果及涉及的法律问题

（一）优先分红权的行使程序

《公司法》第三十七条和第四十六条规定了利润分配的内部程序，即先由公司董事会制订利润分配方案，再由公司股东会审议批准利润分配方案。《公司法》第166条规定了利润分配的实质条件，即公司在弥补亏损和提取公积金后，才得以进行利润分配，若股东会、股东大会或者董事会违反规定，在公司弥补亏损和提取法定公积金之前向股东分配利润的，股东必须将违反规定分配的利润退还公司。

在最高人民法院审理的顾某、吴某公司盈余分配纠纷案［（2017）最高法民申3628号］中，最高人民法院认为，有限责任公司的董事会制订公司的利润分配和弥补亏损方案，经股东会批准形成决议后，再经弥补亏损和提取法定公积金，最后方能依照第三十四条的规定进行利润分配。由于是否分配利润、分配多少利润以及按照何种比例分配利润，包括应否补发相应利润均属于利润分配方案的相关内容，属于董事会、股东会的职权范畴，在利达公司董事会、股东会未就利润分配方案形成新的决议并履行完相应程序之前，顾某等九人直接起诉请求人民法院判令利达公司按照股东出资比例补发红利，缺乏法律依据，最终驳回了顾某等九人的再审申请。

（二）股东会未做出分红决议情形下的权利救济

通说认为公司是否进行利润分配属于公司自治事项，司法机关不应进行干涉，股东未提交载明具体分配方案的股东会或者股东大会决议，请求公司分配利润的，一般难以获得胜诉。股东会未做出分红决议的情形下，一般只能按照《公司法》第七十四条规定在一定条件下请求公司以合理的价格回购股权进行权利救济。

在最高人民法院审理的刘某、雷某等与河南电力实业集团有限公司、洛阳矿业集团有限公司无因管理纠纷、不当得利纠纷案［（2014）民申字第

1166 号]中，最高人民法院认为，公司是否进行利润分配，属于公司自治事项。对于符合法律规定的分配利润条件但却连续五年不向股东分配利润的情形，《公司法（2005 年修订）》仅赋予股东请求公司以合理的价格回购股份的救济权利。该公司虽然连续四年盈利，但在第五年即 2010 年年底为亏损，在此情形下，龙羽山川公司股东会做出以前年度的利润弥补亏损，并不分配利润的决议并未违反《公司法（2005 年修订）》的规定及公司章程的约定，电力实业公司参加股东会并在表决时予以同意也未违反法律规定或者相关合同的约定。因此，二审判决认定东梁公司暂时不具备实现利润分配请求权的条件以及电力实业公司行使股东表决权并未损害刘某、雷某、刘乙的权利并无不当。

在安徽省高级人民法院审理的黄某与安徽玄凯房地产开发有限公司公司盈余分配纠纷案 [（2016）皖民终 760 号]中，安徽省高级人民法院认为，公司是否分配利润以及分配多少利润属于公司股东会议决事项。股东基于投资关系取得公司利润分配的期待权，但能否转化为具体的利润分配请求权，取决于公司是否盈利以及股东会是否依法做出分配利润的决议等多项条件。在股东会就利润分配的具体方案做出决议之前，股东并不享有利润分配请求权，继而不具有相应的诉权。

在浙江省高级人民法院审理的凌某与浙江杭州湾电工合金材料科技有限公司公司盈余分配纠纷案 [（2016）浙民申 1952 号]、刘某与衢州市衢江区银兴水电有限公司公司盈余分配纠纷案 [（2016）浙民申 1190 号]中，浙江省高级人民法院也同样持上述观点。

（三）股东会变相分配利润、隐瞒或转移公司利润情形下的权利救济

通常而言，公司利润分配事项以公司自治为原则，但若股东滥用股东权利，通过股东会变相分配利润、隐瞒或转移公司利润，损害其他股东权益的，司法机关将适当干预公司自治，以保护股东权益。根据《最高人民法院关于适用〈中华人民共和国公司法〉若干问题的规定（四）》第十五条规定，股东违反法律规定滥用股东权利导致公司不分配利润，给其他股东造成损失的，即便未提交载明具体分配方案的股东会或者股东大会决议，人民法院在一定条件下支持其他股东请求公司分配利润的诉讼请求。实践中，滥用股东权利的具体形式有：公司不分配利润，但高薪聘任董事、高管；通过关联交易向关联方转移利润；虚构债权债务减少利润等。

在最高人民法院审理的庆阳市太一热力有限公司、李某公司盈余分配纠纷案［（2016）最高法民终528号］中，最高人民法院认为，公司在经营中存在可分配的税后利润时，有的股东希望将盈余留作公司经营以期待获取更多收益，有的股东则希望及时分配利润实现投资利益。一般而言，即使股东会或股东大会未形成盈余分配的决议，对希望分配利润股东的利益不会发生根本损害，因此，原则上这种冲突的解决属于公司自治范畴，是否进行公司盈余分配及分配多少，应当由股东会做出公司盈余分配的具体方案。但是，当部分股东变相分配利润、隐瞒或转移公司利润时，则会损害其他股东的实体利益，已非公司自治所能解决，此时若司法不加以适度干预则不能制止权利滥用，亦有违司法正义。虽目前有股权回购、公司解散、代位诉讼等法定救济路径，但不同的救济路径对股东的权利保护有实质区别，故需司法解释对股东的盈余分配请求权进一步予以明确。为此，《公司法解释四》第十五条规定，"股东未提交载明具体分配方案的股东会或者股东大会决议，请求公司分配利润的，人民法院应当驳回其诉讼请求，但违反法律规定滥用股东权利导致公司不分配利润，给其他股东造成损失的除外。"在本案中，首先，太一热力公司的全部资产被整体收购后没有其他经营活动，一审法院委托司法审计的结论显示，太一热力公司清算净收益为75 973 413.08元，即使扣除双方有争议的款项，太一热力公司也有巨额的可分配利润，具备公司进行盈余分配的前提条件；其次，李某同为太一热力公司股东及其控股太一工贸公司法定代表人，未经公司另一股东居立门业公司同意，没有合理事由将5 600万余元公司资产转让款转入兴盛建安公司账户，转移公司利润，给居立门业公司造成损失，属于太一工贸公司滥用股东权利，符合《公司法解释四》第十五条但书条款规定应进行强制盈余分配的实质要件。最后，前述司法解释规定的股东盈余分配的救济权利，并未规定需以采取股权回购、公司解散、代位诉讼等其他救济措施为前置程序，居立门业公司对不同的救济路径有自由选择的权利。因此，一审判决关于太一热力公司应当进行盈余分配的认定有事实和法律依据，太一热力公司、李某关于没有股东会决议不应进行公司盈余分配的上诉主张不能成立。

（四）股东会违反优先分红约定做出分红决议情形下的权利救济

根据我们对相关案例的检索情况，投资协议或公司章程约定了优先分红条款，但公司股东会不按投资协议或章程约定的优先分红条款做出利润分配决议的裁判案例极少。我们理解，这种情况在实践中较为少见。

若投资协议约定了优先分红条款，但被投资企业章程未约定优先分红条款，则投资方仅能通过请求投资协议违约当事人承担违约责任的方式实现权利救济。

若被投资企业章程约定了优先分红条款，则投资方可以根据《公司法》第二十二条第二款规定，请求人民法院判令撤销被投资企业违反其章程关于优先分红条款约定做出的股东会决议，若股东会议同时违反法律、行政法规的，投资方可以根据《公司法》第二十二条第一款规定请求人民法院判令该等决议无效。根据该股东会决议是否执行又分为两种情况：一是若该股东会决议尚未执行，则该股东会决议不再执行，并视同未做出；二是若该股东会决议已开始执行或已执行完毕，则各股东已根据该股东会决议获得分配的利润需返还给被投资企业。无论该股东会决议是否执行，撤销该股东会决议的结果均与该股东会决议未做出无异，在撤销该股东会决议后，若被投资企业股东会决定不分配利润的，因公司利润分配属于公司自治范畴，投资方亦无法就公司利润获取优先分配的收益，此时投资方仍然需要通过请求投资协议违约当事人承担违约责任的方式实现权利救济。

由此可见，投资协议中关于优先分红条款的约定尤为重要，特别是关于违反优先分红条款的违约责任的约定。但需要指出的是，若违约责任条款未明确违约金数额，仅约定"损失赔偿额应当相当于因违约所造成的损失"或"赔偿守约方损失"，那么违约责任中的可得利益损失如何确定？根据《最高人民法院关于当前形势下审理民商事合同纠纷案件若干问题的指导意见》第九条规定❶，根据交易的性质、合同的目的等因素，可得利益损失主要分为生产利润损失、经营利润损失、转售利润损失。而投资方预期可得的优先分红收益损失不属于上述三类性质的损失，其是否属于投资方的可得利益损失在司法实践中未有定论。

---

❶ 《最高人民法院关于当前形势下审理民商事合同纠纷案件若干问题的指导意见》第九条规定："在当前市场主体违约情形比较突出的情况下，违约行为通常导致可得利益损失。根据交易的性质、合同的目的等因素，可得利益损失主要分为生产利润损失、经营利润损失和转售利润损失等类型。生产设备和原材料等买卖合同违约中，因出卖人违约而造成买受人的可得利益损失通常属于生产利润损失。承包经营、租赁经营合同以及提供服务或劳务的合同中，因一方违约造成的可得利益损失通常属于经营利润损失。先后系列买卖合同中，因原合同出卖方违约而造成其后的转售合同出售方的可得利益损失通常属于转售利润损失。"

六、总结及建议

（一）设置优先分红条款的意义

从各个角度看，优先分红条款的设置具有规范融资、促进交易效率、保障交易安全的效果。从私法自治的角度看，投融资双方通过协商谈判，充分了解协议中关于公司利润分配的利弊及影响，依其自由意志对该规则进行自主选择，将优先分红权置于交易当事人之间的商业关系中来考察，优先分红权符合契约意思自治基本原则。从公司自治及利益平衡的角度看，优先分红属于公司内部股东间利益的分配，通常不涉及第三人权利和公共利益之维护，在章程中约定优先分红，调整内部股东间利益的分配具有正当性。从资金运用与资金回报的角度看，通过优先分红条款的设置，一方面投资方能够优先获取投资收益，降低投资风险，另一方面投资方能够限制被投资企业分红，防止创始股东分红套现。从融资实践的角度，融资中普遍运用的优先分红条款以及相应的变通做法也证明了其促进交易效率之效果。

（二）设置优先分红条款的困局

但在投融资实践中，设置优先分红条款通常会面临诸多问题。首先，工商登记机关可能不接受约定优先分红条款的公司章程备案；其次，公司利润分配事项以公司自治为原则，无论是股东会未做出利润分配决议还是违反优先分红约定做出利润分配决议，投资方均难以通过请求人民法院判令被投资企业按照投资协议及/或被投资企业章程的优先分红条款约定实现其优先分红权，仅能通过请求投资协议违约当事人承担违约责任的方式实现权利救济。

优先分红权是优先股制度中的一项重要内容，优先分红条款在融资实践中的有效运用仍需公司法确立优先股制度，允许公司发行类别股，并完善优先分红权特别是权利救济方面的法律规范，只有这样，优先分红条款才能真正发挥价值，促进交易效率。

（三）设置优先分红条款的建议

1. 在被投资企业章程中约定优先分红条款

在被投资企业章程中约定优先分红条款，投资方可以通过股东会决议撤销之诉撤销违反优先分红约定的股东会决议。同时，因公司章程具有公示对抗效力，即使是后轮投资股东，在对公司进行投资时必定对公司章程进行了尽职调查，并于投资入股成功后形成新的公司章程或章程修正案，那么公司章程约定的优先分红条款效力当然地约束公司全体股东，各股东均应遵守。

实践中，被投资企业所在地工商登记机关可能不接受设置优先分红条款的公司章程，则需在签署递交工商登记机关备案的公司章程外另行签署内部版公司章程，并在内部版公司章程中约定如下事项：

"投资方有权根据股东之间另行签署的交易文件及有关各方的其他约定，享有并行使法律、股东之间另行签署的交易文件和其他类似协议赋予的其他权利，无论该等权利是否在本章程中予以明确。"

"如果在工商登记机关登记备案的公司章程及其修正案的规定与本章程的规定相冲突或存在不一致之处，以本章程的规定为准；在工商登记机关登记备案的公司章程及其修正案未规定而本章程有规定的，以本章程的规定为准。"

2. 在投资协议中明确约定创始股东的违约责任

虽然违反投资协议不属于撤销违反优先分红权的公司利润分配方案的股东会决议法定事由，在先的投资协议亦不能约束在后的投资股东，但是投资协议对于享有优先分红权的投资方及创始/原股东均具有约束力，享有优先分红权的投资方可通过主张创始/原股东违反投资协议，要求其承担相应赔偿责任。

如前所述，因投资方预期可得的优先分红收益损失是否属于投资方的可得利益损失在司法实践中未有定论，因此投资方必须在违约责任条款中明确违约金数额，而非仅模糊约定"损失赔偿额应当相当于因违约所造成的损失"或"赔偿守约方损失"等。

第九章

朋友一生一起走

——共售权

一、共售权的定义

共售权也称共同出售权或随售权，系指在公司股东（一般特指创始股东）转让股权时，投资方要求以同等条件共同出售其持有的公司股权的权利。

二、共售权的制度创设背景

实践中，投资方往往以财务投资方的身份进入目标企业，难以介入公司的具体经营管理。同时，投资方所持公司股权比例也相对较低，处于知情权无法得到保障、话语权偏弱的境地。

依据《公司法》关于股权转让的规定，除非其他股东就转让方拟对外转让的股权行使优先购买权，否则，其他股东实质上无法阻止转让方对外转让股权。同时，根据本书第二章对优先购买权的分析，导致股东实质无法转让股权的限制性条款面临无效的风险。这也就意味着，针对转让方拟转让的股权，其他股东只能在"不同意转让即购买"和"不购买即视为同意转让"的两极摇摆。

如投资方因不同意其他股东（特别是创始股东）对外转让股权而行使优先购买权，则可能导致投资方反倒成为公司的控股股东，背离投资方的投资初衷。特别是在公司运营情况不容乐观、创始股东准备拍屁股走人的情况下，投资方如行使优先购买权反而接手了"烫手山芋"。然而，另一方面，如投资方同意其他股东转让股权并放弃优先购买权，那么公司将面临易主的可能，此亦非投资方所期许的结果。

综上，优先购买权在创始股东退出时对投资方的保障存在死角，而共售权正弥补了优先购买权的制度缺陷，可以在创始股东及其他受限股东出现"套现"行为时保护投资方的利益，使投资方可以与创始股东共同进退。

三、共售权的分类

根据投资方行使共售权是否会对拟出让股权的公司股东（下称"受限股东"，一般包括创始股东、关键岗位人士和通过员工股权激励计划或其他方式直接或间接取得公司股权的任何公司顾问或员工）实际出让的股权数量构成影响，可以将共售权分为加成共售权和倒挤共售权。

（一）加成共售权

加成共售权系指在不改变受限股东出售股权数量的前提下，同比例增加投资方拟共同出售的股权。

加成共售权项下投资方共同出售的股权数以及出售股权总数的计算方式如下：

投资方共同出售的股权数＝受限股东拟出售股权总数/受限股东持有的公司股权总数×投资方持有的公司股权数量

出售股权总数＝受限股东拟出售股权总数＋投资方共同出售股权数

在加成共售权项下，受限股东的转让权利未受到压缩，但出售股权总数发生了变更，收购方是否愿意继续受让包括投资方共同出售股权在内的全部出售股权存在不确定性。因而，投资方如行使加成共售权，很可能会导致整个股权转让交易流产，无论是对于意在转让的受限股东还是拟与受限股东共同进退的投资方而言，都可能会构成权利实现障碍，导致受限股东和投资方两败俱伤。因而，在实践操作中，加成共售权并非共售权的主流类型。

（二）倒挤共售权

在倒挤共售权中，在不改变出售股权总数的前提下，从受限股东拟转让的股权中让渡一定数量的股权作为投资方共同出售的部分。

倒挤共售权项下投资方的共同出售股权数量存在多种计算方式，我们总结了以下较为常见的几种共同出售权计算方式。

1. 绝对比例法

投资方共同出售股权数＝受限股东拟出售股权总数×该投资方持有的公司

股权总数/公司总股权数

受限股东实际出售股权数＝受限股东拟出售股权总数－投资方实际出售股权数

2. 相对比例法

（1）完全相对比例法。

投资方共同出售股权数＝受限股东拟出售股权总数×该投资方持有的公司股权总数/受限股东和拟参与行使共同出售权的全体投资方持有的公司股权的数量总和

受限股东实际出售股权＝受限股东拟出售股权总数－投资方实际出售股权数

（2）非完全相对比例法。

投资方共同出售股权数＝受限股东拟出售股权总数×该投资方持有的公司股权总数/受限股东和该投资方持有的公司股权的数量总和

受限股东实际出售股权数＝受限股东拟出售股权总数－投资方实际出售股权总数

3. 同比例法

投资方共同出售股权＝受限股东拟出售股权总数/受限股东持有的公司股权总数×投资方持有的公司股权总数

受限股东实际出售股权＝受限股东拟出售股权总数－投资方实际出售股权总数

比较上述倒挤法项下投资方共同出售股权的计算方式，根据受限股东可以保留的转让权利（实际出售股权），我们总结如下：

按照对受限股东更有利的方式排序，从优到劣依次为，绝对比例法、完全相对比例法、非完全相对比例法、同比例法。

特别是在非完全相对比例法和同比例法项下，如存在多个投资方要求行使共同出售权，受限股东实际出售的股权很有可能被倒挤为 0，甚至会出现所有投资方共同出售股权大于受限股东拟转让的股权、导致无法满足所有投资方行使共同出售权的情形。

而对于投资方而言，也并不必然是可以共同出售的股权越多越好，而是要在权利最大化和权利可行性之间进行平衡。

根据我们的实践经验，在天使轮、PreA 轮或相对早期且投资方较少的股权投资轮次中，投资方一般会主张按照非完全相对比例法或甚至同比例法计算其可共同出售的股权。而随着融资轮次后移，投资方数量增加，共同出售股权的计算方式一般会调整为完全相对比例法，或更为强势的被投资方可以争取按照绝对比例法计算共同出售股权。美国风险投资协会（NVCA）于 2005 年 8 月组织修订的《优先购买权合共同出售权协议》（*RIGHT OF FIRST REFUSAL AND CO-SALE AGREEMENT*）中投资方享有的也是按照"完全相对比例法"计算的共同出售权。

四、共售权的条款表述及分析

（一）条款表述

我们整理了多个股权融资项目的共售权条款，总结了较为常见的共售权条款现表述如下：

如果创始股东、关键岗位人士和通过员工股权激励计划或其他方式直接或间接取得公司股权的任何公司顾问或员工（包括继承人或受让人，下称"转让方"）拟直接或间接对外（"受让方"）转让公司的任何股权，且投资方未就拟转让股权行使其优先购买权，则投资方（以下合称"共同出售方"）有权向转让方发出共售通知，投资方有权但无义务要求受让方以转让通知中载明的价格和其他条款和条件或再行议定的相同条件向投资方按照以下所载比例购买投资方所持公司股权（"共售权"）。

若转让方希望向受让方出售其在公司的全部或部分股权，则转让方应给予投资方一份书面通知（"转让通知"），其中列明转让的实质条款和条件，包括但不限于拟转让股权说明、转让人可能转让的股权数量及比例、受让方的身份信息、拟签署的股权转让协议、股权转让价款、转让日期。共同出售方应当在收到转让方发送的转让通知后的三十日内决定是否行使共同出售权并书面回复转让方和公司。如果共同出售方决定行使前述规定的共同出售权，则应向转让方和公司发出参与出售的通知（"行使共售权通知"），该行使共售权通知应载明其拟参与出售的股权的数量。每一共同出售方可以参与出售的股权数量不超过以下各项的乘积：（ⅰ）可以出售给第三方的拟出售股权总额，乘以（ⅱ）一个分数，分子是该共同出售方持有的公司股权，分母是转让方和拟参与行使共同出售权的全体共同出售方持有的公司股权的总和。

如投资方行使共售权，有关转让方应采取包括相应缩减转让方出售股权数量等方式确保投资方的共售权实现。投资方在收到转让通知后三十日内未明确以书面形式表示行使共售权的，则视为投资方放弃行使共售权。如果投资方已恰当地行使共售权而受让方拒绝向投资方购买相关股权，则上述转让方不得向受让方出售公司的任何股权。如果转让方违反本条规定出售公司的股权，则投资方有权以相同的价格和其他条款和条件将其根据共售权本应出售给受让方的股权强制出售给转让方，有关转让方应当向投资方购买其根据本条强制出售给该等转让方的公司股权。如果转让价格低于各投资方投资于公司时的投资价格，行使共售权的投资方有权要求转让方以其届时持有股东权益为限，按投资方转让价格与投资价格的差值×该投资方参与出售的股权数量给予行使共售权的投资方以补偿。

（二）条款分析

从上述条款表述中，我们提取共售权条款涉及的要素如下：

1. 受共售权限制的转让方

受共售权限制的转让方包括创始股东、关键岗位人士和通过员工股权激励计划或其他方式直接或间接取得公司股权的任何公司顾问或员工。

对于投资方而言，公司在初始发展阶段，其核心竞争力是人才。创始股东对外转让可能会影响公司的实际控制权；而关键岗位人士和其他通过员工及计划或其他方式直接或间接取得公司股权的任何公司顾问或员工的退出将可能导致公司人才流失，是公司运营风险的预警。因而，在上述人员拟对外转让公司股权时，投资方应享有选择是否共同进退的权利。

2. 转让对象

实践中，共售权一般仅在受限股东对外转让公司股权时才启动，对于股东间的内部转让行为不会设置投资方的共售权。

但股东间内部转让公司股权仍可能会对公司的控制权构成实质性影响，影响投资方的利益。参考本书第二章中关于对内转让优先购买权条款的分析，投资方可以通过章程或协议的约定对公司股东内部转让股权予以限制。因而，投资方也可以考虑通过投资协议的约定及公司章程的规定在对公司内部股权转让予以限制的同时约定享有共同出售权，以进一步保障投资方的权益。

3. 共售权的行使程序

根据上述条款表述，我们总结出共售权的行使流程，如图9-1所示。

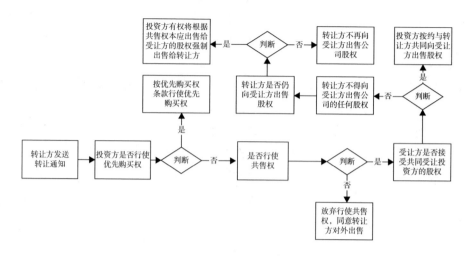

图 9-1 共售权的行使流程图

4. 对于共售权的保护措施

根据上述共售权条款，我们总结共售权条款从四个维度对投资方的共售权提供了保护，包括：

（1）给予投资方行使共售权的权利。

（2）如受让方拒绝接受投资方共同出售的股权，对转让方的转让行为也予以禁止。在此约定下，转让方将与投资方共同绑定，促使转让方从整体利益出发与受让方沟通转让事宜（注：需注意，根据本书第二章的分析，本条款的约定可能会被认定为剥夺了股东转让股权的基本权利，而面临无效的可能）。

（3）如转让方违反约定擅自转让，投资方有权强制要求转让方按同等条件受让投资方本可行使共售权部分的股权。

（4）如转让价格过低，而根据公司发展情势投资方不得不行使共售权，投资方有权要求转让方给予一定的补偿。

五、从司法判例看共售权的实践效果及涉及的法律问题

（一）共售权条款效力认定

现有法律法规未对共售权进行规定或予以限制。共同出售权的约定系约束受限股东及投资方也不存在《合同法》第五十二条规定的法定无效情形。

北京市怀柔区人民法院审理的北京富汇天使高技术创业投资有限公司等诉深圳市瑞合鑫业创业投资有限公司公司增资纠纷一案［案号：（2016）京0116民初4228号］中，公司创始股东是否违反《增资协议》中关于共售权（在该案中表述为"优先出售权"）的约定被列为该案的争议焦点之一。但在该案中，涉案各方就《增资协议》及《增资协议》中的优先出售权条款效力均未提出异议，仅就优先出售权的适用范围及同等条件的认定（下文详述）有争议。

经整理其他涉及共售权的司法判例，我们发现共售权往往仅作为投资合同纠纷案件中事实陈述的内容，其条款的效力未曾受到争议各方质疑。

综上，无论是从法理还是判例的角度，我们认为，在涉及共售权条款的《增资协议》和/或《股东协议》成立并生效的前提下，共售权条款应对协议各方具有约束效力。

（二）关于共售权的行使范围

如上所述，共售权系投资方优先购买权的补充。同时，根据权利行使流程，受限股东对外转让股权，在投资方不行使优先购买权的前提下，投资方可以选择行使共售权。虽然我国法律对共售权没有明确的规定，但在共售权具体权利内容的解释上，我们认为可以在一定程度上参考优先购买权的规定。

根据优先购买权章节的论述，投资方优先购买权的行使范围除受限股东对外进行股权转让外，还覆盖至人民法院依照法律规定的强制执行程序转让股东的股权时。我们认为，之所以在法院强执程序中认可优先购买权，是考虑优先购买权的保留不会影响甚至会提高股权拍卖的成功率，保障债务人的权益。然而，投资方在法院依照法律规定的强制执行程序转让受限股东的股权时主张共售权并无法定基础。并且，如在强执程序中允许投资方行使共同出售权，并不符合执行的效率要求，甚至可能会增大执行难度。

因而，我们认为共售权的行使范围应限定在受限股东对外转让的情形下。北京市怀柔区人民法院在北京富汇天使高技术创业投资有限公司等诉深圳市瑞合鑫业创业投资有限公司公司增资纠纷一案将"以股抵债"的安排也认定为共售权的行使范围。

在北京富汇天使高技术创业投资有限公司等诉深圳市瑞合鑫业创业投资有限公司公司增资纠纷一案中，创始股东瑞合鑫业将其所持有的3 228.844 8万元祥瑞生物注册资本质押给南京先声，为南京先声及其关联方与新余方略德合投资管理中心（有限合伙）于 2014 年 6 月 20 日签署的《合作协议》提供担保，并办理了股权质押登记手续。后因新余方略履约困难，南京先声要求瑞合鑫业履行担保义务，将所质押股权让渡给南京先声及其关联方。故瑞合鑫业以将其持有的祥瑞生物 3 228.844 8 万元注册资本协议转让给南京先声及其关联方的方式，受让南京先声和江苏先声对新余方略的债权。

原告富汇天使、富汇科融认为，瑞合鑫业为履行担保义务将质押给南京先声的祥瑞生物股权转让南京先声的关联方（即上海百家汇）的行为属于转让其所持有的祥瑞生物股权，根据《增资协议》的相关条款，原告享有要求以同等条件共同出售相应股权的权利。

被告瑞合鑫业认为，瑞合鑫业向上海百家汇出让祥瑞生物的股权本质上是履行担保义务，非正常的出售股权行为，不属于《增资协议》所约定的可以行使共同出售权内容。瑞合鑫业出让祥瑞生物的股权一方面是被动出让，另一方面瑞合鑫业出让祥瑞生物的所得并不是现金货币而是代南京先声取得了对新余方略的债权。

北京市怀柔区人民法院认为，瑞合鑫业虽主张其转让股权给上海百家汇，属于"以股抵债"，不是增资协议约定的"出售股权"情形。但瑞合鑫业以祥瑞生物股权换取南京先声等方的债权的结果，在法律属性上与股权转让无异。二者最终都是上海百家汇取代瑞合鑫业成为祥瑞生物股东。因此，瑞合鑫业转让股权给上海百家汇的行为受增资协议约束。

（三）共售权同等条件的认定

如上所述，优先购买权条款对于共售权条款的内容具有一定的参考作用，我们认为共售权项下的"同等条件"应参照优先购买权项下的"同等条件"的认定因素。

根据本书第二章关于"优先购买权"的论述，优先购买权条款中的"同等条件"应当同时考虑转让股权的数量、价格、支付方式及期限等因素。如第二章"优先购买权"中介绍的浙江环益资源利用有限公司与谢某股权转让纠纷案［杭州市中级人民法院（2016）浙 01 民终 5128 号］，杭州市中级人民法院将多个转让方合并转让其持有的公司股权也视为"同等条件"的考虑因素之一，增加了"同等条件"的认定维度。因而，从法律规定及优先认购权的判例来看，目前司法机关往往是在平衡转让股东及小股东权利的基础上对"同等条件"进行认定，既保障小股东的优先购买权利，也确保其权利不至于过分膨胀而对公司股权的市场转让行为构成过度限制。

就共售权条款项下"同等条件"的认定，目前也仅有北京富汇天使高技术创业投资有限公司等诉深圳市瑞合鑫业创业投资有限公司公司增资纠纷一案对此进行论证。

在北京富汇天使高技术创业投资有限公司等诉深圳市瑞合鑫业创业投资有限公司公司增资纠纷一案中，原被告双方针对"同等条件"产生重大分歧。原告富汇天使、富汇科融主张，同等条件不是完全相同的条件，股权转让的对价应当是现金 2.5 亿元，而不必然是债权的形式。瑞合鑫业主张，同等条件应当是包括对价和支付方式，在股权转让中瑞合鑫业获得的是债权而不是现金，原告方行使优先出售权也应当是获取等额的债权而非现金。

法院认为，首先，瑞合鑫业转让股权给上海百家汇没有收取现金的原因是基于其对南京先声负有 2.5 亿元债权转让款的支付义务，其实质是通过股权转让实现了债务的消减，具有现金价值的同质性。另外在瑞合鑫业转让股权与上海百家汇的《股权转让协议》中有关于祥瑞生物股权价值贬损，有瑞合鑫业以现金方式填补债权与股权差额的约定。从上述事实更可以得出，瑞合鑫业股权转让的对价不是形式上的债权，而是债权所代表的现金价值。

其次，瑞合鑫业用所持祥瑞生物股权进行质押担保和换取债权时，就应当预见到有可能存在违背增资协议约定义务的风险。即使用股抵债具有非等价性，也是瑞合鑫业的自愿行为，其单方做出的意思表示不能作为交易条件强加于增资协议中的任何他方。

最后，结合增资协议合同各方的立约本意，优先出售权约定，是小股东在控股股东退出公司时对其利益的保障约定。一旦公司经营状况恶化，小股东可以优先于控股股东全身而退。如果将同等条件理解为大股东设置的条件，不仅对小股东不公平，更与小股东签订该约定的初衷相悖。"同等条件"并非"同一条件"，应当结合股权的转让价格、付款方式及期限等多种因素考虑。结合本案，增资协议中的同等条件应当理解为，小股东优先出售自身股权给第三人的对价和支付方式应当不劣于第三人给大股东的对价和支付方式。上海百家汇给付瑞合鑫业股权转让款的支付方式为上海百家汇关联方的债权，其实质是削减了瑞合鑫业的债务；那依据增资协议约定，瑞合鑫业也应当保障原告出售祥瑞生物股权获取的对价结果为原告削减了自身债务，而非瑞合鑫业所主张的那样，即原告出售祥瑞生物股权后替瑞合鑫业偿还了债务。综上，法院认为瑞合鑫业转让上海百家汇股权虽然获得的是债权，但其实质的结果为削减对应现金价值的债务，至于现金价值是否应当以债权的形式存在是瑞合鑫业的自愿行为，其意思表示无法强制约束包括原告在内的其他享有优先出售权的主体。

在该判例中，法院从保护小股东的角度出发将共售权中的"同等条件"与"同一条件"进行了对比，从转让条件的实质对"同等条件"进行了认定。

（四）违反共售权条款的救济

在北京富汇天使高技术创业投资有限公司等诉深圳市瑞合鑫业创业投资有限公司公司增资纠纷一案中，法院认定瑞合鑫业在 2016 年 1 月 24 日签署《股权转让协议》将所持祥瑞生物股份转让给南京先声关联方（即上海百家汇）的行为，已经构成了对增资协议项下优先出售义务的违反，瑞合鑫业应当承担因违约而给原告造成的损失。

当事人虽然约定了违约金，但实际损失超过违约金的，应当以实际损失为准。按照 2016 年 1 月 24 日《股权转让协议》的约定，待转让股份每股转让价格为 7.74 元（2.5 亿元÷3 228.844 8万股＝7.74 元每股）。而根据苏国德评报字（2016）第 053 号资产评估报告书显示：以 2016 年 3 月 31 日为评估基准日，祥瑞生物的每股价值不足 1.05 元。结合原告意见和被告举证情况，本院认定原告因被告违约而造成的损失为44 259 702元［（7.74 元－1.05元）×661.58 万股＝44 259 702元］。

因而，在该案中，法院依据《增资协议》的约定判决瑞合鑫业向原告承担违约责任。

《公司法解释四》第二十一条规定，有限责任公司的股东向股东以外的人转让股权，未就其股权转让事项征求其他股东意见，或者以欺诈、恶意串通等手段，损害其他股东优先购买权，其他股东主张按照同等条件购买该转让股权的，人民法院应当予以支持，但其他股东自知道或者应当知道行使优先购买权的同等条件之日起三十日内没有主张，或者自股权变更登记之日起超过一年的除外。根据该条规定，优先购买权人可以在其优先购买权受到损害时主张行使优先购买权，也就意味着原股权受让行为可能会被撤销。

虽然优先购买权对共售权具有参考意义，但撤销权的行使需要有法律基础。对于共售权而言，投资方仅能依据投资协议的约定要求转让股东承担受让方根据共售权本应转让的股权、回购投资方的股权（如同时触发回购情形）、支付违约金等违约责任。

六、总结及建议

根据我们在股权投资项目中的经验，并结合前述关于惯常共售权条款的分析以及司法判例中所涉及的争议，我们总结无论是从投资方还是被投资方而言，在起草/审核共售权条款时，都要特别关注以下内容。

（一）共售权的行使范围

考虑共售权与优先购买权的补足关系，而且往往是在投资方放弃优先购买权后再决定是否行使，我们建议共售权的行使范围与优先购买权保持一致。需特别注意受限股东的范围、触发事由是否包括受限股东对内转让股权、是否包括股权的被动转让等。

（二）投资方有权共售的股权数量

如上所述，目前实践中，就投资方可以共售的股权数量有多种计算方式。条款表述中一个字的增减都可能影响共售股权的计算方式。如"投资方"和"该投资方"的表述虽只有一字之差，但将导致共售权条款向相对比例倒挤法和绝对比例倒挤法两个方向分化。

投资方和被投资方在起草和审阅条款时，均需保持 100% 的警惕，否则毫厘之疏，将可能导致权利义务千里之差。

（三）受限股东违反共售权的违约责任

除关注共售权条款项下补救措施外，投资方和被投资方还需关注违反共售权是否会触发回购条款及其他股东权利。

从保护投资方的权益的角度，我们对共售权条款有如下完善建议：

1. 扩大转让对象的范围

如投资方在创始股东对内转让股权时也享有优先购买权，则投资方可以考虑将受限股东对内转让股权也作为投资方可以行使共售权的范畴。

2. 扩大转让方式的范围

对于投资方而言，可以考虑在投资协议共售权条款中不仅仅约定受限股东"对外转让股权"时投资方有权行使共售权，也可以考虑在条款中就"对外转让股权"作进一步的细化列举，包括因履行担保权利的被动股权行为等，进一步保障投资方的权益。

同时，为避免受限股东与债务人内部勾结，刻意通过诉讼及法院拍卖等方式绕开投资方的共售权实现受限股东的退出，投资方可以考虑在投资协议中进一步约定，如受限股东通过法院强制执行程序转让股权，投资方有权要求受限股东按照该等股权拍卖的同等条件受让投资方根据共售权计算方式本可共同出售的股权。

第十章

分家也要多杯羹

——优先清算权

一、优先清算权的定义

优先清算权系指投资方在目标企业清算或发生视同清算的情形或结束业务时，具有的优先于其他普通股股东获得分配的权利。

优先清算权中的"清算"并非仅指公司法意义上的清算（即只包含公司解散、终止情形），还包括视同清算情形，即公司的"资产变现事件"，如重组、公司控制权变更、出售公司的主要资产等情形。

二、优先清算权的市占率分析

根据经纬创投于 2017 年 9 月发布的融资条款统计报告（数据来源：汉坤律师事务所），在作为统计样本的 217 个项目中，有 198 个项目设置了优先清算权，占比 91.24%。在约定优先清算权的项目中，优先清算额为 1 倍投资额的约占 64%；1.1 倍到 1.5 倍投资额的约占 33%；其他倍数的约占 3%。

由此可见，在股权投资的实践中，PE 投资方通常情况下会要求优先清算权的条款设计。

三、优先清算权的制度创设背景

优先清算权条款是在被投资企业清算或发生视同清算的情形或结束业务时，投资方优先分配被投资企业的剩余财产的保护性规定。鉴于投资行业的高风险性，优先清算权条款几乎是各 VC、PE 投资合同中的必选条款。

优先清算权内在的商业逻辑在于当公司出现运营不善遭遇清算、主要资产或全部资产出售、实际控制权发生转移等情形时，投资方有权要求优先收回其投资资金和一定的投资回报。

四、优先清算权的条款表述

在股权投资协议中，优先清算权的条款可以根据三种不同的情形进行设计，其表述通常如下。

1. 公司法意义的清算

若公司发生任何清算事件，公司财产应当按照如下顺序进行分配：

（1）首先，依法支付清算费用、职工工资、社会保险费用和法定补偿金，缴纳所欠税款。

（2）其次，在足额支付第（1）项的费用之后，本轮投资方有权优先于其他股东获得如下金额的高者：

（A）相当于本轮投资方出资总额150%的款项+其股权上已累积或已宣布但未分配的股息及红利；

或（B）本轮投资方投资款金额×（1+10%×持股天数÷365）+已累积的红利或已宣布但未分配的红利，其中：持股天数为自本轮投资方首次支付其投资款之日起至其收到全部清算优先额之日止的天数（"本轮投资方清算优先额"）。如可分配清算财产不足以满足本轮投资方清算优先额，各本轮投资方应按照各自之间的相对持股比例分配；如有剩余，则：

（3）前轮投资方有权优先于其他股东获得如下金额：各前轮投资方投资款金额×（1+10%×持股天数÷365）+已累积的红利或已宣布但未分配的红利，其中：持股天数为自各前轮投资方首次支付其投资款之日起至其收到全部清算优先额之日止的天数（"前轮投资方清算优先额"），如可分配清算财产不足以满足前轮投资方清算优先额，各前轮投资方应按照各自之间的应获得前轮投资方清算优先额的相对比例分配；如有剩余，则：

（4）最后，在足额支付第（1）项至第（3）项的款项之后，按其届时全面稀释基础上，按照投资方持有的所有优先股视为已转换为普通股后，任何剩余的公司财产将按股东的股权比例（按届时代持人将其所代持且尚未发放的员工股权激励计划的股权按比例转让给公司全体股东后的比例计算）在届时公司全体股东（包括投资方）之间进行分配。

若根据届时适用法律的要求，公司财产在支付上述第（1）条所述款项后，必须按照各股东的出资比例进行分配，则在后顺位股东应保证在先顺位股东足额获得上述条款所规定的优先清算额。在后顺位股东同意按照在先顺位股东的要求在法律允许范围内采用一切方法配合，为实现上述条款之调整而产生的成本及税费由创始股东及公司承担。在后顺位股东补偿金额以在后顺位股东在可分配清算财产中获得的财产或价款为限。

2. 公司主要资产/全部资产出售

在公司主要资产/全部资产出售的情况下，若全体股东一致协商，通过股东会决议的方式进行解散，从而进行清算的，其清算方式如上述第（1）项所述；若通过减资的方式，投资方取得的款项不足其投资款项的X倍加上一定比例的溢价的，就差额部分，由创始股东进行补足。

3. 公司实际控制权变更

在公司实际控制权变更的情况下，若投资方同意与创始股东一同出售公司股权，其出售股权所得的价款不足其投资款项的X倍加上一定比例的溢价的，就差额部分，创始股东应进行补足（补足的款项以创始股东就出售股权所得的转让价款为限）；若受让方拒绝受让投资方股权的，则创始股东不能进行出售，如果创始股东违反规定出售公司的股权，则投资方有权以相同的价格和其他条款和条件将其根据共售权本应出售给受让方的股权强制出售给创始股东，创始股东应当向投资方购买其根据本条强制出售给创始股东的公司股权。如果转让价格低于该投资方投资于公司时的投资款项的X倍加上一定比例的溢价的，创始股东应就差额部分予以补足。

五、优先清算权的触发条件

优先清算权的触发条件只有一种情况，便是企业发生了清算。而清算本身包括很多情形，主要有如下情形：

（1）公司清算、解散、破产或结业。

（2）公司发生合并或收购，导致届时创始股东在合并或收购后新的公司中合计拥有或控制的股东会的表决权未能占相对多数，或拥有或控制的董事会表决权未能占多数。

（3）或者公司股权全部或超过百分之五十（50%）被出售给第三方。

（4）公司资产（包括其子公司或分公司）全部或超过百分之五十（50%）被出售、转让、处置给第三方。

（5）转让或排他性地许可公司全部或几乎全部的知识产权。

六、不同清算情形下优先清算权的处理

(一) 公司清算情形下的优先清算权

1. 中国法律关于不同类型企业的清算财产分配的规定及分析

(1)《公司法》相关规定 (有限责任公司及股份有限公司)。

《公司法》第一百八十六条规定,清算组在清理公司财产、编制资产负债表和财产清单后,应当制订清算方案,并报股东会、股东大会或者人民法院确认。公司财产在分别支付清算费用、职工的工资、社会保险费用和法定补偿金,缴纳所欠税款,清偿公司债务后的剩余财产,有限责任公司按照股东的出资比例分配,股份有限公司按照股东持有的股份比例分配。清算期间,公司存续,但不得开展与清算无关的经营活动。公司财产在未依照前款规定清偿前,不得分配给股东。

(2) 中外合资经营企业相关法律规定。

《中外合资经营企业法实施条例》(2001 年修订) 第九十四条第一款规定,合营企业以其全部资产对其债务承担责任。合营企业清偿债务后的剩余财产按照合营各方的出资比例进行分配,但合营企业协议、合同、章程另有规定的除外。

(3) 相关分析。

①有限责任公司与股份有限公司。

从《公司法》的规定可知,《公司法》只有在公司解散情形下才能进行清算,而在公司发生资产出售、公司控制权变更等情形时并不需要进行清算。在公司解散而涉及清算程序中的剩余财产应当按照股东的出资比例进行分配,对此,《公司法》并没有赋予股东自行约定的自主权。实践中投资方在投资内资目标公司时,很少直接适用优先清算权,但是可以通过其他方式实现相同目的,例如:

a. 其他股东回购。

双方事先约定,在特定的条件下,普通股股东以约定的价格和支付方式回购投资方股东所持有的公司股权,在清算之前提前退出。

b. 创始股东补偿。

在收益分配问题上,由于股权投资不能约定由被投资对象支付固定收益,实践中创造出了由创始股东承担收益差额补足义务或直接由其向投资者支付收益的方式。在清算问题上,可以借鉴上述收益分配方式,在相关协议中约

定，"若由于中国法律或其他原因导致投资方的优先清算权无法实施或实现时，投资方有权要求创始股东（以其取得的全部清算财产为限）对投资方进行补偿"。由于该约定仅涉及股东之间就其权益的处置，并不损害公司和债权人的利益，应为有效。

②中外合资经营企业相关法律规定。

由上可知，对中外合资经营企业而言，在合资合同、公司章程中是允许合资各方对清算后的剩余财产做出特殊分配约定的，如可以约定"若外商投资企业的剩余财产未能超过投资方当初的认股价加上一定比例的溢价，则投资方有权获得全部剩余财产；若外商投资企业的剩余财产超过投资方当初的认股价加上一定比例的溢价，则对于超出的剩余财产部分，投资方和创始股东可以另行约定分配机制，也可以排除投资方进一步参与分配"。

2. 公司清算情形下的优先清算权的处理

结合美国风险投资协议（NVCA）2013 年条款清单示范文本的条款设置及股权投资协议的实践安排，优先清算权的处理主要分为如下三类。

公司清算情形示例：当公司经营不善，无力维持经营，各方股东同意进入清算程序，这种情形下，不同类型的优先清算权项下的投资方和创始人/其他现有股东的分配情况如下。

（1）不参与分配的优先清算权。

①即优先权股东在行使优先权后，不再将优先股转化为普通股参与到普通股股东分配中。

②条款描述为："在公司清算时，投资方有权优先于创始人及其他现有股东取得相当于本次投资额的 x 倍的金额，公司剩余资产将按股东持股比例在其余所有股东之间分配。"（这里的 x 倍为约定优先清算回报系数，通常约定为 1.2 至 2 倍）。

③举例说明，假设约定优先清算回报是 1.5 倍的情况，如果投资方向公司投资 1 000 万元，持有公司 10% 的股权。表 10-1 是公司在不同剩余价值情况下，投资方和创始人及其他股东所得到的资产价值。

表 10-1　公司清算时不参与分配的优先清算权分配表

	公司剩余价值 1 500万元	公司剩余价值 10 000万元	公司剩余价值 50 000万元
投资方	1 500万元	1 500万元	1 500万元
	1 500×10% = 150 万元（依据持股比例分配）	10 000×10% = 1 000 万元（依据持股比例分配）	50 000万元×10% = 5 000 万元（依据持股比例分配）
创始人及其他股东	0	8 500万元	48 500万元
	1 350万元（依据持股比例分配）	9 000万元（依据持股比例分配）	45 000万元（依据持股比例分配）

可以看出，在公司剩余价值特定的情况下，若投资方按持股比例分配的数额高于优先清算回报时，投资方通常会放弃优先清算权，和普通股股东共同按持股比例分配；否则，投资方会采取不参与分配的优先清算权的方式，获得相应的优先清算回报。

（2）完全参与分配的优先清算权。

①即优先权股东在行使优先权后，优先权股东持有的优先权股权还有权转化为普通股参与到普通股股东分配之中。

②条款描述为："在公司清算时，投资方有权优先于创始人及其他公司现有股东取得相当于本次投资额的 x 倍的金额，在清算优先额得到足额支付之后，公司的剩余资产按比例在所有股东（包括投资者）之间进行分配。"

③举例说明：同样的投资金额及股权比例，同样的约定优先清算回报系数，我们来看看公司不同剩余价值情况下，投资方和创始人及其他股东所得到的资产价值，见表 10-2。

表 10-2　公司清算时完全参与分配的优先清算权分配表

	公司剩余价值 1 500万元	公司剩余价值 10 000万元	公司剩余价值 50 000万元
投资方	1 500万元	1 500万元+（10 000万元－1 500万元）×10% = 2 350 万元	1 500万元 +（50 000 万元 － 1 500万元）×10% = 6 350万元
创始人及其他股东	0	7 650万元	43 650万元

由此可见，在完全参与分配清算优先权的情形下，投资方在公司剩余价值大于1 500万元时，所获的回报大于不参与分配清算优先权的情形。这也是大部分投资方愿意选择参与分配清算优先权的原因。

（3）附上限参与分配的优先清算权。

①即优先权股东在行使优先权后，优先权股东持有的优先权股权继续可以转换为普通股参与到普通股股东分配之中，但是当优先权分配+普通股股权分配达到特定金额后，优先权股权将停止参与分配，剩余公司股权价值将由普通权股东按比例进行分配。

②条款描述为："在公司清算时，投资方有权优先于创始人及其他公司现有股东取得相当于本次投资额的 x 倍的金额，剩余资产按比例在所有股东（包括投资者）之间进行分配；但投资方一旦获得的回报达到 y 倍于原始投资额时，将停止参与分配。之后，公司剩余资产将按股东持股比例在其余所有股东之间分配。"

③举例说明，同样的例子，假定投资方的回报上限是投资方原始投资额的 3 倍（也即3 000万元）（通常上限约定为 2 至 3 倍），见表10-3。

表10-3　公司清算时附上限参与分配的优先清算权分配表

	公司剩余价值 1 500万元	公司剩余价值 16 500万元	公司剩余价值 50 000万元
投资方	1 500万元	1 500万元+（16 500万元 －1 500万元） ×10%＝3 000万元	3 000万元
	1 500×10%＝150 万元 （依据持股比例分配）	16 500×10%＝1 650万元 （依据持股比例分配）	50 000万元×10%＝ 5 000万元 （依据持股比例分配）
创始人及其他股东	0	13 500万元	47 000万元
	1 350万元 （依据持股比例分配）	14 850万元 （依据持股比例分配）	45 000万元 （依据持股比例分配）

可以看出，在公司剩余价值特定的情况下，若投资方按持股比例分配的数额高于优先清算回报上限时，投资方通常会放弃清算优先权，和普通股股东共同按持股比例分配；否则，投资方会采取附上限参与分配的优先清算权的方式，优先获得清算回报，然后按持股比例和普通股股东共同分配剩余资产（如有），但不得超过约定的回报上限。

（二）公司资产处置情形下的优先清算权

除了公司法界定的公司清算事件外，诸如公司把主要资产或全部资产转让的资产处置交易，这类事件一般也会被视同为清算事件（虽然事实上并不直接清算公司），享有优先清算权的投资方可以按相关的条款从该等资产处置交易中获得收益。

公司的主要资产或全部资产转让后，因为资产已经实现了变现，享有优先清算权的投资方通常通过以下方式取得投资收益。

（1）公司法意义上的清算。

公司主要资产或全部资产出让后，可以通过股东会决议的方式进行解散，从而进行清算和退出。具体分配原则请参考本章第"六/（一）/2. 公司清算情形下的优先清算权的处理"小节。

（2）减资。

公司主要资产或全部资产出让后，投资方可以依据公司法的相关规定，采取减资的方式进行退出。

减资是指公司通过法定程序，将部分法人财产从公司资产中剥离，作为股东的出资返还给股东，其结果是股东资产增加，公司净资产减少，从而导致公司的责任资产减少。

因公司减少注册资本影响到公司资本充实，从而影响了公司债务履行能力，最终会影响债权人债权的满足程度，故我国法律对公司减少注册资本设定了严格的法定程序。根据《公司法》及相关规定，公司减少注册资本需要经过以下程序：

①董事会制定减少注册资本的方案（《公司法》第四十六条）；

②股东（大）会对减少注册资本做出决议（《公司法》第三十七条）；

③有限责任公司股东会做出减少注册资本的决议，必须经代表三分之二以上表决权的股东通过（《公司法》第四十三条）；

股份有限公司股东大会做出减少注册资本的决议，必须经出席会议的股东所持表决权的三分之二以上通过（《公司法》第一百零三条）；

国有独资公司减少注册资本必须由国有资产监督管理机构决定（《公司法》第六十六条）；

④编制资产负债表及财产清单（《公司法》第一百七十七条）；

⑤公司应当自做出减少注册资本决议之日起十日内通知债权人，并于三

十日内在报纸上公告；债权人自接到通知书之日起三十日内，未接到通知书的自公告之日起四十五日内，有权要求公司清偿债务或者提供相应的担保（《公司法》第一百七十七条）；

不依照规定通知或者公告债权人的，由公司登记机关责令改正，对公司处以一万元以上十万元以下的罚款（《公司法》第二百零四条、《公司登记管理条例》第六十九条）；

⑥向公司登记机关办理变更登记（《公司法》第一百七十九条、《公司登记管理条例》第三十一条）。

公司减少注册资本系公司内部经营行为，由公司股东根据公司的经营状况通过内部决议自主决定。因此，投资方可以根据投资协议和公司章程的约定，通过减资的方式进行退出并取得相应收益。同时，在投资协议中可以约定，若投资方通过减资的方式取得的款项不足其投资款项的 x 倍加上一定比例的溢价的，就差额部分，由创始股东进行补足。鉴于公司的注册资本是公司从事经营活动的基础，也是公司对外承担责任的保证，代表着公司的资信状况和偿债能力，基于资本维持和资本不变原则，为确保交易安全、保护债权人利益，法律严格控制公司的减资行为。例如，对于公司在办理减资手续时，需要做好通知和公告两项工作。就通知义务而言，对于已知债权人，原则上应做到逐一通知。但在实际操作中，由于债权人地址不详，或者地址及联系方式频繁变更等原因，通知可能无法准确送达，另外也可能存在未知或者尚不确定的债权人。基于这些情况，为避免债权人利益受损，公司同时应当发布减资公告。

在实践中，公司减资也存在着瑕疵行为，最为常见的减资瑕疵是未履行或未完全履行通知债权人的程序，对于这种减资瑕疵过程中股东的责任，目前相关法律法规没有做出明确的规定，但可比照《公司法》相关原则和规定来加以认定。这种情况下，减资股东虽然不具有抽逃出资的主观故意，但与股东违法抽逃出资对债权人利益的影响，本质上并无不同。因此，可以比照适用股东抽逃出资的法律规定确定股东责任。《〈公司法〉司法解释三》对于股东抽逃出资进行了规定："公司债权人请求未履行或者未全面履行出资义务的股东在未出资本息范围内对公司债务不能清偿的部分承担补充赔偿责任的，人民法院应予支持；未履行或者未全面履行出资义务的股东已经承担上述责任，其他债权人提出相同请求的，人民法院不予支持。"据此，公司瑕疵减资，减资股东应在减资额度内承担补充赔偿责任。下述两则司法判例说明了该点。

案例一：江苏万丰光伏有限公司与上海广力投资管理有限公司、丁甲等分期付款买卖合同纠纷二审民事判决书，见表10-4。

表10-4 "江苏万丰与上海广力、丁甲等买卖合同纠纷案"总结

案件名称	江苏万丰光伏有限公司与上海广力投资管理有限公司、丁甲等分期付款买卖合同纠纷二审民事判决书
案号	（2015）苏商终字第00140号
审理法院	江苏省高级人民法院
诉讼参与主体	上诉人（原审被告）：上海广力投资管理有限公司（下称"广力公司"）
	上诉人（原审被告）：丁甲（曾用名郭小民）
	上诉人（原审被告）：丁乙
	被上诉人（原审原告）：江苏万丰光伏有限公司（下称"万丰公司"）
裁判日期	2015年6月3日
案情概要	原审法院经审理查明： 2010年2月1日，万丰公司与广力公司签订《硅料销售合同》一份，约定万丰公司向广力公司供应原生多晶硅10吨，单价395 000元，计人民币395万元，广力公司于合同签订后3个工作日内支付100万元，剩余货款应于2010年2月28日前支付。合同订立后，万丰公司履行供货义务，但广力公司只付款124万元。2012年10月26日广力公司出具《还款计划》一份，截至2012年10月25日，广力公司共计欠万丰公司本息380万元，由广力公司分期偿还；于2012年10月30日前付款10万元，2012年11月至2013年9月每月还款30万元，并于2013年10月底还清。若广力公司正常执行上述还款计划，万丰公司免除2012年10月26日以后的利息，如果广力公司未按上述还款计划执行，则向万丰公司按同期银行贷款利率的两倍支付利息，万丰公司有权一次性要求广力公司偿还全部本息。协议订立后，广力公司还款35万元，仍拖欠本金236万元。广力公司设立于2009年1月，注册资本2 500万元，其中丁乙认缴额2 000万元，实际出资400万元，持股比例80%，丁甲认缴额500万元，实际出资100万元，持股比例20%。2010年11月19日，广力公司做出股东减资决定，注册资本由2 500万元减少至500万元，丁甲、丁乙持股比例不变。广力公司做出减资决议后未通知万丰公司。2011年1月20日，广力公司存于工商档案的《有关债务清偿及担保情况说明》载明，该公司在上海商报刊登了减资公告，广力公司及丁甲、丁乙承诺，未清偿债务及担保债权，由公司继续负责清偿，并由全体股东在法律规定范围内提供相应担保。后广力公司办理了工商变更登记手续。 二审本院经审理查明： 各方当事人对原审查明的事实无异议，予以确认。

续表

法院观点	本案一审争议焦点：丁甲、丁乙是否应对广力公司所欠货款承担责任； 原审法院认为：2010 年 11 月 19 日，广力公司对注册资本进行了减资，将公司注册资本从 2 500 万元减资至 500 万元，但并未依照《公司法（2005 年修订）》的规定通知万丰公司，且只在当地报纸进行公告，其减资行为存在瑕疵，对债权人万丰公司的利益形成侵害。同时，存于工商档案中的情况说明中载明广力公司及丁甲、丁乙在减资时未清偿债务及担保债权，由公司继续负责清偿，并由全体股东在法律规定范围内提供相应担保。故丁甲、丁乙作为股东，应在其减资额度内对广力公司所欠万丰公司货款承担补充赔偿责任。 二审法院认为： （二）原审判决丁甲、丁乙对万丰公司的还款责任在其减资范围内承担补充赔偿责任合法正确。 公司注册资本既是公司股东承担有限责任的基础，也是公司的交易相对方判断公司的财产责任能力的重要依据，公司股东负有诚信出资以保障公司债权人交易安全的责任，公司减资时对其债权人负有根据债权人的要求进行清偿或提供担保的义务。本案中，在广力公司与万丰公司发生硅料买卖关系时，广力公司的注册资本为 2 500 万元，后广力公司注册资本减资为 500 万元，减少的 2 000 万元是丁甲、丁乙认缴的出资额，如果广力公司在减资时依法通知其债权人万丰公司，则万丰公司依法有权要求广力公司清偿债务或提供相应的担保，万丰公司作为债权人的上述权利并不因广力公司前期出资已缴付到位、实际系针对出资期限未届期的出资额进行减资而受到限制。但广力公司、丁甲、丁乙在明知广力公司对万丰公司负有债务的情形下，在减资时既未依法通知万丰公司，亦未向万丰公司清偿债务，不仅违反了上述《公司法（2013 年修正）》第一百七十七条的规定，也违反了上述《公司法（2013 年修正）》第三条"有限责任公司的股东以其认缴的出资额为限对公司承担责任"的规定，损害了万丰公司的合法权利。而基于广力公司的法人资格仍然存续的事实，原审判决广力公司向万丰公司还款，并判决广力公司股东丁甲、丁乙对广力公司债务在其减资范围内承担补充赔偿责任，既符合上述公司法人财产责任制度及减资程序的法律规定，又与《最高人民法院关于适用〈中华人民共和国公司法〉若干问题的规定（三）》第十三条第二款关于"公司债权人请求未履行或未全面履行出资义务的股东在未出资本息范围内对公司债务不能清偿的部分承担补充赔偿责任的，人民法院应予支持"的规定一致，合法有据

案例二：上海德力西集团有限公司与江苏博恩世通高科有限公司、上海博恩世通光电股份有限公司等买卖合同纠纷二审民事判决书，见表 10-5。

表 10-5 "上海德力西与江苏博恩、上海博恩等买卖合同纠纷案"总结

案件名称	上海德力西集团有限公司与江苏博恩世通高科有限公司、上海博恩世通光电股份有限公司等买卖合同纠纷二审民事判决书
案号	(2016)沪 02 民终 10330 号
审理法院	上海市第二中级人民法院
诉讼参与主体	上诉人(原审原告):上海德力西集团有限公司(下称德力西公司)
	被上诉人(原审被告):江苏博恩世通高科有限公司(下称江苏博恩公司)
	被上诉人(原审被告):冯某
	被上诉人(原审被告):上海博恩世通光电股份有限公司(下称上海博恩公司)
裁判日期	2017 年 1 月 17 日
案情概要	一审法院认定事实: 2011 年 3 月 29 日,德力西公司与江苏博恩公司签订《电气电工产品买卖合同》,合同约定,江苏博恩公司向德力西公司购买 20 台高压开关柜、一台交流屏、一套直流屏等电气设备,合同总金额为 111 万元。合同签订生效后,德力西公司按合同约定交付了上述全部设备。江苏博恩公司向德力西公司支付货款33.3 万元,尚欠 77.7 万元未付。2012 年 9 月,江苏博恩公司的股东召开股东会,通过减资决议,决定江苏博恩公司减资 19 000 万元,注册资本由 2 亿元减为 1 000 万元,并办理了工商变更登记,但江苏博恩公司在减资前未向德力西公司清偿前述债务。二审本院经审理查明: 本院经审理查明,原审查明事实属实,本院予以确认。本院另查明,2012 年 8月 10 日,江苏博恩公司股东上海博恩公司、冯某、陈某召开股东会,一致通过如下决议:(1)委托张某办理变更登记相关事宜。(2)同意公司减少注册资本19 000 万元(其中认缴额 2 700 万元,实缴 16 300 万元),其中:冯某减少 19 000万元(认缴额 2 700 万元,实缴额 16 300 万元)。此次减少注册资本后,公司累计注册资本为 1 000 万元人民币,其中:上海博恩世通光电股份有限公司出资 700万元,陈某出资 300 万元。(3)本次减资后,冯某不再具备股东资格。上海博恩公司和冯某、陈某在决议上分别盖章签字
法院观点	一审法院认为: 江苏博恩公司未能在减资时对德力西公司之债权进行清偿或提供担保,现德力西公司要求其股东冯某在减资范围内对江苏博恩公司的债务承担补充赔偿责任,并无不当,应予支持。德力西公司要求上海博恩公司在减资范围内对江苏博恩公司结欠德力西公司的债务承担补充赔偿责任,缺乏事实和法律依据,一审法院不予支持。 二审法院认为: 对于德力西公司要求冯某、上海博恩公司对江苏博恩公司的上述债务在19 000 万元的范围内承担补充赔偿责任的请求,本院认为亦应予以支持。理由如下:公司减资本质上属于公司内部行为,理应由公司股东根据公司的经营状况通

续表

法院观点	过内部决议自主决定，以促进资本的有效利用，但应根据《公司法（2005 年修订）》第一百七十七条第二项规定，直接通知和公告通知债权人，以避免因公司减资产生损及债权人债权的结果。德力西公司在订立的合同中已经留下联系地址及电话信息，且就现有证据不存在江苏博恩公司无法联系德力西公司的情形，故应推定德力西公司系江苏博恩公司能够有效联系的已知债权人。虽然江苏博恩公司在《江苏经济报》上发布了减资公告，但并未就减资事项直接通知德力西公司，故该通知方式不符合减资的法定程序，也使得德力西公司丧失了在江苏博恩公司减资前要求其清偿债务或提供担保的权利。由于江苏博恩公司减资行为上存在瑕疵，致使减资前形成的公司债权在减资之后清偿不能的，上海博恩公司和冯某作为江苏博恩公司股东应在公司减资数额范围内对江苏博恩公司债务不能清偿部分承担补充赔偿责任

此外，公司减资是公司股东（大）会决议的结果，公司减资的受益人是股东自身，因此，为了维护交易安全，保护债权人的利益，减资后对于未清偿的债务，应由股东在减资所取得的财产的范围内对债权人承担补充清偿责任。表 10-6 中的司法判例便说明了该点。

表 10-6　"上海主语、王甲等与英科浦、石某、徐某企业借贷纠纷案"总结

案件名称	上海主语文化传媒有限公司、王甲等与英科浦商务咨询（上海）有限公司、石某、徐某企业借贷纠纷上诉案
案号	（2010）沪二中民四（商）终字第 1047 号
审理法院	上海市第二中级人民法院
诉讼参与主体	上诉人（原审被告）：上海主语文化传媒有限公司（下称"主语公司"）
	上诉人（原审被告）：王甲
	上诉人（原审被告）：上海新主语传媒有限公司（下称"新主语公司"）
	上诉人（原审被告）：程某
	上诉人（原审被告）：颜某
	上诉人（原审被告）：王乙
	上诉人（原审被告）：谭某
	上诉人（原审被告）：陈甲
	上诉人（原审被告）：严某
	被上诉人（原审原告）：英科浦商务咨询（上海）有限公司（下称"英科浦公司"）
	被上诉人（原审被告）：石某
	被上诉人（原审被告）：徐某

续表

裁判日期	2011 年 1 月 26 日
案情概要	原审法院经审理查明: 主语公司于 2005 年 3 月 17 日成立,公司的注册资金为人民币(以下币种均为人民币)100 万元,公司股东为王甲、程某、颜某、王乙、谭某、陈甲、严某。2007 年 9 月 28 日,主语公司召开公司股东会,通过股权转让方式,增加石某、徐某为主语公司的股东,股东人数增至九人,主语公司的注册资金仍为 100 万元。2007 年 12 月 4 日,主语公司召开股东会,增加新主语公司为主语公司的股东,公司注册资金增至 5 100 万元,其中增资的 5 000 万元由新主语公司负责投入,首期投入 3 000 万元(2007 年 12 月 13 日投入),第二次投入 2 000 万元(2009 年 12 月 12 日投入)。事后,主语公司向工商部门办理了公司增资手续,公司的注册资金为 5 100 万元,其中实收资金为 3 100 万元。2008 年 5 月 12 日,主语公司召开股东会,商议对注册资金进行减资,注册资金从 5 100 万元减为 100 万元,实收资金从 3 100 万元减为 100 万元,公司的股东没有变更。2008 年 8 月,主语公司向工商部门办理注册资金的减资手续。在减资过程中,主语公司的所有股东向工商部门出具了"有关债务清偿及担保情况说明"一份,明确:根据公司编制的资产负债表及财产清单,公司应偿付的债务 13 186 231.43 元,至 2008 年 7 月 31 日,公司已向要求清偿债务的债权人清偿了全部债务。未清偿的债务,由公司继续负责清偿,并由全体股东提供相应担保等。 二审本院经审理查明: 经审理查明,原审法院查明的事实属实
法院观点	原审法院确认: 英科浦公司与主语公司间的债权、债务关系事实清楚,主语公司长期拖欠英科浦公司借款不还,侵犯了英科浦公司的合法权益,理应立即归还,主语公司的全体股东应在主语公司不能清偿部分承担连带清偿责任。石某、徐某经原审法院合法传唤无正当理由拒不到庭,视为放弃抗辩权利。原审法院审判委员会讨论决定,根据《民法通则》第八十四条、《民事诉讼法》第一百三十条的规定,判决:一、上海主语文化传媒有限公司应于本判决生效之日起十日内返还英科浦商务咨询(上海)有限公司借款 13 086 600 元。二、王甲、上海新主语传媒有限公司、程某、颜某、王乙、石某、徐某、谭某、陈甲、严某对上海主语文化传媒有限公司不能清偿英科浦商务咨询(上海)有限公司上述债务的部分,承担连带清偿责任。 二审法院认为: 2. 关于主语公司全体股东对主语公司应付款项承担责任以及适用法律的问题。本院认为,上述债务发生在主语公司减资前,而且主语公司在进行公司注册资金减资时,所有股东向工商部门提供的相关资料中承诺,主语公司的对外债务已全部清偿,不能清偿部分,由主语公司继续清偿,并由全体股东提供担保,原审法院据此做出本案由主语公司的全体股东对主语公司应付款项承担责任的认定是正确的。但依据我国《公司法(2005 年修订)》对有限责任公司股东以其认缴的出资额为限对公司承担责任的规定以及《公司法(2005 年修订)》第一百七十八条第二款"公司应当自作出减少注册资本决议之日起十日内通知债权

法院观点	人，并于三十日内在报纸上公告。债权人自接到通知书之日起三十日内，未接到通知书的自公告之日起四十五日内，有权要求公司清偿债务或者提供相应的担保"的规定，主语公司的全体股东对主语公司应付款项承担的责任形式应为：在其减资范围内对主语公司应当向英科浦公司清偿债务部分共同承担连带清偿责任。原审法院判决主文第二项对全体股东责任承担表述不清，二审法院依法予以变更

需要注意的是，对于投资方来说，通过减资的方式退出，由于需要对减资之前的债务在减资取得的财产范围内承担补充清偿责任，并不能算作最佳的退出方式。

（三）公司实际控制权变更情形下的优先清算权

1. 优先清算权与共售权的适用

公司创始股东对外转让股权，若因此导致标的公司的实际控制权发生了变更，该种情况也属于优先清算权的适用情形。

共售权也是风险投资领域的常见条款，指的是创始股东拟对外转让股权时，投资方有权按其持股比例以创始股东的对外转让价格与创始股东一并向第三方转让其股权，其常见条款表述如下：

如果转让方拟向受让方转让公司的任何股权，且投资方未就拟转让股权行使其优先购买权，则投资方有权向转让方发出共售通知，投资方有权但无义务要求受让方以转让通知中载明的价格和其他条款和条件或再行议定的相同条件向投资方购买投资方所持公司股权。

投资方应当在收到出售通知后的三十日内决定是否行使共同出售权并书面通知转让方和公司。如果投资方决定行使前述规定的共同出售权，则应向转让方和公司发出参与出售的通知，该行使共售权通知应载明其拟参与出售的股权的数量。

如投资方行使共售权，有关转让方应采取包括相应缩减转让方出售股权数量等方式确保投资方的共售权实现。投资方在收到转让通知后三十日内未明确以书面形式表示行使共售权的，则视为投资方放弃行使共售权。如果投资方已恰当地行使共售权而受让方拒绝向投资方购买相关股权，则上述转让方不得向受让方出售公司的任何股权。如果转让方违反本条规定出售公司的股权，则投资方有权以相同的价格和其他条款和条件将其根据共售权本应出售给受让方的股权强制出售给转让方，转让方应当向投资方购买其根据本条强制出售给该等转让方的公司股权。如果转让价格低于该投资方投资于公司时的投资款项的 x 倍加上一定比例的溢价的，转让方应就差额部分予以补足。

因此，在投资协议中可以约定，若投资方同意与创始股东一同出售公司股权，其出售股权所得的价款不足其投资款项的 x 倍加上一定比例的溢价的，就差额部分，创始股东应进行补足（补足的款项以创始股东就出售股权所得的转让价款为限）；若受让方拒绝向投资方购买相关股权的，则创始股东亦不能进行出售，如果创始股东违反规定出售公司的股权，则投资方有权以相同的价格和其他条款和条件将其根据共售权本应出售给受让方的股权强制出售给创始股东，创始股东应当向投资方购买其根据本条强制出售给创始股东的公司股权。如果转让价格低于该投资方投资于公司时的投资款项的 x 倍加上一定比例的溢价的，创始股东应就差额部分予以补足。

同时，对于投资方按其持股比例行使共售权后的剩余股权，投资方可以通过股权转让的形式进行退出，如果转让价格低于该投资方投资于公司时的投资款项的 x 倍加上一定比例的溢价的，亦可以要求创始股东就差额部分予以补足。对于投资方未行使共售权的情况，在以后公司的经营发展过程中，可以通过股权转让的方式进行退出。

2. 股权转让

如上所述，股东将公司控股权或实际控制权转让的股权转让交易也会被视同为清算事件（虽然事实上并不清算公司），从而使投资方可以按照清算时的分配原则来分配从该等股权转让交易中获得的收益。

股权转让情形示例：公司发展状况良好，第 4 年时全体股东拟将公司100%股权转让给某行业巨头，某行业巨头作为受让方给予转让方一定的股权转让价款。这种情形下，各类清算优先权下投资方和创始人的分配情况如下：

（1）不参与分配的优先清算权。

①即优先权股东在行使优先权后，不再将优先股转化为普通股参与到普通股股东分配中。

②条款描述为："在公司发生视同清算（指股权转让交易或资产处置交易，下同）的情形时，投资方有权优先于创始人及其他现有股东取得相当于本次投资额的 x 倍的金额，公司剩余资产将按股东持股比例在其余所有股东之间分配。"（这里的 x 倍为约定优先清算回报系数，通常约定为 1.2~2 倍。）

③举例说明，假设约定优先清算回报是 1.5 倍的情况，如果投资方向公司投资 1 000万元，持有公司 10% 的股权。表 10-7 是公司在不同股权转让价款情况下，投资方和创始人及其他股东所得到的资产价值：

表 10-7　股权转让下的不参与分配的优先清算权分配表

	股权转让价款 1 500万元	股权转让价款 10 000万元	股权转让价款 50 000万元
投资方	1 500万元	1 500万元	1 500万元
	1 500×10% = 150 万元 （依据持股比例分配）	10 000×10% = 1 000万元 （依据持股比例分配）	50 000×10% = 5 000万元 （依据持股比例分配）
创始人及其他股东	0	8 500万元	48 500万元
	1 350万元 （依据持股比例分配）	9 000万元 （依据持股比例分配）	45 000万元 （依据持股比例分配）

可以看出，在股权转让价款特定的情况下，若投资方按持股比例分配的数额高于优先清算回报时，投资方通常会放弃优先清算权，和普通股股东共同按持股比例分配；否则，投资方会采取不参与分配的优先清算权的方式，获得相应的优先清算回报。

（2）完全参与分配的优先清算权。

①即优先权股东在行使优先权后，优先权股东持有的优先权股权还有权转化为普通股参与到普通股股东分配之中。

②条款描述为："在公司发生视同清算的情形时，投资方有权优先于创始人及其他公司现有股东取得相当于本次投资额的 x 倍的金额，在清算优先额得到足额支付之后，公司的剩余资产按比例在所有股东（包括投资者）之间进行分配。"

③举例说明：同样的投资金额及股权比例，同样的约定优先清算回报系数，我们来看看公司不同股权转让价款情况下，投资方和创始人及其他股东所得到的资产价值，见表 10-8。

表 10-8　股权转让下完全参与分配的优先清算权分配表

	股权转让价款 1 500万元	股权转让价款 10 000万元	股权转让价款 50 000万元
投资方	1 500万元	1 500万元+（10 000万元－ 1 500万元）×10% = 2 350 万元	1 500万元 +（50 000 万元 － 1 500万元）×10% = 6 350万元
创始人及 其他股东	0	7 650万元	43 650万元

由此可见，在完全参与分配清算优先权的情形下，投资方在股权转让价款大于优先清算回报1 500万元时，所获的回报大于不参与分配清算优先权的情形。这也是大部分投资方愿意选择参与分配清算优先权的原因。

（3）附上限参与分配的优先清算权。

①即优先权股东在行使优先权后，优先权股东持有的优先权股权继续可以转换为普通股参与到普通股股东分配之中，但是当优先权分配+普通股股权分配达到特定金额后，优先权股权将停止参与分配，剩余公司股权价值将由普通权股东按比例进行分配。

②条款描述为："在公司发生视同清算的情形时，投资方有权优先于创始人及其他公司现有股东取得相当于本次投资额的 x 倍的金额，剩余资产按比例在所有股东（包括投资者）之间进行分配；但投资方一旦获得的回报达到 y 倍于原始投资额时，将停止参与分配。之后，公司剩余资产将按股东持股比例在其余所有股东之间分配。"

③举例说明：同样的例子，假定投资方的回报上限是投资方原始投资额的 3 倍（也即3 000万元）（通常上限约定为2~3 倍），见表10-9。

表 10-9　股权转让下附上限参与分配的优先清算权分配表

	股权转让价款 1 500万元	股权转让价款 16 500万元	股权转让价款 50 000万元
投资方	1 500万元	1 500万元+（16 500万元 −1 500万元）×10% =3 000万元	3 000万元
	1 500万元×10% =150 万元 （依据持股比例分配）	16 500万元×10% =1 650万元 （依据持股比例分配）	50 000万元×10% =5 000万元 （依据持股比例分配）
创始人及其他股东	0	13 500万元	47 000万元
	1 350万元 （依据持股比例分配）	14 850万元 （依据持股比例分配）	45 000万元 （依据持股比例分配）

可以看出，在股权转让价款特定的情况下，若投资方按其持股比例分配的数额高于回报上限时，投资方通常会放弃清算优先权，和普通股股东共同按比例分配。否则，投资方会采取附上限参与分配的优先清算权的方式，优先获得清算回报，然后按持股比例和普通股股东共同分配剩余资产（如有），但不得超过约定的回报上限。

七、从司法判例看优先清算权的实践效果及涉及的法律问题

笔者在威科先行法律信息库(https://law.wkinfo.com.cn) 以"优先清算权"为关键词进行全文检索，得到案例检索结果 5 个。纵观这 5 份案例，其裁判文书提及"优先清算权"的次数为一到两次，但优先清算权并非这些案件的争议焦点所在。该等案例中将"优先清算权"作为认定的事实之一，但不能充分说明法院认可优先清算权条款的效力。笔者猜测是因为在多数情况下，投资方在公司进入清算程序前已经通过回购条款等退出机制退出了公司，而且进入清算程序的公司很少存在足够可供股东分配的剩余财产。

八、总结及建议

（一）优先清算权价值

优先清算权条款作为在股权投资领域中保护投资者的一项条款，在司法实践中对于此条款所涉及的相关案例较少，且并未出现对优先清算权的条款

效力、违反优先清算权的法律后果等事项产生争议的案例。总体而言，对于优先清算权，司法层面上的指引较为缺失。

诚然，优先清算权作为股权投资协议中的主要条款，对于投资方和企业都具备一定的价值。其中，对投资方而言，通过优先权条款的约定，很大程度上保障了投资款项的固定回报，且在固定回报基础上可以获得相应比例的普通股分配权，也就是优先权兜底，普通股博取收益，实现了风险规避和逐取利益的双重目的。对于对标的公司而言，这类条款虽然单纯从条款上是不利于企业和企业主的，加重了企业和企业主的责任，但实际在投融资的商务洽谈之中，企业的估值水平会更高，企业为获得特定金额的投资而必须出让的股权比例更小。

（二）优先清算权条款设置建议

《公司法》第一百八十六条的规定虽然没有明确授权公司章程可以设置优先清算权，但也没有禁止设置优先清算权。因此，笔者认为，对于公司法意义上的清算，公司在清算时如果按照法律规定优先支付了清算费用、职工的工资、社会保险费用和法定补偿金，缴纳所欠税款及偿付公司债务后，就剩余财产的分配，公司章程可以自行规定清算时哪一方享有优先受偿权；对于公司主要资产/全部资产出售和实际控制权变更情形下的优先清算权的条款安排，投资方可以与公司其他股东在投资协议中进行约定。

因此，在优先清算权的条款设计中，应保持股权投资协议与公司章程的一致性，分别做出特别规定，在不违反法律、行政法规强制性规定及排除《合同法》第五十二条规定的合同无效情形❶的情况下，对投资方给予优先清算权的条款设计的，笔者认为，应该是可以进行操作的。

对于不同的主体来说，在设置优先清算权的条款时，应各有其关注，其中：对于投资方而言，应争取多倍数的优先清算权，如果有可能的话，还可附带无上限的参与分配权；同时，需在投资协议中明确优先清算权的类型、倍数、有无参与权等权益条款；亦可约定被投资公司可分配利润较低或出现亏损时，被投资公司股东对公司的优先清算支付承担连带责任。对于被投资公司而言，签订投资协议时，应仔细辨别优先清算权的触发条件，即哪些属

❶ 《合同法》第五十二条规定："有下列情形之一的，合同无效：（一）一方以欺诈、胁迫的手段订立合同，损害国家利益；（二）恶意串通，损害国家、集体或者第三人利益；（三）以合法形式掩盖非法目的；（四）损害社会公共利益；（五）违反法律、行政法规的强制性规定。"

于约定的清算事件；也应争取低倍数的优先清算权，如果有可能，最好能让投资方放弃参与分配权的条款；如果约定了附上限参与分配优先清算权，应注意对"上限"的约定，必须明确在投资协议中，并保证其准确无异议。

另外，在多轮融资的情形下，应关注各投资方的清算优先权的顺序，在实践中最常用的规则是：后来先分。即后轮投资方的清算优先权顺位优先于前轮投资方，比如，一共进行了 ABC 轮融资，则 C 轮投资方最优先，然后是 B 轮投资方，最后是 A 轮投资方。

第十一章

用一个支点撬动"地球"

——拖售权

一、拖售权条款的定义

实际上，拖售权是一个从域外引入的概念，一般也称为领售权、强制随售权。其基本含义是：根据股东协定，享有拖售权的股东，在其将所持股份出售给第三方的时候，有权迫使其他股东以相同的价格、同等的条件出售其股份。从拖售权的定义来看，其主要构成要件有以下五点：

一是拖售发起人。在拖售权条款中，拖售权的发起人一般是投资方，而拖售权的义务主体一般为创始股东。若投资方发起拖售权，可以强制创始股东一起将其股权转让给第三方。当然，创始股东为了约束投资方，也可以作为拖售发起人。

二是触发事件。不同投资协议对触发拖售权的条件约定不同。有些投资协议将时间作为触发条件，如"在本轮融资满5年后"，有些以特殊事件作为触发条件"若公司在5年内未成功上市"，有些则以经营情况作为触发条件"若公司的营业利润少于30亿元"。拖售权触发条件的设置一般与企业的发展情况及投资方的投资预期挂钩。

三是转让对象。一般的拖售权条款，都会限制行使拖售权的交易第三方。[1] 很多战略投资者出于业务整合的需求，都希望未来在目标公司发展较好的情况下，能够全资收购该公司，因此希望在领售权条款中明确约定交易的买方也包括投资人的关联方。但是，该等约定显然对目标公司是极为不利的。

---

[1] 张鹏飞. 风险投资中领售权条款法律问题研究 [J]. 金融法苑, 2017 (01)：83-98.

所以，拖售权条款通常会限定未来出售事件中的买方不得是投资者的关联方，以防止投资者滥用该条款，强迫其他股东向其关联方低价出售公司。❶ 另外，创始人还可以与投资方约定公司不得转让给公司的竞争对手，以保护创始人的创业成果。

四是运行程序。欲实现拖售权，必须经过一定比例的表决权股东同意。根据《公司法》，有限责任公司股东向股东以外的人转让股权，应当经其他股东过半数同意。经股东同意转让的股权，在同等条件下，其他股东有优先购买权。

五是转让价款。拖售权条款通常会设置最低转让价格，或者约定转让价款不得低于融资价格的几倍，使拖售权不至被滥用，损害被拖售主体的权益。需要注意的是，拖售权行使后往往会同时触发"视为清算"的情形，因而拖售权条款一般与优先清算权条款绑定在一起，并在优先清算权条款中要求获得其投资额的 n 倍（一般设置为 2 倍）以上的投资回报。此时，若受让方购买股权的价款不能满足投资方的投资回报要求，则创始股东还需承担补足义务。

二、拖售权在股权投资中的市占率分析

根据经纬创投于 2017 年 9 月发布的融资条款统计报告（数据来源：汉坤律师事务所），在作为统计样本的 217 个项目中，有 153 个项目约定了拖售权。其中，以时间为标准的项目约占 17%；以估值为标准的项目约占 31%；以时间+估值为标准的项目占比 30.07%。

三、拖售权的分类

（一）以触发条件作为分类依据

以时间为触发条件：约定拖售权仅在自本轮融资交割起若干年后方可行使。

以估值为触发条件：约定当公司整体估值低于某特定金额，或低于本轮投后估值的若干倍数。

以估值和时间作为触发条件：如"自本轮融资交割起 3 年后，公司股权出售时的每股价格少于本轮融资时的每股价格的 3 倍"。

---

❶ 陈芳，高欣，胡韵. 私募基金实务系列之解析领售权条款［EB/OL］.（2017-11-08）［2018-10-31］. http://www.zhonglun.com/Content/2017/11-08/1752214181.html.

（二）以拖售主体作为分类依据：多数式拖售或少数式拖售（触发式拖售）

多数式拖售：即公司大股东或者持有股份较多的股东行使拖售权，强制要求其他少数股东与其共同出售股权。下述"饿了么收购案"即为多数式拖售。

少数式拖售：即公司小股东或者持有股份较少的股东行使拖售权，强制要求其他多数股东与其共同出售股权。在风险投资交易中，拖售权通常由作为少数股东的投资方享有。拖售权可以保证投资方作为小股东，即使不实际管理、经营企业，在想要退出的时候，原始股东和管理团队也不得拒绝，必须按照拖售方和并购方达成的并购时间、条件和价格完成并购交易。下述"俏江南事件"即为少数式拖售。

四、相关交易案例：俏江南事件、饿了么收购案

（一）俏江南事件❶

在俏江南事件中，张兰（大股东，持股89.47%）与投资方鼎晖投资（小股东，持股10.53%）签订了包含拖售权条款、优先清算权、股份回购等特殊条款的投资协议。其中拖售权条款表述为：若公司在一定的期限内未完成IPO时，如果鼎晖投资拟出售或者清算公司，张兰应该同意此交易，并以同样的价格和条件出售股份。

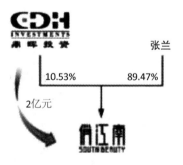

图 11-1　鼎晖入股俏江南

---

❶ 从张兰净身出局　看俏江南资本之殇［EB/OL］.（2016-01-11）［2018-10-31］. http://business.sohu.com/20160111/n434103687.shtml.

俏江南最终未能实现在 2012 年年末之前完成 IPO，导致其触发了鼎晖融资时签署的"股份回购条款"。这就意味着，俏江南必须用现金将鼎晖所持有的俏江南的股份回购回去，同时还得保证鼎晖获得合理的回报。但处于经营困难期的俏江南显然无法回购鼎晖投资的股份，此时俏江南的命运已经不再掌握在张兰手中了。

在此背景之下，2013 年 10 月 30 日，路透社爆出欧洲私募股权基金 CVC 计划收购俏江南的消息。

2014 年 4 月，CVC 发布公告宣布完成对俏江南的收购。根据媒体的报道，CVC 最终以 3 亿美元的价格收购了俏江南 82.7% 的股权。由此可以推测，除了鼎晖出售的 10.53%，其余超过 72% 的部分即为张兰所出售（详见图 11-2）。CVC 入主俏江南之后，张兰成为仅持股百分之十几的小股东。

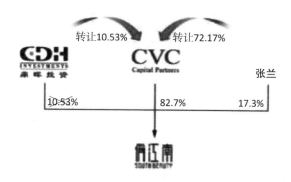

图 11-2　鼎晖领衔出售俏江南

CVC 对俏江南采取了杠杆收购的方式：首先，CVC 用少量资金出资设立一家专门用于并购的壳公司"甜蜜生活美食控股"；之后，以该壳公司为平台向银行等债权方融资，并将股权质押；接着，壳公司向张兰及鼎晖收购俏江南的绝大部分股权；最后，壳公司将俏江南吸收合并，合并之后俏江南注销，壳公司更名为俏江南，张兰持有的原俏江南少量股权转变为新的俏江南的少量股权，如图 11-3 所示：

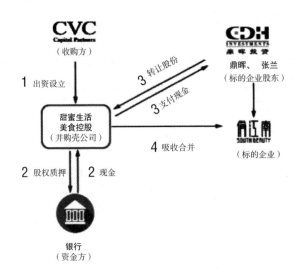

图 11-3 CVC 收购俏江南的流程

据报道，CVC 收购俏江南的 3 亿美元总代价中，有 1.4 亿美元系从银行融资获得，另外有 1 亿美元是以债券的方式向公众募集而来，CVC 自身实际只拿出 6 000 万美元。

由于俏江南的经营一直未见起色，CVC 不愿在俏江南的泥潭里陷得更深，索性就放弃俏江南的股权，任由银行等债权方处置俏江南了。

张兰随之委托律师发布声明澄清道："据相关媒体报道及经本律师调查，CVC 因其未能依约向银团偿还约 1.4 亿美元收购贷款，银团已经授权香港保华顾问有限公司的代表于 2015 年 6 月 23 日出任俏江南集团的董事，CVC 的委派代表不再担任俏江南集团的董事会成员。"

但是，由于当初并购时质押的是俏江南全部的股权，张兰也随之失去了自己在俏江南的少数股权。

（二）饿了么收购案

2015 年 8 月 24 日，华联股份的全资子公司新加坡商业公司，以增资形式成为 Rajax Holding 的股东，投资金额为 9 000 万美元。交易完成后，新加坡商业公司持有 Rajax 股权比例为 4.83%。Rajax 的主要运营品牌为"饿了么"。

基于 2017 年 8 月签署的 ROFR 协议中关于强制拖售权的安排，若 Rajax 未来发生并购、重组、资产买卖、股权买卖、控制权变更等重大清算事件时，在阿里巴巴、Rajax 多数优先股股东及多数普通股股东书面同意的情况下，其他未书面同意的股东必须接受并执行交易安排，并且 Rajax 任何董事可以代表未书面同意的股东签署交易文件。

截至收购公告披露日，新加坡商业公司收到 Rajax 通知，阿里巴巴、Rajax 多数普通股及优先股股东已书面同意将其所持有的 Rajax 股权转让给阿里巴巴旗下全资控股子公司 Ali Panini Investment Holding Limited，已达到拖售权的条件。

由于新加坡商业公司未向 Rajax 发出书面同意意见，董事张旭豪已代表公司签署全部交易文件。新加坡商业公司将必须接受本次交易安排，将所持有的全部股份转让给 Ali Panini Investment Holding Limited，交易对价为 1.847 亿美元。

从上述两个案例来看，拖售权条款在商业活动中的运作机制已经较为成熟，对于投资方来说，拖售权条款是他们实现股权投资"止损保值"的重要手段。但对于公司创始股东，拖售权是一个对其极为不利的条款，一旦无法达到约定的上市要求或者业绩标准，那么创始股东苦心经营的公司就将付之东流，拱手出让。所以，如何运用拖售权条款，对于投资方和创始股东都是一个关键问题。

五、拖售权的条款表述

（一）美国风险协会范本示范的拖售权条款

在美国风险投资协会编撰的《风险投资示范合同》中，拖售权的实现条款主要体现在《投票协议》范本中。主要包括拖售权的定义、各股东需配合采取的行动、例外规定等。

1. 定义

拖售权是指赋予特定股东在无须实施强迫合并（Freeze-out Merger）的情形下出售公司的全部或者部分股权。出售公司指的是自然人、法人或其关联主体❶购得代表公司 50% 投票权的股票（"股本出售"）或"视为清算事项"导致的交易。

---

❶　范本中将收购主体定义为"a Person，or a group of related Persons"，笔者认为应意译为"自然人、法人或其关联主体"。

2. 各股东需配合采取的行动❶

（1）如该交易须经股东批准，则股东应无条件同意，或者无条件反对任何可能阻碍该交易的议案；

（2）出售条件应等同于出售投资方；

（3）签署所有相关文件，包括转让文件、购买协议、兼并协议、补偿协议、有条件转让的契约、同意书、放弃声明、政府批准、经正式背书转让的股票证明（不存在权利负担）和任何其他同类相关文件；

（4）没有任何限制投票权（我们称"表决权"）的安排或者协议；

（5）放弃异议股东权利。

3. 股东除需遵守上述第 2 条的安排，还应履行以下程序：

（1）该股东的任何陈述和保证限于与权限、所有权、转让股票权利的能力，包括但不限于下述事项：①股东持有的股票，不存在任何权利负担的；②得到相应的内部批准；③签订与交易相关的文件，且不违反法律法规或任何法院或政府机构的判决、裁定或禁令；

（2）股东对出售安排的陈述、保证均是准确的；

（3）因虚假陈述造成损失的，该股东应按其持股比例承担责任，且不与任何其他人连带承担；责任应限于就拟出售实际支付给该股东的对价额，但下述事项除外：①该股东就其股份的权限、所有权和转让权利能力做出的陈述和保证；②该股东就与拟出售相关的保密或投票订立的任何契约；③与该股东欺诈或故意违约相关的权利主张在此等情况下，责任不受限；

（4）在拟出售完成时，公司各优先股股东和普通股股东会就其所有的普通股和优先股得到同等形式的对价，除非至少"特定百分比"的（A 序列优先股）的持有者在拟出售生效日之前至少×天向公司发送书面通知另行选定，所有优先股和普通股持有者可得到的累计对价应按各优先股股东和普通股股东根据公司章程规定的清算安排比例进行分配；

（5）受限于上述（4）项对公司普通股和优先股得到同等形式对价的要求，如任何公司股本股持有者得到期权作为拟出售结果所得对价的形式和金额，则所有该股本股持有者均应被授予同样期权。

美国风险协会提供的范本不仅规定了拖售权的实施要件，还规定了实施的程序。但是，从其提供的标准文本来看，对于拖售权条款的设定仍缺少一

---

❶ 此条款为意译。

定的逻辑性，此外，优先股在我国的适用条件有限，上述的指引文本只能作为境内公司拖售权条款的起草参考。

（二）我国拖售权条款的一般表述

"本次增资完成后 3 年，如有第三方对公司提出真实的兼并收购要约（包括但不限于收购公司部分或全部或实质上全部的股份、资产或业务），且收购价格为本次增资投资价格的 5 倍以上，并且取得届时全部投资方合计持有的表决权过半数同意（全部投资方作为同一类别一起投票），则届时本轮投资方有权要求公司其他所有股东，且公司全部其他股东应当在本轮投资方发出领售通知的 30 个自然日内同意出售，并以领售通知中规定的同等条款和条件及价格出售其所持有的全部公司股权，公司全部股东同意签署一切必要的文件以使得该收购得以实现，公司全部股东及届时其他股东也有义务按照相同的条款和条件转让他们的股份（全部或按相同比例）。

在不违反本条前述规定的前提下，如因某一或全部除投资方以外的其他股东、现有股东或其委派的董事的原因导致收购无法完成，则该股东或该董事所代表的股东，有义务按不低于本协议本条前述规定中第三方提出的收购价格和条款购买投资方持有的公司的全部股权。"

在拖售事件发生后，公司股权的出售对象不包括公司的业务竞争对手、投资方的任何关联公司（包括但不限于母公司、子公司、可以实施控制权的公司、业务关联公司）以及个人。

但是，若在拖售事件发生后 3 个月内，公司无法向限制转让对象以外的第三方出售公司，或投资方不同意限制转让对象以外的第三方提供的报价，投资方有权要求公司向限制转让对象转让股权，但转让价格不得低于本次增资投资价格的 5 倍。"

六、从司法判例看拖售权的实践效果及涉及的法律问题

（一）我国的司法实践

我国法律法规对拖售权尚无相关规定，也没有相关的司法判例予以佐证。但怀特 & 威廉律师事务所（White and Williams LLP）代理的上海法院的一起诉讼案件引起了我们的关注。由于最后原告双方以和解结案，相关的文书也

未公开。我们通过访问 White and Williams LLP 官方网站，找到了这起拖售权案件。❶ 这起诉讼涉及一家总部位于香港的私募公司，该公司投资了一家上海公司，并持有多数股权。根据股东协议中的拖售权条款，目标公司大股东香港公司有权强制小股东（目标公司原股东）一同出售目标公司股权。在将目标公司出售给第三方买方时，所有股东转售股权的价格、条款和条件相同。后来，大股东香港公司决定出售目标公司并行使拖售权。但目标公司小股东拒绝出售其股权，理由是拖售权是不公平的，损害到了小股东的利益，且不受中国法律的承认。香港公司因此向法院提起诉讼，请求法院予以强制执行。

其间，第三方买方鉴于交易的不确定性撤回了要约。香港公司将诉讼请求变更为要求小股东赔偿前述拖售交易取消所造成的损失。2008 年 10 月底，经过长时间的审判，上海法院促成双方达成和解。在审判期间，小股东的律师认为拖售权条款本质上是不公平的，法官虽然没有做出明确的意见，但否认了这样的观点，认为：所有股东均以相同的价格、条件将股权转让给了第三方，不存在任何不公平之处。

最终，双方同意小股东以原第三方买方要约的价格将其全部股权转让给香港公司，从而解决了这一争端。对价为原第三方买方要约的价格减去香港公司在本次诉讼中支付的诉讼费用。

在上述的案件中，实际上法院并未对拖售权的效力做出明确的判断，也未完全否定拖售权的运用。由于我国没有拖售权的相关法律规定，所以只能运用法律原则对案件进行判断分析。在民事法律体系中，可以适用到本案的原则是平等原则、自愿原则及公平原则。从平等原则看，双方都是平等的民事法律主体，不存在任何附属关系；从自愿原则看，拖售权条款是拖售权股东和被拖售股东自愿签署的；从公平原则看，所有股东向外转让的价格和条件都是一样的。基于上述考虑，法院无法否定拖售权的效力；但迫于没有法律的明文规定，法院踟蹰于肯定拖售权条款的效力。

（二）域外的法律规定和司法实践

纵观域外的法律规制和司法实践，拖售权条款基本可以得到承认。

---

❶ Chun sheng Lu, Gary P. Biehn, Private Equity in China: Enforceability of Drag-Along Rights［EB/OL］.（2008）［2018-10-31］. https://www.whiteandwilliams.com/experience-Private-Equity-China-Drag-Along-Rights.html.

1. 法律规定

《美国标准商事公司法》规定了股东协议只要不与公共政策相抵触就是有效的，并列举了股东协议禁止事项，其中未包括拖售权条款。《特拉华州公司法》虽没有对拖售权做出明确的规定，但允许股东间或股东与公司之间协议限制股权的转让，同时亦说明了限制股权转让无效的情形。❶ 两部法律均以"反向列举"的方法约束股权转让行为，意在赋予股东治理公司的自由权利。

与美国的相关规定相类似，《澳大利亚公司法》第一百四十条第一款规定，公司成员与公司间、公司与董事、公司成员之间都可以订立协议，对相关权利进行约束。该法第一百四十一条列举了可以通过股东之间的协议来约定的事项，其中包括股权转让的自由性。《英国公司法》第五百五十四条规定，公司股东的股份可以根据公司章程转让。同时，根据该法的第十七条、第二十九条可知，英国的公司章程不仅包括狭义的公司章程，还包括公司的特殊决议、全体公司成员同意的决议和协议、同一类别股东一致同意的决议和协议等。❷

《墨西哥公司法》则明确了公司可以在章程中约定随售权、拖售权等权利。❸ 在韩国，拖售权条款也可以实行，只不过需要董事会的批准，但是公司可以通过公司章程排除董事会批准的程序。❹

2. 司法实践

国外的相关案例也对拖售权做出了一定的判定。2015 年，特拉华州 Halpin v. Riverstone National, Inc. 一案可以看出法院对拖售权的观点。2009 年 6 月 5 日，持有 Riverstone National 公司（以下译称"瑞斯通公司"）约 9% 股份的 5 名少数股东与瑞斯通公司订立股东协议。协议规定，当公司遇到控制权变更交易时，91% 的多数股东可要求这 5 名少数股东一起出售股份，且他们需无条件投票支持并购计划。但是，行使拖售权的前提是必须通知这 5 名

---

❶ 《特拉华州公司法》第六章第 202 节规定，股东之间可以通过书面协议对股份转让加以"限制"，受到协议约束的股东必须根据约定向股东或股东以外的第三人转让股份。如果缔结协议的股东不遵守约定，其他股东可以诉请法院强制执行。

❷ 葛伟军，译. 英国 2006 年公司法 [M]. 北京：法律出版社，2012：10-15，357.

❸ Purchase and sale option rights and obligations may be agreed to in the company charter, including tag-along rights and drag-along rights [EB/OL]. (2014-06-20) [2018-10-31]. http://www.haynesboone.com/alerts/amendments-to-mexico-corporations-law.

❹ Kim, Eugene, & Amp P R L, et al. [13PacRimLPolyJ439] Venture Capital Contracting Under the Korean Commercial Code: Adopting U. S. Techniques in South Korean Transactions [J]. Pac. rim L. & Poly J, 2004.

股东。

2014 年 5 月 29 日，瑞斯通公司的 91% 多数股东在未向少数股东提供任何事先通知的情况下，与第三方 Greystar 公司（以下译称"格雷星公司"）签订合并协议。合并协议约定，将格雷星公司及其全资附属公司合并至瑞斯通公司。2014 年 5 月 30 日，双方签署合并协议，并于 2014 年 6 月 2 日生效。

2014 年 6 月 9 日，瑞斯通公司向少数股东发出通知，声明多数股东将行使拖售权，要求 5 名少数股股东支持此项合并。在收到通知后，两名少数股股东行使股份请求回购权。接着，瑞斯通公司对 5 名少数股股东反诉，要求 5 名股东履行拖售权。

法院认为，股东协议约定了拖售权的提前通知条款，如果未按约定将拟合并动议通知小股东，就不能行使拖售权，但如果瑞斯通公司遵守了相关约定，就可以强制小股东同意合并。但是本案中法院却没有回答以下问题：股东协议中关于拖售权的约定是否可以不受公司法中关于股份请求回购权规定的约束。

同样在美国特拉华州，州最高法院判决的 Minnesota Invco of RSA #7, Inc. Vs. Midwest Wireless Communications LLC 一案，也阐述了法院对于拖售权的看法。本案中，A 公司（以下为方便论述，对公司名称进行简单表达）的股东 B 公司和 C 公司在股东协议中约定了拖售权条款，拖售权的行使主体为 B 公司，但 C 公司享有"第一拒绝权"。B 公司拟将其股份转让给 D 公司，并要求 C 公司配合完成。C 公司认为其拥有"第一拒绝权"，B 公司的股权转让只有在 C 公司同意的情况下才能转让给第三方。最终法院判决支持了 B 公司的拖售诉请，而 C 公司不享有"第一拒绝权"。

通过上述案例我们可以看到，拖售权的行使可能会与法律规定或其他约定相冲突，法院在此等冲突中的裁判思路有所不同，但可以肯定的是，拖售权条款是被承认有效的。至于如何解决该冲突，还需要法院充分衡量原被告双方的利益，后文也会就此展开相关分析。

（三）拖售权在我国的合法空间

1.《合同法》视角下的拖售权条款

拖售权条款的设置初衷是保护拖售权人的合法投资权益，为其退出投资提供路径；同时也是为了督促公司管理人更好地经营公司（一般拖售权条款与公司业绩挂钩）。实际上，股东协议约定的拖售权条款是投资方和创始股东的合意。拖售权条款事关协议当事人的切身利益，在协议签订之前，当事人已经能够明确知晓该条款可能带来的后果，并接受该等风险。同时，拖售权条款是协议双方博弈的结果，也是双方经过充分协商后订立的条款。其中极少出现违反公平正义、公序良俗等原则的条款。所以与拖售权有关的协议不属于合同无效的情形。

另外，《合同法》并没有就拖售权条款做出限制性的规定。仅从合同法角度看，只要该条款的设置符合合同的基本构成要件，即可被认定有效。在前述的上海法院拖售权案件纠纷中，作为权利受领人股东的律师认为拖售权是不公平的，而法院却驳斥了这一观点，并认为：拖售权条款是双方共同约定的，且仅从条款上看，极难认定拖售权条款存在不公平之处。由此可以看出，法院不否定含有拖售权的股东协议的合法性、有效性。

2.《公司法》角度的拖售权条款

《公司法》第七十一条第四款规定，公司章程可以对股权转让做出规定。这就意味着，我国《公司法》对待有限公司股权转让的态度是开放性的，其允许公司自由约定。但是股东协议，其效力只限于股东协议签订的各方。如果公司在章程中加入了与拖售权配套的规定，那么，拖售权的正当性是可以肯定的。另外，《最高人民法院关于适用〈中华人民共和国公司法〉若干问题的规定（四）（征求意见稿）》中第二十九条规定了限制股权转让的章程条款的效力问题。该条规定，有限责任公司章程中过度限制股东转让股权，且导致股权实质上不能转让的条款，是无效的。虽然该条款在正式稿中未被保留，但在司法实践中较为普遍适用。❶ 在章程中与拖售权条款相配套的规定，并不存在该条规定的情况，故其效力仍应该肯定。如果拖售权条款仅在股东协议中有所体现，全体股东并未约定于公司章程中，从合同等角度分析，其效力仍可以肯定，只是其效力限于签订股东协议的各方。

拖售权条款与股东的优先购买权的竞合。在拖售权条款中往往会约定，如发生触发拖售权的情形，则投资方有权要求公司其他所有股东，且公司全部其他股东应当在投资方发出拖售通知的 30 个自然日内同意出售，并以拖售通知中规定的同等条款和条件及价格出售其所持有的全部公司股权，公司全部股东同意签署一切必要的文件以使得该收购得以实现。《公司法》第七十一条规定："股东向股东以外的人转让股权，应当经其他股东过半数同意……经

---

❶　股权限制转让条款的法律分析及案例佐证请参见本书第二章"六、从司法判例看优先购买权的实践效果及涉及的法律问题（一）股权转让限制条款的效力"。

股东同意转让的股权，在同等条件下，其他股东有优先购买权。"上述拖售权条款强制要求公司其他股东对拖售权项下的公司股权转让行为做出同意决定，使转让程序符合第七十一条的规定。在配合同意按照同等条件共同出售公司股权的同时，公司其他股东实质上也放弃了其在拖售权引发的股权转让行为中的优先购买权。但在实践中，也不排除创始股东拒绝履行拖售权项下的配合义务，因而拖售权条款中往往会加入"如果创始股东拒绝与本轮投资方共同出售其持有的全部或部分股份/股权，则创始股东应按照本轮投资方确认的真实收购方的收购价格受让投资方持有的全部或部分股权"条款，以保障投资方可以按照其行使拖售权时外部收购方同意的收购条件实现退出。

七、总结及建议

根据上文分析，虽然拖售权在我国不具有法律基础，但是依据"法无禁止即可为"的法理原则，只要在《合同法》及《公司法》的框架里约定拖售权条款，仍是有效的。这就要求拖售权条款在触发条件、执行程序等方面做到合法合规。

拖售权的触发条件可以分为以时间为触发条件、以估值为触发条件及以估值和时间作为触发条件等多类形式。投融资双方在制定拖售权条款时，应根据合作的要求、企业的财务状况、运营情况制定可执行的拖售权条款。如果行使条件过高，可能导致投资方无法及时退出投资；如果行权条件过低，可能导致创始股东很容易便失去对企业的控制，与企业的融资初衷背道而驰。对于投资方而言，需充分了解企业所处行业的环境、企业的经营情况等重要参与因素；对于被投资方而言，需准确识别签署拖售权相关协议的风险，并有效评价投资方的投资意图。

同时，如前文所述，拖售权的行使可能与优先认购权或其他法定权利相冲突，投资方和被投资方在制定拖售权条款时，不能通过约定排除相关法定权利，但可以约定相应的救济手段，保障投资方的退出权益。

另外，为避免投资方利用拖售权条款进行恶意收购，往往将公司的业务竞争对手、投资方的任何关联公司（包括但不限于母公司、子公司、可以实施控制权的公司、业务关联公司）以及个人排除在收购主体之外。但是，若在拖售事件发生后一定期限内，公司无法向上述主体以外的第三方出售公司，投资方有权要求公司向限制转让对象转让股权，但应对转让价格做出限制。

第十二章

投资方最后的保护伞

——回购权

一、回购权的定义

投资方在股权投资中享有的回购权是指在投资方对被投企业进行投资的过程中，若触发某些特定情况，投资方有权要求被投企业的创始股东/实际控制人或各方确认的第三方回购投资方持有的被投企业目标股权，因此回购条款本质上属于附条件的股权转让。回购方应按照回购条款的约定向投资方按照约定公式计算的价格支付股权回购价款，从而将投资方所持目标股权收回，实现投资方的退出。

二、回购权条款的市占率分析

根据经纬创投于 2017 年 9 月发布的融资条款统计报告（数据来源：汉坤律师事务所），在作为统计样本的 217 个项目中，近 94% 的项目约定了回购权条款，其中近 46% 的项目约定创始人承担回购义务；约 37% 的项目约定仅公司承担回购义务；约 11% 的项目约定公司先回购，创始人承担补充责任。

统计显示，投资方更倾向于按一定的年化利率来约定回购价格，77% 以上的项目都是按照 6%~20% 的年单利或复利计算回购价格。按投资额的固定倍数来约定回购的项目仅约 15%。

三、回购权的制度创设背景

根据上述回购权条款的市占率分析，在私募股权投融资领域，签订回购条款的项目达到 90% 以上。一方面，回购条款与业绩对赌条款发挥着类似的作用：避免信息不平等导致的投资决策失误，尽快达成商事交易，并对被投企业及其创始股东/实际控制人有着惩罚作用，更好地维护投资方利益，当投资失败后能保障投资方顺利退出。

另一方面，在股权投资过程中，鉴于创始股东/实际控制人虽然需要引入新的投资方，但是更加需要保持自身对被投企业的控制力，因此并不会让渡自身的创始股东/实际控制人地位，同时也牢牢把控着被投企业的日常经营管理，投资方更多的是扮演了财务投资方的角色。但是在公司经营恶化或者未能够达到投资方初始预期的情况下，投资方持有的较少股权并不能够左右被投企业的股东会或董事会等议事机构，在《公司法》"资本多数决"的原则之下，保留有要求被投企业的创始股东/实际控制人回购目标股权显然能够最大化保护投资方的利益，因此回购权条款也是投资方最后的保护伞。

最后，股权投资基金一般均会根据被投企业的特殊性设定存续期限，被投资企业经历了投资期、培育期至成熟期后最终可能成功上市或被收并购，股权投资基金方能够获取投资收益。但若被投企业最终未能成功上市或被收并购的，投资方要求创始股东/实际控制人回购目标股权方能够确保作为投资方的股权投资基金能够向基金投资方进行投资收益分配。

四、回购权的分类

正如前文所述，回购权条款是各方在意思自治基础上达成的条款，需要股权转让方与股权回购方就回购事宜达成一致意见。从民事审判的角度来看，目前人民法院主要依据鼓励交易、尊重当事人意思自治、维护公共利益、保障商事交易的过程正义的原则对涉及业界对赌、股权回购相关条款的法律效力进行认定。

(一) 回购权的主体分类

根据相关判例查询及操作案例的检索，目前承担股权回购义务的主体主要包括以下三类。

1. 被投企业的创始股东/实际控制人进行股权回购

这种属于回购权条款中比较常见的回购主体，投资方之所以愿意投资被投企业，最重要的原因一方面是基于对被投企业发展前景的判断和对被投企业核心管理团队的信任。同时创始股东/实际控制人亦一般具有较为雄厚的经济实力，能够负担股权回购价款的支付。另一方面，约定由创始股东/实际控制人承担回购义务，可以突破公司有限责任的边界，由创始股东/实际控制人个人承担无限连带责任，对创始股东/实际控制人会形成比较大的压力和动力。

2. 被投企业自身进行股权回购

《公司法》中确立了公司可以回购股权/股份的制度，《公司法》第七十四条规定了有限责任公司回购股权的条款："有下列情形之一的，对股东会该项决议投反对票的股东可以请求公司按照合理的价格收购其股权：（一）公司连续五年不向股东分配利润，而公司该五年连续盈利，并且符合本法规定的分配利润条件的；（二）公司合并、分立、转让主要财产的；（三）公司章程规定的营业期限届满或者章程规定的其他解散事由出现，股东会会议通过决议修改章程使公司存续的。自股东会会议决议通过之日起六十日内，股东与公司不能达成股权收购协议的，股东可以自股东会会议决议通过之日起九十日内向人民法院提起诉讼。"《公司法》第一百四十二条第一款规定："公司不得收购本公司股份。但是，有下列情形之一的除外：（一）减少公司注册资本；（二）与持有本公司股份的其他公司合并；（三）将股份用于员工持股计划或者股权激励；（四）股东因对股东大会作出的公司合并、分立决议持异议，要求公司收购其股份；（五）将股份用于转换上市公司发行的可转换为股票的公司债券；（六）上市公司为维护公司价值及股东权益所必需。"

《最高人民法院关于适用〈公司法〉若干问题的规定（二）》第五条规定，人民法院审理解散公司诉讼案件，当事人协商同意由公司或者股东收购股份，或以减资等方式使公司存续，且不违反法律、行政法规强制性规定的，人民法院应予支持。《公司注册资本登记管理规定》第十二条规定，有限责任公司依据《公司法》第七十四条的规定收购其股东的股权的，应当依法申请减少注册资本的变更登记。

2019年最高院民二庭第5次法官会议意见认为，对有限责任公司来说，《公司法》并无禁止有限责任公司回购股权的规定，且从《公司法（2018年修正）》第七十一条有关股权转让的规定看，公司自身回购股权也不存在法律障碍。就股份公司而言，《公司法（2018年修正）》第一百四十二条规定公司不得收购本公司股份，但该条同时规定了六种例外情形。该会议意见认可了公司自身回购股权的行为，同时《公司法（2018年修正）》第七十四条对股东可以请求公司按照合理的价格收购其股权的情形作了列举，并未就股东与公司之间另行约定回购股权的安排做出明确限制。

2019 年 8 月 7 日最高人民法院发布了《全国法院民商事审判工作会议纪要（最高人民法院民二庭向社会公开征求意见稿）》，其中就"被投企业自身进行股权回购"的效力处理规则梳理如下：投资方请求被投企业收购其股权的，而被投企业一旦履行该义务，就会违反《公司法》第七十四条和第一百四十二条的规定。要不违反《公司法》的上述强制性规定，被投企业就必须履行减少公司注册资本的义务。因此，在被投企业没有履行减资义务的情况下，对投资方有关被投企业收购其股权的请求，就不应予以支持。该征求意见稿在一定程度上反映了目前的司法审判倾向，但不排除在征求意见后对上述效力认定方式作出调整。

就被投企业自身进行股权回购事宜，在司法实践中存有一定争议。公司能够回购自身股权，但是，一方面，需要满足法定条件，回购权条款的触发条件一般为公司未能实现上市或利润未实现约定目标，不能直接与《公司法》规定的特定情形完全契合；法院基于公司资本维持、公司财产保护、股东有限责任、投资风险承担、债权人利益保护等公司法基本原则，亦可能判决不支持公司与投资方之间包括公司股权回购在内的对赌约定。

3. 由被投企业及被投企业的创始股东/实际控制人共同回购目标股权

在回购权条款的法律实务操作中，由被投企业履行股权回购义务在法律效力认定上存在着不确定性，因此投资方可能采用由被投企业及被投企业的创始股东/实际控制人共同回购目标股权。在具体条款设计上，可以表述为"当出现以下情况之一时，投资方有权要求实际控制人或被投企业回购投资方所持有的全部或部分标的公司股权"，也可以表述为"当出现以下情况之一时，投资方有权要求被投企业回购投资方所持有的全部或部分标的公司股权，若被投企业未在投资方通知的期限内履行股权回购义务的，投资方有权要求实际控制人回购投资方所持有的全部或部分标的公司股权"。

（二）触发回购权的条件分类

触发回购权条款的条件与业绩对赌的筹码有一定的相似性，但是，一方面，正如前文所述，触发回购权条款的情况并不仅限于公司的经营业绩，也包括了除经营业绩以外的其他情况；另一方面，即使是对于公司的经营业绩，触发回购权条款的经营业绩要求往往低于业绩对赌条款中的经营业绩要求，只有当被投企业的经营情况严重恶化时投资方会选择提前退出，若实际经营业绩与业绩标准相差较少的，投资方一般也会选择现金补偿或股权/股份补偿条款来维护自身的权益。

我们整理了目前常见的触发回购权条款的主要情形，包括公司是否上市、公司的净利润要求、公司股权结构的稳定、公司的日常经营管理、公司是否涉嫌违法或财务造假等事宜，当然针对每个被投企业的特殊性，也应当量身定做触发回购权条款的情形。例如在以下引用条款所在的案例中，在投资方向被投企业进行股权投资时，被投企业的实际控制人同时控制了另一家开展同类型业务的公司，因此加入了如下触发回购权条款的情形：

"被投企业的同类型企业及实际控制人若未能够在成交日后一年内完成以下事项的，投资方有权要求实际控制人回购投资方所持有的全部或部分标的公司股权：①被投企业的同类型企业应当且实际控制人应当促使公司变更其名称及经营范围，使得变更后公司名称将不包括×字样，以及公司经营范围将不涵盖集团公司从事的任何业务；②实际控制人应将其持有被投企业的同类型企业的全部股权转让给第三方；③被投企业的同类型企业应向被投企业归还其代为垫付的工程款×元并承担相当于使用该等资金期间同期银行贷款利率的利息。"

（三）股权回购价款的计算方式分类

在实务操作中，投资方一般要求回购方通过现金支付的方式回购投资方持有的被投企业目标股权，但也存在要求回购方以其他支付方式回购股权的情形。例如，在"共青城招银叁号投资合伙企业与杨某、北京乾坤翰林文化传播有限公司合同纠纷案件"中，共青城招银叁号投资合伙企业要求法院判令杨某立即向招银叁号转让其持有的沈阳合金投资股份有限公司5 260万股股票，用以回购招银叁号持有的翰林公司30%的股权。

我们整理了常见的股权回购价款的计算方法，目前一般采用按照固定年化收益计算的股权回购价款以及按照净资产金额及持股比例计算的股权回购价款，当然一般会约定以上两者可以采用孰高原则。同时，对于不同轮次投资方的回购价款计算公式上也会一定的差异，费率以及采用单利还是复利这就取决于投资方与被投企业之间博弈的结果了。

五、回购权的条款表述及分析

我们整理了多个股权融资项目的回购权条款，总结较为常见的回购权条款的表述如下：

当出现以下情况之一时，投资方有权要求标的公司和/或实际控制人回购投资方所持有的全部或部分标的公司股权。

（1）不论任何主观或客观原因，标的公司在某年某月某日前未能正式提交上市申报材料或某年某月某日前未能实现首次公开发行股票并上市，该等原因包括但不限于标的公司经营业绩方面不具备上市条件，或由于公司历史沿革方面的不规范未能实现上市目标，或由于参与公司经营的实际控制人存在重大过错、经营失误等原因造成公司无法上市等；

（2）在某年某月某日之前的任何事件，实际控制人或公司明示放弃本协议项下的标的公司上市安排（或工作）或投资方合理判断标的公司已无法实现首次公开发行股票并上市；

（3）标的公司业绩出现亏损，或标的公司未能实现投资方所要求实现净利润的50%（此处需要注明，业绩对赌条款中是"标的公司未能实现要求净利润的90%"，（即某年经审计的净利润少于 x 万元或 y 年经审计的净利润少于 z 万元，净利润以合并财务报表扣除非经常性损益前后孰低的净利润为准）；

（4）实际控制人或标的公司实质性违反本协议及附件的相关条款，或公司实际控制人涉嫌重大违法或犯罪，或公司实施财务造假，或公司擅自对外借款，或公司实际控制人出现重大个人诚信问题损害公司利益（包括但不限于公司出现投资方不知情的大额账外现金销售收入等情形），且在投资方规定的期限内未采取有效措施改正或消除不良影响；

（5）标的公司的生产经营、业务范围发生实质性调整，并且不能得到投资方的同意；

（6）标的公司的有效资产（包括土地、房产或设备等）因行使抵押权被拍卖等原因导致所有权不再由标的公司持有或者存在此种潜在风险，并且在合理时间内（不超过三个月）未能采取有效措施解决由此给公司造成重大影响；

（7）实际控制人所持有的标的公司之股权因行使质押权等原因，所有权发生实质性转移或者存在此种潜在风险；

（8）实际控制人因婚姻、继承原因导致标的公司创始股东的股权发生动荡，从而对标的公司 IPO 造成障碍或者潜在障碍的；

（9）标的公司不能按照增资协议的约定及时提供资料和信息，经催告后仍不改正的；

（10）实际控制人已经连续一个月无法正常参与公司的经营管理，或者实际控制人继续控制公司已经或可能影响公司的正常经营或侵犯其他股东合法权益的。

以下我们主要来看一下采用现金支付方式下股权回购价款的计算公式：

示例一：本协议下的股权回购价格按照以下两者孰高者确定：①按照投资方的全部出资额及自从实际缴纳出资日起至实际控制人或者公司实际支付回购价款之日按照年利率10%计算的单利利息；②回购时投资方所持有股权对应的公司经审计的净资产值。

示例二："A轮投资方赎回价格"为按照以下公式计算得出的金额：A轮总投资额×$(1+10\%)^n$，n为A轮投资方入股年数，其中不满一年的按照支付A轮回购价款时自从实际缴纳出资日起至实际控制人或者公司实际支付回购价款之日的期间天数折算；"B轮投资方赎回价格"为以下计算结果中的较高者：①B轮总投资额加上已向B轮投资方宣派单位支付的股利，或②B轮总投资额加上按B轮总投资额每年8%的复利计算得出的回报金额。

六、从司法判例看回购权条款的实践效果及涉及的法律问题

（一）"上海瑞沨股权投资合伙企业（有限合伙）等股权转让纠纷一案"——（2014）沪一中民四（商）终字第730号

【裁判要点】

本案的主要争议焦点在于系争协议约定的回购权条款是否有效。该条款模式目前普遍发生于投资方与目标公司的股东、实际控制人之间，机制设计的初衷是为了高效促成交易、良性引导目标公司的经营管理、降低投资风险，且对于双方交易起到一定的担保作用，同时还隐含有一定程度对于目标公司估值调整的期权，业内将该条款称为"对赌条款"。由于"对赌条款"在内容上亦隐含有非正义性的保底性质，容易与现行法律规定的合同无效情形相混淆，且无对应的法律条文予以规范，故人民法院在对此法律行为进行适度评判时，应当遵循以下原则：①鼓励交易；②尊重当事人意思自治；③维护公共利益；④保障商事交易的过程正义，以此来确定"对赌条款"的法律效力。

【基本案情】

江苏乐园新材料集团有限公司（下称"乐园公司"）成立于2004年11月25日，主营冶炼、生产、加工和销售碳化硅（SCI）产品。朱某、鼎发公司原

系乐园公司股东，出资分别占公司注册资本的79.69%和20.31%。2011年3月6日，瑞汎投资、朱某、鼎发公司、乐园公司及上海嘉石投资有限公司等其他投资方共11方签订《乐园新材增资协议》，约定乐园公司拟新增注册资本人民币20 700 000.09元，本次增资全部由朱某、鼎发公司以外的其他投资方以货币形式缴纳，投资款共计人民币130 000 000元，其中瑞汎投资投资款为人民币30 000 000元，占公司增资后注册资本的5.64%；协议签署后，经各方协商一致，可以对本协议进行补充或修改，本协议的任何变更或补充须书面做出并经各方签署，否则无效。协议第10条还约定，除非法院判决另有规定，诉讼费用和执行费用（包括证人费和律师费）由败诉方承担。当日，上述11方还签署了《乐园新材增资协议之补充协议》（下称《补充协议一》），其中第4条约定，如果出现乐园公司在2013年12月31日前没有成功实现合格上市或已存在2013年12月31日前无法上市等情形时，各增资方有权要求现有股东以现金方式回购各增资方所持的全部或部分公司股权；股权回购价格的计算公式为 $P = I \times (1 + r \times n) - Div$，即股权回购价格＝各增资方取得股权时投入的投资总额×（1+回购溢价率×各投资方支付投资款之日至回购条款履行之日的实际天数÷360）−各增资方从公司获得累计分红以及现金补偿，其中回购溢价率按照10%的年回报计算；如果各增资方根据本协议提出回购要求，现有股东须在收到各增资方提出回购要求的书面通知之日起30天内将所有的回购股权款项支付给各增资方，并完成股权交割。逾期支付的，应按年利率20%计息。

同日，瑞汎投资、朱某、鼎发公司及乐园公司又签订《乐园新材增资协议的补充协议》（下称《补充协议二》），其中第2.1条和第2.2条约定：如乐园公司上市申请在2012年12月31日前没有取得中国证监会的核准或在此时间前出现公司无法上市的情形，瑞汎投资有权要求朱某、鼎发公司以现金方式回购瑞汎投资所持的乐园公司全部或部分公司股权；回购价格计算公式为 $P = I \times (1 + r \times n) - Div$，其中回购溢价率按公司2011年、2012年两年平均净资产收益率的90%与16%的年回报率孰高者计算；如果瑞汎投资根据本协议提出回购要求，朱某、鼎发公司须在收到瑞汎投资提出回购要求书面通知之日起30天内将所有的回购股权款项支付给瑞汎投资，并完成股权交割。逾期支付的，应按照年利率20%计算。

后因乐园公司未能在2012年12月31日前取得证监会核准上市等原因，瑞汎投资于2013年3月21日向朱某、鼎发公司发出《退出投资的通知》一份，要求朱某、鼎发公司严格按照《补充协议二》之相关约定，按时足额支付股权回购价款，并提供了付款账户。同年3月23日，朱某、鼎发公司签收上述通知。2013年4月3日，瑞汭投资委托律师向朱某、鼎发公司发出律师函一份，要求按照《补充协议二》第4.2条约定在收到《退出投资的通知》之日起30日内（即2013年4月21日前）支付回购款。后因朱某、鼎发公司一直拒绝支付股权回购款，瑞汭投资于2013年5月2日向法院提起诉讼。

【裁判要旨】

结合本案查明的基本法律事实，《补充协议一》第4条及《补充协议二》第2条关于股权回购之约定从本质上而言，均属于"对赌条款"性质。上述条款的订立，首先完全基于签约各方当事人的真实意思表示，属于意思自治范畴，应予充分尊重；其次，该条款亦促成了乐园公司增资行为的依法顺利完成，最大程度维护了原始股东、增资方及目标公司的基本利益；至于触发回购的条件，各方当事人约定以乐园公司在一定期限内完成核准上市作为适用情形，而不是对乐园公司的估值进行价格调整，虽有不妥之处，但亦未严重违背以上评判四原则，故该回购条款仍应为有效。鼎发公司、朱某上诉认为该条款无效的理由，因缺乏充分的法律依据，故本院不予采信。

判决：上诉人朱某、连云港鼎发投资有限公司应于本判决生效之日起十日内支付上诉人上海瑞汭股权投资合伙企业（有限合伙）股权回购款项计人民币3 858万元及以投资额人民币3 000万元作为本金，自2014年1月1日起至本判决生效之日止、按照年利率20%所计利息。

【案例评析】

"瑞汭投资案"的可贵之处在于看到了回购权条款在内容上亦隐含有非正义性的保底性质，但是同时将该情况是否会导致条款无效进行了泾渭分明的区分，并且确认了审判回购权条款有效性的四项基本原则。

当然，在实践中也存在着回购权条款被法院认定为"名股实债"的可能性，但即使认定为"名股实债"也并不当然导致该回购条款被认定为无效。根据《证券期货经营机构私募资产管理计划备案管理规范第4号–私募资产管理计划投资房地产开发企业、项目》中规定，名股实债，是指投资回报不与被投企业的经营业绩挂钩，不是根据企业的投资收益或亏损进行分配，而是向投资方提供保本保收益承诺，根据约定定期向投资方支付固定收益，并在满足特定条件后由被投企业赎回股权或者偿还本息的投资方式，常见形式包括回购、第三方收购、对赌、定期分红等。现有判例中，根据协议的表述，包括最高人民法院在内的大部分法院认可"名股实债"协议的法律效力，认定协议双方间属于债权债务关系。在这种情况下，如果对赌条款若设置过高的现金补偿，根据《最高人民法院关于审理民间借贷案件适用法律若干问题的规定》的规定："借贷双方约定的利率超过年利率36%，超过部分的利息约定无效"，存在回购权条款中回购溢价款被认定部分无效的风险。

区别股权投资中的回购权条款与"名股实债"的关键在于区分投资方对被投企业的投资属于真实的投资行为还是属于披着股权投资外衣的融资行为，而这两者间的分野在于投资方获得的投资回报是否与被投企业的经营业绩挂钩，设定的股权回购触发情形是否必然会触发。在本案中，以被投企业上市作为股权回购触发情形是股权投资中最为常见的情形，法院也认可了这一触发情形的合理性，最终也认可了回购权条款的有效性。

（二）"南京博发投资咨询有限公司与江苏阳山硅材料科技有限公司请求公司收购股份纠纷案"——（2015）苏商终字第00310号

【裁判要点】

投资方要求被投企业在触发股权回购情形时以固定价格回购投资方持有的被投企业股权，将使投资方在脱离被投企业实际经营业绩的情况下获得固定收益，侵犯被投企业的独立法人财产权及其债权人的利益，该股权回购条款应当依法认定无效。

【基本案情】

2010年9月，南京博发投资咨询有限公司（下称"博发公司"）与江苏阳山硅材料科技有限公司（下称"阳山公司"）签署《投资协议》，约定博发公司向阳山公司投资1 050万元，占投资完成后阳山公司股权比例额的10%，并约定了股权回购条款，其触发条件为：若公司未能在2014年12月31日前完成首次公开发行，投资方有权自2015年1月1日起要求公司购回投资方所拥有的股份。公司未能按照净利润保证的要求完成相关年度净利润且低于年度净利润60%时，博发公司有权要求阳山公司或者杜某回购博发公司全部股份。回购价格应为本次融资价格的100%并加上18%的年回报率（自交割之日起，以复利计算；不足一年的期间按日率计算）。

阳山公司于2011年、2012年和2013年均没有完成该《投资协议》中约定的年度净利润目标，且自2012年9月底仍处于无法正常生产状态。博发公司与阳山公司于2012年5月8日签署了《股权回购协议》，约定阳山公司同意按照年息18%回购博发公司对阳山公司的投资，回购金额共计14 329 035元，并配合博发公司办理相关回购手续，将博发公司对阳山公司的股权转为博发公司对阳山公司的债权，并按年息14%向博发公司支付利息。违反《股权回购协议》约定的，阳山公司将按照违约总金额的日1‰承担违约责任。

2014年，股权回购条款触发条件成就，博发公司向法院起诉，要求阳山公司根据《股权回购协议》的约定支付博发公司的回购金额本金和利息。

【法院观点】

原审法院江苏省泰州市中级人民法院认为：博发公司投资阳山公司后依法定程序成了阳山公司的股东，应依法享有阳山公司的股东权利，承担股东义务。但是双方在《投资协议》中约定的股权回购条款实质上是保证无风险绝对收益的保底条款，违反了《公司法》第二十条的规定，侵犯了公司其他股东和公司债权人的利益，不符合公司法规定的股东以其投入的股份对公司债务承担责任的《公司法》基本原则，依照《公司法》第三十五条，《合同法》第五十二条第（三）项、第（四）项的规定，博发公司与阳山公司所签订《投资协议书》中赎回条款以及《股权回购协议》应当认定为无效。

博发公司不服原审判决，向江苏省高级人民法院提起上诉称：2012年5月8日签订的《股权回购协议》及股东会决议表明，双方之间就股权回购经过了签署及股东会批准，合法有效，且阳山公司就此进行了公告，履行了法定程序，不存在侵犯阳山公司其他股东和债权人利益的情况。博发公司与阳山公司就股权回购并无争议，只有阳山公司无力还款的还款纠纷。请求撤销原审判决，判令阳山公司支付本金、利息、违约金，并承担一、二审诉讼费用。

江苏省高级人民法院二审认为：《中华人民共和国公司法》第二十条第一款规定"公司股东应当遵守法律、行政法规和公司章程，依法行使股东权利，不得滥用股东权利损害公司或者其他股东的利益；不得滥用公司法人独立地位和股东有限责任损害公司债权人的利益"。案涉《投资协议书》约定博发公司投资阳山公司普通股、实行同股同权，意味着博发公司只有在阳山公司经过清算、清偿了全部公司债务后，方能就剩余财产按照出资比例获得分配；但《投资协议书》同时又约定阳山公司净利润未达到一定程度时博发公司有权要求回购股份，回购价格为融资价格的100%加上18%的年回报率等，该约定如果实际履行，将使博发公司在脱离阳山公司实际经营业绩的情况下获得固定收益，侵犯了阳山公司的独立法人财产权及其债权人的利益，应当依法认定无效。故博发公司依据《投资协议书》《股权回购协议》等所主张的回购款本金及利息均不能成立。

【案例评析】

关于被投企业能否与投资方进行对赌，并在回购情形触发时由被投企业回购标的股权，实践中对此一直存在着比较多的争议。在实践中，在诸多项目中投资方为了最大化保护自身的权益，选择与被投企业及创始股东/实际控制人进行对赌。在此类案件中，我们关注的应该是法院会支持投资方的具体何种诉求，比如在"蓝某、宜都天峡特种渔业有限公司、湖北天峡鲟业有限公司与苏州周原九鼎投资中心（有限合伙）投资合同纠纷一案"中，协议中约定的是投资方有权要求被投企业以及创始股东/实际控制人对标的股权进行回购，而在诉讼主张中，投资方主张的是创始股东/实际控制人对标的股权进行回购，因此该案例中法院支持投资方的主张并不代表着法院认可投资方要求被投企业进行股权回购的合理性。此外，我们也能够查询到法院支持公司回购自身股权的部分案例，但这也并不能够论证在股权投资的情形下，被投企业回购投资方持有自身股权的合法性。

在本案中，从《公司法》法理来看，公司作为法人主体，其从事经营活动的主要目的是营利、取得利润。股东向公司投资的主要目的是通过参与公司经营管理、获取公司从可分配利润中分配给股东的利润即股东红利，因此，股东与公司是利益共同体，利益共享、风险共担。但是在本案中，《股权回购协议》的约定在一定条件下使得投资方作为公司股东获益，脱离了公司的经营业绩，背离了《公司法》法理精神，最终使得投资方规避了交易风险，将公司可能存在的经营不善及业绩不佳的风险转嫁给公司及债权人，严重损害了公司其他股东和债权人的合法利益，所以最终法院未支持投资方的诉讼请求。

因此，从目前的司法案例实践来看，法院基于公司资本维持、公司财产保护、股东有限责任、投资风险承担、债权人利益保护等《公司法》基本原则，通常不支持投资方与被投企业之间进行的股权回购约定。我们在此建议投资方谨慎选择股权回购对象，尽量不要将被投企业单独作为股权回购义务主体。

（三）"南京誉达创业投资企业（有限合伙）诉上海超硅半导体有限公司股权转让纠纷"——（2015）沪一中民四（商）终字第1712号

【裁判要点】

在投融资交易中，公司与投资方之间关于股权回购的约定中投资方涉嫌滥用股东权利，将投资风险转嫁给公司，并造成公司责任财产的不当减少，进而损害公司、其他股东及债权人的合法利益，因此公司与投资方之间的股权回购约定属于无效条款。

【基本案情】

2011 年 7 月 26 日，誉达创投与超硅公司及超硅公司全体原股东，包括陈某签订了《增资协议》，就誉达创投以增资方式投资超硅公司有关事项做出约定。《增资协议》载明：超硅公司注册资本由 4 500 万元增至 5 000 万元，由誉达创投认购 200 万元，实际增资 2 000 万元，200 万元计入注册资本，其余计入资本公积。对本次新增资本认缴，全体原股东放弃优先权。增资前，陈某缴纳注册资本 1 025 万元，持股比例 22.777 8%。增资后，陈某仍缴纳注册资本 1 025 万元，持股比例 18.636 4%；誉达创投缴纳注册资本 200 万元，持股比例 3.636 4%。

第五条业绩承诺及相应调整机制：5.1. 超硅公司及创始股东陈某向投资方承诺：截至 2012 年 12 月 31 日，超硅公司 2012 年度经投资方认可的审计机构审计的税前利润不低于 5 000 万元，等等；5.2. 调整机制及现金补偿：如达不到此要求，则誉达创投有权要求：①超硅公司及超硅公司创始股东陈某或其指定企业或自然人在投资方提出收购要求后的三个月内收购投资方所持有超硅公司股权或股份，如三个月内无法完成股份收购，则由陈某负责承担上述收购义务；超硅公司及陈某应对未付承诺给予投资方每年以投资额为基数乘以年息 10% 的违约补偿款，收购价格按违约补偿款加投资资本金一次性算清；②或由超硅公司及陈某按投资方所持股份，就利润不足部分向投资方进行现金补偿。第七条陈述、保证与承诺：……若誉达创投投资未按 4.4 条款约定按期出资，誉达创投同意按未如期出资部分资金总金额乘以 10% 作为违约补偿款支付给超硅公司；誉达创投放弃在 4.4 条款和 8.3 条款中对超硅公司和陈某的全部权利。

2013 年 3 月 20 日，上海信运会计师事务所（特殊普通合伙）（下称信运事务所）经对超硅公司财务报表审计，做出审计报告，确认报告所附超硅公司财务报表已经按企业会计准则和《企业会计制度》的规定编制，在所有重大方面公允反映了公司 2012 年 12 月 31 日的财务状况及 2012 年度的经营成果和现金流量。报告所附资产负债表显示超硅公司 2012 年 12 月 31 日未分配利润为 -1 329 696.95 元，利润表显示 2012 年超硅公司净利润为 1 103 094.47 元。未达到《增资协议》所约定不低于 5 000 万元。2014 年 5 月 23 日，誉达创投向超硅公司及陈某发函称：按《增资协议》的约定，誉达创投有权按 5.2 约定条件要求超硅公司及陈某按约定价格履行股权收购义务或就利润不足部分对誉达创投现金补偿。现誉达创投选择要求超硅公司及陈某按约收购誉达创投持有的超硅公司全部股权，函中并要求超硅公司与陈某在发出函件之日起的三个月内将股权收购款项支付到指定账户内。

【法院观点】

誉达创投应向陈某主张股权收购，超硅公司不对陈某的收购义务承担共同责任。

首先，誉达创投增资入股超硅公司，其作为股东与公司间的权利义务相对于公司外债权人与公司之间的权利义务，在法律性质上存在不同。誉达创投依法应以其认缴的投资额为限对公司承担责任，且应遵守公司章程和公司法律的相关规定，不得滥用股东权利损害公司、公司其他股东以及公司债权人合法利益，该约定已超出股东正当权利的行使范围；其次，誉达创投有权要求超硅公司回购股权的约定，实系公司以其责任资产为一方股东对于另一方股东的债务提供连带责任保证。该种约定依法必须经公司股东大会决议。虽然《增资协议》已取得超硅公司全体原股东及该次增资中新股东的签章确认，但该协议造成超硅公司责任资产的不当减少，使得誉达创投可以脱离超硅公司经营业绩获得固定投资收益，损害超硅公司债权人利益；最后，我国《公司法》对有限责任公司股东请求公司回购其股权的条件有严格规定，并未包括该约定的情形，该约定也有违通常的投资原则，将投资风险转嫁给被投企业。此外，《增资协议》也约定，如誉达创投提出股权收购要求后三个月内无法完成的，由陈某负责收购义务。誉达创投确认该约定，则誉达创投于 2014 年 5 月 23 日提出收购要求后，未在三个月内完成收购，收购义务也应仅由陈某负担。

本案法律关系系基于誉达创投对超硅公司增资而形成的、并由超硅公司股东陈某附条件予以股权回购之关系，趋同于资本市场的 PE 与目标公司股东间的对赌关系，现该法律关系的效力已经司法实践予以认同。本案中，因系争协议约定的回购条件已经成就，回购价格条款约定清晰，故誉达创投当然有权要求承诺人陈某据约收购誉达创投持有的超硅公司股份。

【案例评析】

《公司法》未禁止公司回购股权是考虑到有限责任公司封闭性和人和性的特点，通过让股东退出公司的方式，有利于尽快解决公司股东之间的矛盾和冲突，从而保障公司利益和各股东利益。尽管如此，如果允许公司随意收购股东股权，势必会造成公司财产的减少，进而损害债权人利益。

我们理解，与股东之间的对赌不同，公司作为被投资主体，不应与股东达成具有对赌性质的股权回购约定。一方面，投资方涉嫌滥用股东权利，将投资风险转嫁给公司；另一方面，公司涉嫌不当减少资产，损害债权人利益。

（四）"强某与曹某等股权转让纠纷再审案"——（2016）最高法民再 128 号

【裁判要点】

业绩对赌条款约定当回购事件发生时，投资方有权要求原股东回购其所持股权；目标公司为原股东的回购提供连带责任担保。因为投资方对目标公司提供担保尽到了审慎注意和形式审查义务，所以目标公司承担连带责任担保的约定合法有效，进而目标公司应对原股东支付股权转让款及违约金承担连带清偿责任。

【基本案情】

2011 年 4 月 26 日，瀚霖公司作为甲方，北京冷杉投资中心（有限合伙）、福建国耀投资有限公司、强某、孙博、许欣欣作为乙方，曹某作为丙方，三方共同签订了《增资协议书》及《补充协议书》。主要约定乙方向甲方增资扩股及其他事宜。其中，关于强某向瀚霖公司增资以及其他事宜部分，《增资协议书》主要约定：强某向瀚霖公司增资 3 000 万元，其中 400 万元作为瀚霖公司的新增注册资本，其余 2 600 万元作为瀚霖公司的资本公积金，强某持有瀚霖公司 0.86% 的股权。《补充协议书》第二条第一款约定：曹某承诺争取目标公司于 2013 年 6 月 30 日前获准首次公开发行股票并在国内主板或创业板证券交易所上市（下称合格 IPO）；第二款约定：如果目标公司未能在 2013 年 6 月 30 日前完成合格 IPO，强某有权要求曹某以现金方式购回强某所持的目标公司股权，回购价格为强某实际投资额再加上每年 8% 的内部收益率溢价，计算公式为 $P = M \times (1+8\%)^T$，其中：P 为购回价格，M 为实际投资额，T 为自本次投资完成日至强某执行选择回购权之日的自然天数除以 365；第六款约定：瀚霖公司为曹某的回购提供连带责任担保。《增资协议书》及《补充协议书》落款处有甲方瀚霖公司加盖印章及法定代表人签名，乙方北京冷杉投资中心（有限合伙）、福建国耀投资有限公司、强某、孙博、许欣欣签章，丙方曹某签名。上述协议签订后，强某于 2011 年 4 月 29 日将3 000万元转入瀚霖公司账上，瀚霖公司将强某登记在其股东名单中。

2012 年 5 月 31 日，强某与曹某签订了《股权转让协议》，约定：强某将持有的瀚霖公司股权转让给曹某，按《补充协议书》约定的价格计算方式回购，曹某应在协议签订后 30 个工作日内全额付清转让款，逾期未付清应按欠款额每日千分之五支付违约金；逾期超过 30 日仍未付清，则强某有权要求曹某付清转让款和违约金后，退出股权。《股权转让协议》签订后，曹某未履行支付义务。2014 年 4 月 2 日，强某书面通知曹某、瀚霖公司支付股权转让款并承担违约责任，但曹某、瀚霖公司未履行付款义务。

【法院判决】

案涉《补充协议书》所约定担保条款合法有效，瀚霖公司应当依法承担担保责任，理由如下：

其一，强某已对瀚霖公司提供担保经过股东会决议尽到审慎注意和形式审查义务。案涉《增资协议书》载明："瀚霖公司已通过股东会决议，原股东同意本次增资；各方已履行内部程序确保其具有签订本协议的全部权利；各方授权代表已获得本方正式授权。"《补充协议书》载明："甲方（瀚霖公司）通过股东会决议同意本次增资扩股事项。"因两份协议书约定内容包括增资数额、增资用途、回购条件、回购价格以及瀚霖公司提供担保等一揽子事项，两份协议书均由瀚霖公司盖章及其法定代表人签名。对于债权人强某而言，增资扩股、股权回购、公司担保本身属于链条型的整体投资模式，基于《增资协议书》及《补充协议书》的上述表述，强某有理由相信瀚霖公司已对包括提供担保在内的增资扩股一揽子事项通过股东会决议，曹某已取得瀚霖公司授权代表公司对外签订担保条款，且瀚霖公司在本案审理中亦没有提交其他相反证据证明该公司未对担保事项通过股东会决议，故应当认定强某对担保事项经过股东会决议已尽到审慎注意和形式审查义务，因而案涉《补充协议书》所约定担保条款对瀚霖公司已发生法律效力。

其二，强某投资全部用于公司经营发展，瀚霖公司全体股东因而受益，故应当承担担保责任。《公司法（2005 年修订）》第十六条之立法目的，系防止公司大股东滥用控制权利，出于个人需要、为其个人债务而由公司提供担保，从而损害公司及公司中小股东权益。本案中，案涉担保条款虽系曹某代表瀚霖公司与强某签订，但是3 000万元款项并未供曹某个人投资或消费使用，亦并非完全出于曹某个人需要，而是全部投入瀚霖公司资金账户，供瀚霖公司经营发展使用，有利于瀚霖公司提升持续盈利能力。这不仅符合公司新股东强某的个人利益，也符合公司全体股东的利益，瀚霖公司本身是最终的受益者。即使确如瀚霖公司所述并未对担保事项进行股东会决议，但是该担保行为有利于瀚霖公司的自身经营发展需要，并未损害公司及公司中小股东权益，不违反《公司法（2005年修订）》第十六条之立法目的。因此，认定瀚霖公司承担担保责任，符合一般公平原则。

综上，强某已对瀚霖公司提供担保经过股东会决议尽到审慎注意和形式审查义务，瀚霖公司提供担保有利于自身经营发展需要，并不损害公司及公司中小股东权益，应当认定案涉担保条款合法有效，瀚霖公司应当对曹某支付股权转让款及违约金承担连带清偿责任。

【案例评析】

被投企业对股权回购责任承担连带责任保证有效，有两个要件：一是程序合规。被投企业股东会/股东大会应对这一担保责任形成决议。二是投资方投资的资金，应有利于被投企业经营发展需要，并不损害公司及公司中小股东的权益。

在实务操作中并不认可由被投企业对投资方的股权履行回购义务，但是投资方一般期待能够将被投企业拉入股权回购关系中成为义务承担主体，无疑本案的判决给了一个很好的思维进路，当然这需要满足两个有效要件。司法机关无论是在判断回购权条款还是连带责任保证条款的有效性时，最关注的还是这样的交易模式是否会侵害公司其他股东、债权人的权益，是否已经履行了公司章程及相关法规约定的合规性程序。

七、总结及建议

（一）投资方角度

1. 承担股权回购义务主体的选择

目前在司法实践中投资方与被投企业之间签署回购权条款的有效性仍存有一定争议，就被投企业回购投资方持有的股权来说，可能存在着因侵害被投企业及其债权人利益而无效的问题。因此我们建议，为了最大化保障投资方的利益，投资方应当选择被投企业的创始股东/实际控制人（或者部分情况下与被投企业的管理者）回购目标股权，投资方亦可以选择由被投企业及被投企业的创始股东/实际控制人共同回购目标股权，但尽量不要将被投企业单独作为股权回购义务主体。

2. 对股权回购义务的履行设定担保或提供债务加入

目前司法实践中已逐渐接受由被投企业为股权回购方的股权回购义务提供连带责任保证或债务加入，但是采用这种方式时，应当在投资前，要求被投企业的有权决议机关根据公司章程或章程修正案出具符合要求的决议文件，同意被投企业为股权回购义务提供担保或债务加入，因涉及创始股东/实际控制人，建议要严格履行回避表决的制度性要求；另外，投资方应当对向被投企业提供的投资资金的使用进行严格监控，确保该投资资金用于被投企业的日常经营，不被挪作他用。

3. 回购权条款的可操作性

鉴于回购权条款的操作有赖于创始股东/实际控制人的配合，同时要求我们在协议中对于股权回购的实施步骤及违约时的违约责任能够进行明确约定，确保操作性；同时在股权回购义务的履行方式上也可以进行特殊设定，例如约定"投资方有权要求被投企业对自投资方对被投企业增资完成之日起至书面回购通知发出之日未分配的利润立即进行分配，该次分配之后每年公司均应当将当年可分配利润全额分配，在各次分配中创始股东/实际控制人对利润分配的收益权应当无偿转让给投资方，被投企业应当将创始股东/实际控制人应分得的利润直接分配给投资方，以履行创始股东/实际控制人向投资方支付回购价款的义务"，或者约定"若创始股东/实际控制人均无足够现金支付回购价款，且投资方未要求清算被投企业，则被投企业应在上述相关转让、分红或回购法律文件签署后三十日内向投资方交付票面价值与未支付的回购价格相等、一年到期且年息为百分之十的商业票据，该等商业票据应符合投资方的要求"。

另一方面，投资方应当也要关注对创始股东/实际控制人的尽职调查，在尽职调查过程中尽量要求创始股东/实际控制人提供银行账户清单及财产明细（包括但不限于房产、车辆等固定资产、股票、专利、著作权等信息），确保创始股东/实际控制人有充裕的资产能够支持其履行股权回购义务。

4. 回购权条款的顺位约定

在私募股权投资过程中，因被投企业可能进行多轮融资，投资方投资轮次也存在区别，因此我们建议投资方应当根据自身投资轮次设定回购权条款。例如，若投资方在投资轮次上晚于其他投资方的，我们建议在投资协议回购权条款中进行如下设定："如果创始股东及/或公司（依适用条款）的资金不足以一次性支付全部回购价款的，则创始股东及/或公司（依适用条款）的资金应按照下述顺位分配：

（1）创始股东及/或公司的资金应首先用于支付本轮投资方回购价格。如创始股东及/或公司（依适用条款）的资金不足以支付全部本轮投资方回购价格，则该等资金应按本轮投资方的相对比例进行分配；

（2）如本轮投资方回购价格全部支付完毕后，创始股东及/或公司（依适用条款）仍有剩余资金的，则该等剩余资金应用于支付前轮投资方回购价格。"

（二）被投企业角度

1. 谨慎选择是否接受回购权条款

在目前股权投资中，设定回购权条款较为常见，被投企业较难拒绝，因此在投资方与被投企业的商业谈判中，被投企业应当要求合理确定股权回购触发的条件。在股权投资中，要求被投企业创始股东/实际控制人履行股权回购义务是对被投企业最为严厉的条款，一旦触发则意味着创始股东/实际控制人需要调配大量的现金来履行该义务，这也将间接影响到被投企业的日常经营。

2. 创始股东/实际控制人承担回购责任的限度

若各方就回购权条款达成合意的情况下，为了最大化保障创始股东/实际控制人的权益，防止创始股东/实际控制人因承担股权回购义务而对其自身的日常生活产生重大影响，我们建议在投资协议回购权条款中进行如下设定："创始股东在本协议项下之回购义务以其在公司直接或间接持有的届时股权价值为上限。"在对创始股东/实际控制人承担回购责任进行前述限定后，若投资方与创始股东/实际控制人就股权回购事宜发生争议的，投资方查封、冻结创始股东/实际控制人持有的除被投企业股权以外的其他资产缺乏合同及法律依据。

3. 关注业绩对赌条款与回购权条款的竞合适用

业绩对赌条款与回购权条款之间有着千丝万缕的联系，被投企业应当做好回购权条款与业绩对赌条款的衔接。对于触发业绩对赌条款的业绩指标应当低于触发回购权条款的业绩指标。在被投企业业绩不达标时，首先应当考虑由创始股东/实际控制人通过现金补足、股权/股份补足或其他方式处理，尽量降低触发股权回购条款的可能，保持被投企业的股权结构稳定。

鉴于业绩对赌条款与回购权条款之间存在着竞合适用的关联性，为了防止被投企业或其创始股东/实际控制人重复适用这两条条款时遭受损失，我们建议在投资协议回购权条款中进行如下设定："如本协议的业绩补偿条款同时触发回购权条款的,投资方有权选择适用业绩补偿条款或回购权条款,但仅可选其一。""若在触发回购权条款之前业绩补偿条款已经触发,且业绩补偿承诺方已经根据本协议的约定向投资方提供业绩补偿的,投资方在触发回购权条款要求股权回购方支付股权回购价款时应当扣减已经提供的业绩补偿款金额。"

参考文献

［1］ Micheal A. Woronoff & Jonathan A. Rosen. Understanding Anti-Dilution Provisions in Convertible Securities ［J］. Washington, D. C.：Fordham Law Review, 2005, 74 (1).

［2］ 黄肥虎. 股权投资中常见的估值调整方式 ［EB/OL］. (2016-10-20) ［2018-12-02］. http://www.360doc.com/content/16/1020/08/36864145_ 599781596.shtml.

［3］ 赵家仪，高义融. 股东信息权制度研究 ［J］. 政法论坛, 2000 (06)：51-59.

［4］ 孙加锋，王丽芸. 333 份判决书告诉你，有限责任公司股东能否查阅"会计凭证" ［EB/OL］. ［2018-12-16］. https://www.zhihedongfang.com/54806.html.

［5］ 北京康达律师事务所. 股东知情权是否及于子公司的案例统计 ［EB/OL］. (2017-09-28) ［2018-12-16］. https://www.sohu.com/a/195270623_ 787033.

［6］ 张洁，吴强. 如何认定有限责任公司股东行使股东知情权具有不正当目的 ［M］//国家法官学院案例开发研究中心. 中国法院 2018 年度案例. 北京：中国法制出版社, 2018：6-7.

［7］ 王红卫. "对赌协议"法律效力的认定及股权回购责任的承担——对李某与 T 公司、刘某等人与公司有关纠纷案件的评析 ［J］. 天津法学, 2018, 34 (2)：96-101.

［8］ 陈浮，张威. 最全面的对赌协议仲裁报告案例分析 ［EB/OL］. (2014-06-14) ［2018-12-10］. http://www.investbank.com.cn/Information/Detail.aspx?id=49143.

［9］ 朱小辉. PE 投资优先权在中国法律和实践中的困境 ［J］. 资本市场, 2008, (9)：12-14.

［10］ 汪青松. 优先股的市场实践与制度建构 ［J］. 证券市场导报, 2014 (3).

［11］ 常健，等. 商业判断规则：发展趋势、适用限制及完善——以有限责任公司股利分配为视角 ［J］. 法商研究, 2013 (3)：136-146.

［12］ 张鹏飞. 风险投资中领售权条款法律问题研究 ［J］. 金融法苑, 2017 (01)：83-98.

［13］ 陈芳，高欣，胡韵. 私募基金实务系列之解析领售权条款 ［EB/OL］. (2017-11-08) ［2018-10-31］. http://www.zhonglun.com/Content/2017/11-08/1752214181.html.

［14］ 从张兰净身出局看俏江南资本之殇 ［EB/OL］. (2016-01-11) ［2018-10-31］. http://business.sohu.com/20160111/n434103687.shtml.

［15］ Chun sheng Lu, Gary P. Biehn, Private Equity in China：Enforceability of Drag-Along Rights ［EB/OL］. ［2018-10-31］. https://www.whiteandwilliams.com/experience-Private-

Equity-China-Drag-Along-Rights.html.

［16］葛伟军，译. 英国 2006 年公司法［M］. 北京：法律出版社，2012：10-15，357.

［17］Purchase and sale option rights and obligations may be agreed to in the company charter，including tag-along rights and drag-along rights［EB/OL］. （2014-06-20）［2018-10-31］. http：//www.haynesboone.com/alerts/amendments-to-mexico-corporations-law.

［18］Kim，Eugene，& Amp P. R. L.，et al. Venture Capital Contracting Under the Korean Commercial Code：Adopting U. S. Techniques in South Korean Transactions［J］. Pac. rim L. & Poly J，2004.